PROGRAMACIÓN NEUROLINGÜÍSTICA

GUÍA PARA PADRES

Si este libro le ha interesado y desea que lo mantengamos in-
formado de nuestras publicaciones, escríbanos indicándonos
cuáles son los temas de su interés (Autoayuda, Espiritualidad,
Qigong, Naturismo, Enigmas, Terapias Energéticas, Psicología
práctica, Tradición...) y gustosamente lo complaceremos.

Puede contactar con nosotros en
comunicación@editorialsirio.com

Título original: HERENCIA DE VIDA PARA TUS HIJOS. CRECIMIENTO INTEGRAL CON TÉCNICAS PNL
Diseño de portada: Editorial Sirio, S.A.

©   de la edición original
Eric de la Parra Paz
2004, EDITORIAL GRIJALBO, S.A. de C.V.
Av. Homero No. 544, Col. Chapultepec Morales,
Del. Miguel Hidalgo, C.P. 11570, México, D.F.
www.randomhousemondadori.com.mx

©   de la presente co-edición Sirio-Macro:

EDITORIAL SIRIO, S.A.	**MACRO EDIZIONI**
C/ Rosa de los Vientos, 64	Via Bachelet, 65, 47522 Cesena (FC)
Pol. Ind. El Viso	Italia
29006-Málaga	www.macroedizioni.it
España	

www.editorialsirio.com
E-Mail: sirio@editorialsirio.com

I.S.B.N.: 978-84-7808-806-5
Depósito Legal: MA-1392-2012

Impreso en Imagraf

Printed in Spain

ERIC DE LA PARRA PAZ

PNL con tus
PROGRAMACIÓN NEUROLINGÜÍSTICA
HIJOS

GUÍA PARA PADRES

MACRO
EDICIONES

editorial Sirio, s.a.

Dedicatoria

Dedico este libro a quienes ejercieron de arquitectos en la construcción de mi vida y siempre creyeron que los niños son la esperanza de la humanidad. A ellos que, con su ejemplo y sus buenos consejos, buscaron despertar la esencia que había en mí para que un día, también yo pudiera contribuir a la creación de un mundo mejor.

Algunos de ellos todavía están conmigo, mientras que otros ya se marcharon; sin embargo, el título de «arquitectos» de mi vida perdurará más allá de su muerte. Dedico este libro con profunda gratitud a:

Mi madre, **Celia Paz Legaria**
Mi padre, **Rodolfo de la Parra**
Mi tía **Ángela Paz Legaria**
Mi abuelo **Rodolfo de la Parra**
Mi padrino, **Rafael Torres Rosales**
Mi entrenador, **don Manuel Mancilla**

Y a la guía que ha permitido que mis recuerdos de la infancia permanezcan vivos.

Quiero agradecer a todos mis colaboradores de la escuela Colinde en todo el mundo y una mención especial para mis queridos colaboradores, instructores y amigos:

Rosario Aróstegui y **Carlos Yunén**
Marco Bianchi y **Luca Gaibisso**

quienes con su empeño, fuerza de voluntad y espíritu ético están favoreciendo el crecimiento, el bienestar, el desarrollo y la prosperidad de personas y empresas que han entendido la importancia que el conocimiento y la formación técnico-humanista tienen para construir un mundo mejor, en todos los ámbitos de la existencia.

En memoria de Marcela

"Muchos caminos llevan a muchos lugares... unos distantes y otros cercanos... pero solo hay uno que lleva directo al corazón y al espíritu, y es el del amor... ese amor que no necesariamente es pasional o intenso o aventurero o loco, sino que mana del cariño, de la amistad y del amor que va creciendo día a día a la sombra de la comprensión, que comparte su fragancia cual si fuera una semilla o una flor, haciendo que los sentidos se identifiquen como una sola unidad, vibrando y cantando una melodía de agradecimiento al universo por poder existir".

Con todo mi amor a la compañera de mi vida, gracias por existir y seguir existiendo aún en otro plano.

Prólogo

Querido lector, prepárate, porque vas a entrar en una aventura fascinante. Tratar de descubrir qué es un ser humano ya es, de por sí, algo impresionante. Es por ello por lo que muchas veces decimos que al ser humano es preferible amarlo a analizarlo, es decir, describirlo por fuera y con un alto riesgo de error. Es preferible, repito, amarlo tal como es. Sin embargo, conozco a un hombre magnífico, Eric de la Parra, que se ha dado a la tremenda tarea de estudiar a fondo todos los aspectos que tratan de desentrañar el misterio del ser humano, con el objeto de ayudar, de proporcionarles herramientas a los jóvenes padres y maestros para hacerles más fácil, si cabe, la formación de ese ser precioso que es un niño; y no me refiero a educarlo, porque la educación no acaba nunca, sino que dura toda la vida.

No es tarea fácil educar, y quien afirme lo contrario o está loco o no tiene idea de lo que dice. No soltar ni retener demasiado; no asfixiar de amor ni ser indiferente. Estoy segura de que los padres, en el momento en que deciden serlo, emprenden ellos mismos su auténtica educación, centrada en la observación y la prudencia –única virtud intelectual que consiste en la actitud constante de la inteligencia para actuar cómo y cuándo se debe–. Esta virtud es equiparable a la sabiduría. Por eso decía Kant: «El hombre no es otra cosa que lo que la educación hace de él». Tan difícil es que por eso estamos como estamos...

Educar precisa cierto tiempo. Educar es arte y es ciencia, es saber amar y estar empeñado en el bien del ser amado, dar tiempo al tiempo y saber esperar, darle al ser humano ciencia, moral, arte y religión, para que realice su destino de hombre.

Ahora tienes en las manos un auténtico tratado de educación. La investigación y el conocimiento se unieron para que puedas disfrutar, y no padecer, este periodo tan importante en la vida de las personas. Y no

es para menos, pues un niño es un universo en sí mismo; es un todo de sentido, y será feliz en la medida en que lo conduzcamos a su plenitud, y esta es la causa final de la educación.

Quisiera hablarte acerca de Eric, aunque advirtiéndote de que continúo en la postura de que más vale amarlo que conocerlo, y te voy a decir por qué... Hace muchos años conocí a un jovencito, miembro del *staff* de una empresa muy importante. Era un muchacho flacucho, con pelo cortado al cepillo y camiseta o *t-shirt*, como dicen los elegantes. En ese momento estábamos preparando mi conferencia para el cierre de un gran evento y les dije a los miembros del equipo: «Por favor, cambien la bandera de sitio». A lo que mi hijo, patriota recalcitrante y de siglos pasados, replicó: «Mamá, no pueden cambiar la bandera, no la pueden tocar; se necesita una escolta del ejército para hacerlo». Bueno, pues yo tenía que resolver el problema sin faltar al respeto a nadie, así que llamé al frente a Eric –creo que porque siempre sonreía–, y le dije: «Te nombro general cinco estrellas, media vuelta, y por favor, cambien de sitio la bandera». Eric se lo tomó muy en serio, y con mucho respeto y honor, junto con los demás jóvenes, la cambió... y todos contentos.

Y a partir de ahí, parece que sí eran cinco estrellas, digo a partir de ahí, porque en mi opinión sucedió algo que encierra bastantes incógnitas. Muchos años después de dejar de verle, había crecido integralmente. En gran medida, se había transformado y absorbía todo aquello relacionado con conocimientos previos que él ya poseía. Tuve la suerte de tenerlo en un seminario de liderazgo que yo impartía a profesionales de distintas disciplinas. ¡Él era el mejor! Más tarde, nos volvimos a encontrar, y me dijo que estaba impartiendo un máster en PNL (programación neurolingüística), certificado por los creadores americanos. Asistí y me trató delante de todos con mucho cariño y respeto; tal vez me veía como un ser de luz... Yo a él lo había visto como un general de cinco estrellas, aunque más tarde comprendí que, efectivamente, se trataba de cinco estrellas, pero cósmicas.

No te extrañe que las exposiciones de este prólogo vayan del lado izquierdo al derecho del cerebro... Estas líneas, al igual que este magnífico libro, están dirigidas a personas que se mueven sin dificultad por todas partes y que son capaces de leer entre líneas lo que aquí aparece.

Yo sé, por lo demás, que Eric de la Parra es un ser sin límite que siempre ha tenido un genio en su interior y que ahora lo está dejando salir. Y sé, también, que seguirá creciendo y que nos seguiremos viendo con el mismo cariño y admiración.

¡Dios te bendiga, Eric, por hacer tanto bien!

Marina David Buzali

Introducción

Cuando un ser humano se convierte en padre o madre, algo se hace evidente en su vida: nunca más volverá a ser la misma persona. Ahora será guía, asesor, amigo, entrenador, compañero, médico y muchas cosas más relacionadas con otro ser humano al que llamará «hijo». Pero, inevitablemente, surgen las preguntas: ¿estará preparado para esa labor? ¿Le han servido las fórmulas que conoce para triunfar en la vida? ¿Se conoce a sí mismo? ¿Recordará lo que es ser niño?

He aquí donde empiezan los problemas: los niños no nacen trayendo consigo su manual de instrucciones, ya que son mucho más complejos que cualquier otro objeto que conozcamos sobre la faz de la Tierra y, por tanto, se requiere un conocimiento preciso sobre la identidad y esencia del ser humano para poder relacionarse con ellos.

En realidad, ¿sabemos lo que significa ser niño? Miremos detenidamente esta cualidad: ser niño significa creer en el amor puro, en la belleza más allá de la forma, en las historias; significa ser tan pequeño que los duendes y las hadas pueden acercarse a cuchichearle a uno al oído; significa transformar las calabazas en carruajes, los ratones en corceles, lo ruin en sublime, la nada en todo, pues cada niño lleva en su alma su propia hada madrina que lo guía por el mundo de la imaginación a descubrir formas de vida que pueden ser mejores para el espíritu humano, ya que se basan en la naturalidad, la sencillez, la hermandad y el amor. Viven con la ilusión que representa el mundo de la esperanza.

Cuando un niño viene al mundo, personifica lo más sublime de la vida, tal como se concreta en una piedra, una planta o un animal. Recordemos el axioma que afirma: «Dios duerme en el mineral, Dios crece en el vegetal, Dios se mueve en el animal, Dios piensa en el ser humano y Dios ama en el ángel».

El niño, en su contexto único, tiene una libertad primera y última, y es llegar a ser o no ser. Le toca a él escoger entre el mundo de los vivos o el mundo de los muertos en vida y, aunque no lo creamos, es solo una cuestión de elegir. Para ello, el niño requiere una profunda y cuidadosa ayuda por parte de sus padres, profesores y familiares, para que su elección sea la correcta.

Erich Fromm decía precisamente: «El trágico destino de los hombres es morir antes de haber nacido». Vivir así es la máxima traición a la vida. En algunas ocasiones he reflexionado sobre nuestro paso por la escuela: algunos profesores nos han enseñado fórmulas para triunfar en la vida que a ellos mismos no les han servido, ya que han llevado una existencia muy precaria y sin una visión elevada. Lo mismo sucede con los padres, pues muchos de ellos exigen a sus hijos comportamientos y actitudes que jamás han practicado.

Precisamente este es el principal objetivo del libro: que todo aquel que se ha convertido en padre cuente con una guía para la enorme responsabilidad y compromiso que requiere educar a un ser humano que lleva consigo la esperanza de aportar a su mundo unas semillas que ayuden a la evolución de un nuevo hombre.

El primer deber de un padre o educador es comprender a ese ser que inicia una nueva vida, ayudarle a crecer en el respeto, permitirle llevar al máximo sus potencialidades sin sofocarlas, sin traicionar nunca el porqué y el para qué de haber nacido.

Quien viene al mundo pierde, por el solo hecho de que se le corta el cordón umbilical, el contacto fisiológico directo con su madre. Pero existe otro cordón umbilical que los adultos deben evitar cortar a cualquier precio o por cualquier pretexto mezquino: el del parentesco esencial con el todo universal, con el resto de las expresiones vitales, aunque no sean humanas. Quien conserva este segundo cordón durante toda su vida se nutre de esa esencia maravillosa que lo hace sentirse partícipe del acuerdo cósmico, y que le permite llevar su ritmo vital armonizado con la totalidad rítmica y armónica de la vida. El hombre nunca estará solo si mantiene ese contacto, a menos que sus educadores le hayan cortado este segundo cordón con sus ideas, trato, creencias, valores y formas de vivir.

Con el corte del cordón umbilical físico, al niño se le separa de la seguridad material, del paraíso que lo une a su madre. Con el corte del cordón umbilical espiritual, por llamarlo de un modo metafórico, que lo une al universo y al más allá, el hombre pierde esa respiración íntima que lo libera de la infelicidad, la oscuridad interior, la soledad, la limitación y la esterilidad espiritual.

En los antiguos templos griegos estaba muy bien establecida la sentencia: «Hombre, conócete a ti mismo, y conocerás el mundo y el universo». Bajo este principio, y partiendo de su veracidad, he fundamentado este libro. Para educar y ayudar a los hijos en su paso por la vida, es importante que previamente nos conozcamos a nosotros mismos.

El hombre de hoy día continúa caminando, más o menos inconscientemente, hacia el abismo y se arriesga a caer en cualquier momento, llevando consigo a sus hijos. Tiene una sola posibilidad para evitarlo: detenerse, establecer con la lucidez de la conciencia una parada enérgica y reflexionar humildemente sobre algunas verdades.

Podría empezar a desandar su camino, volver a una vida de sabiduría, reconociendo precisamente algunos errores de base demasiado importantes para que los siga ignorando, instaurando de nuevo una relación justa con los pequeños e inocentes representantes de nuestra raza que son los niños y reanudando el diálogo con la vida interrumpido hace tanto tiempo.

Observemos cómo se ocupa el adulto de mejorar el rendimiento de los caballos de carreras para ganar más dinero, cómo hace modificaciones genéticas o injertos para obtener plantas y frutos más codiciados en el mercado pero, en cambio, casi nunca se ocupa de hacer que evolucione la raza humana.

Definitivamente, no podemos esperar más para realizar esta labor de levantar a un nuevo ser humano desde su más temprana edad, ya que disponemos de un recurso que difícilmente podremos recuperar si lo perdemos: el tiempo. Hoy día los niños están dispuestos a vivir y aprender; mañana puede ser demasiado tarde, aun para la esperanza que traen consigo los hijos: construir un mundo mejor.

Para comenzar

Ten siempre presente, en tu corazón y en tu espíritu, que todo lo que haces y dices actúa en doble sentido en tu vida. Un lado apunta hacia la relación que tuviste con tus padres y el otro hacia la relación que tienes con tu hijo. Cada uno de nosotros forma parte de la cadena de esperanza.

RECUERDA…

YO QUIERO SER LO QUE

MI PADRE NUNCA FUE,

PARA QUE MI HIJO SEA

LO QUE YO NUNCA SERÉ.

Un niño oraba así:

Señor, este noche te pido algo especial: conviérteme en un televisor. Quisiera vivir lo que vive la tele de mi casa. Es decir, tener un cuarto especial para mí y reunir a todos los miembros de mi familia a mi alrededor. Ser tomado en serio cuando hablo y convertirme en el centro de atención al que todos quieran escuchar sin interrumpirme ni cuestionarme. Quisiera sentir el cuidado especial que recibe la tele cuando algo no funciona. Tener la compañía de mi papá cuando llega a casa, aunque esté cansado del trabajo. Que mi mamá me busque cuando esté sola y aburrida, en lugar de ignorarme. Que mis hermanas se peleen por estar conmigo. Y que pueda divertirlos a todos, aunque la mayoría de las veces no les diga nada importante. Quisiera vivir la sensación de que lo dejen todo por pasar unos momentos a mi lado. Señor, no te pido mucho... solo vivir lo que vive cualquier televisor.

PRIMERA PARTE

¿Qué significa ser padre?

Cualquier pareja en condiciones adecuadas de salud y ambientales puede concebir un nuevo ser. Sin embargo, ser padre no significa solamente engendrar un hijo. Muchas parejas traen hijos al mundo y jamás se convierten en padres; tan solo llegan a ser procreadores. ¿Crees que el solo hecho de tener un hijo te convierte en padre? En realidad lo dudo mucho.

Ser padre implica un compromiso y una responsabilidad hacia el hijo de cara a prepararlo, orientarlo y protegerlo, para que viva como un ser feliz y realizado dentro de una sociedad; pero, sobre todo, amarlo y respetarlo como un ser único.

Cuando decides traer un niño al mundo, tienes la obligación de trabajar activamente con el fin de darle lo necesario para que triunfe en la vida. Hay un viejo dicho que reza: «Un padre vale más que cien maestros». ¿Sabes por qué? Porque en manos de los padres está el destino de los hijos. Por esta razón, ser padre es una misión sagrada. En sus manos se ha confiado el futuro de naciones enteras, puesto que ese futuro depende de los niños y del mundo que ellos construyan con los cimientos que se les han dado.

> Tener hijos no lo convierte a uno en padre, del mismo modo en que tener un piano no lo vuelve pianista.
>
> *Michael Lavine*

Sin embargo, muchos padres están tan atrapados en su rutina diaria de trabajo y vida social que relegan su responsabilidad a un segundo plano y la encomiendan a otras personas o, aún peor, al televisor. Desafortunadamente, en muchas ocasiones solo prestan atención a sus hijos cuando surge algún problema.

No se nace sabiendo cómo ser padre, sino que es algo que se construye a través del esfuerzo diario, hasta que se transforma en virtud. Lo

único necesario para ser un gran padre es que precisamente eso se convierta en una prioridad, antes que cualquier otra cosa.

Motivos del matrimonio

El objetivo del matrimonio es que, al unirse dos seres humanos, sean mejores que cuando estaban solos. Cuando tienes dos objetos y los une, siguen siendo dos objetos, pero cuando tienes dos seres humanos nunca tendrás únicamente dos seres humanos. Cuando dos seres humanos se fusionan, se obtienen dos opciones: más de dos o menos de dos. Esto se conoce como «matemática sinergética».

¿Qué significa «más de dos» o «menos de dos»? «Más de dos» se refiere a que cuando dos personas se enlazan, resultan mejores de lo que eran antes, cuando estaban solteros. Y «menos de dos» es cuando los dos seres no son más de lo que eran antes de estar juntos. Quizá uno es más de lo que era el otro, pero aun así el matrimonio no ha servido para nada; o a veces uno o ambos se reducen; en ese caso el matrimonio tampoco ha aportado nada. Consiste, pues, en que ambos sean mejores. Casarse no significa tener a la mujer como sirvienta, o al varón como proveedor. El trabajo es de ambos, y si ambos no son mejores que antes de unirse, el matrimonio no ha servido absolutamente para nada.

Si un hijo nace de un matrimonio que no suma, sino que resta, va a poder ser uno más de los grandes ladrones o secuestradores, de esos niños que solo aportan odio a los seres humanos, porque lo aprendieron de sus padres; seres que se reducen y que en sus acciones conllevan la reducción del planeta. En cambio, los niños que nacen de un matrimonio en el que se suma enriquecen con su presencia, mente, sonrisa, alma y espíritu la vida de quienes los rodean.

Y aunque es cierto que los matrimonios que restan tiene hijos que se reducen y reducen a los demás, y que aquellos en los que la pareja se une y hay amor, principios y respeto engendran hijos que enriquecen al mundo, también existen grandiosas excepciones de niños que son hijos de una pareja que se reduce y, sin embargo, logran construir el mundo, polarizando su propio hogar. De hecho, se trata de niños con una estrella que puede polarizar a sus propios padres.

Como ves, es muy importante reconocer cuáles son los motivos que llevan a una pareja a decidir unirse en matrimonio, porque las razones por las que se casan determinan, en gran medida, el tipo de hijos que tendrán. Veamos algunos de los motivos más habituales para casarse:

motivos del matrimonio

amor

escape del hogar

me tengo que casar

interés

pasión sexual

Escape del hogar

Muchas personas deciden casarse por la única razón de salir del hogar paterno, ya sea porque viven una situación muy tensa, por huir de los problemas propios de los padres o por la necesidad de buscar su libertad. Cuando se presenta esta situación, es muy común aceptar o buscar cualquier opción para contraer matrimonio.

Me tengo que casar

Esta razón se genera por una obligación, o compromiso, hacia el matrimonio, que puede ser originada por diversas razones, como pueden ser un noviazgo de muchos años –que hace que la pareja se sienta comprometida por el tiempo que ha pasado junta–; porque ya han realizado algunas inversiones en común, como una casa, terreno, muebles, etc.; por presión de la familia, ya sea de él, de

> El éxito de todo matrimonio consiste en enamorarse a diario de la misma persona.
>
> *Eric de la Parra*

ella o de ambos; por un embarazo, o por la edad —no vaya a ser que se les «escape el tren» o que se piense que son «raritos».

Pasión sexual

Se presenta cuando la pareja, más que ser novios son amantes, ya que basan su unión en las relaciones sexuales, que por lo general son altamente satisfactorias, y creen que siempre serán así. Dedican poco tiempo a conocerse como personas y a compenetrarse como pareja. Buscan en el matrimonio mayor satisfacción, tiempo, seguridad y facilidad para tener sexo, aunque es habitual que no lo encuentren o que sea muy corto el periodo en el «paraíso».

Interés

Muchas parejas se casan por interés, que puede consistir en adquirir determinada posición social —ya sea un apellido, prestigio, fama, reconocimiento, etc.–, una mayor seguridad financiera, un beneficio laboral (ya que el matrimonio repercutirá en una mejor posición empresarial), o por el atractivo físico de su pareja —lo que le brinda la satisfacción de haber logrado la mejor conquista.

Amor

Aunque la mayoría de las parejas justifican su matrimonio basándose en esta razón, en realidad son muy escasas las que realmente se casan por amor. Quienes lo hacen lo único que buscan es unirse a la persona que aman porque su entendimiento es muy elevado, así como su necesidad de vivir la vida juntos, como una fuerza complementaria.

Cualquiera que haya sido la razón que te llevó al matrimonio, debes comprender que influye directamente en tu hijo, ya que esa razón constituye el fin de la familia y él vive esa realidad de forma inconsciente. Los niños deben sentir el amor de sus padres para sentirse, a su vez, amados y deseados. **No pueden creer que el amor vaya a aparecer**

en sus vidas si no lo ha hecho en la de sus padres. En cambio, si los niños ven a su padre y a su madre profundamente enamorados, cuidándose con sensibilidad y respeto mutuos, sabrán cómo se alimenta el amor y tendrán la seguridad de que también merecen amar y ser amados.

Aunque parezca increíble, muchas personas llegan a amar a sus hijos, pero no a la pareja; algunas pueden amar a la pareja, pero no a los hijos, y muy pocos aman a la pareja y a los hijos. Busca que el amor sea la razón que mantenga unida a tu familia.

¿PADRE?...
¿Por qué? ¿Para qué?

Ya hemos analizado algunos motivos por los cuales las parejas deciden casarse, pero también existen factores que determinan la decisión de convertirse en padres. Son diversas las razones que, a lo largo de los años, han impulsado al ser humano a tener descendencia: desde la necesidad inconsciente de transmitir sus genes hasta condicionamientos sociales y religiosos. Revisemos algunos de ellos.

> Se dice que un padre puede sostener a once hijos, pero que es muy difícil que once hijos sostengan a un padre. Me surge una pregunta... ¿cómo los educaría?
>
> *Eric de la Parra*

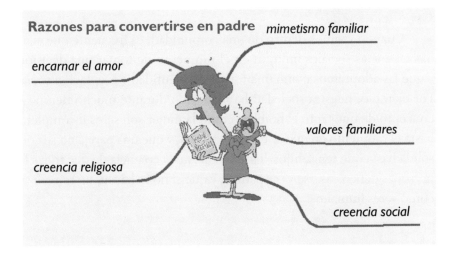

Razones para convertirse en padre — *mimetismo familiar*

encarnar el amor

valores familiares

creencia religiosa

creencia social

Mimetismo familiar

Por naturaleza, el ser humano tiende a imitar el comportamiento de los seres que lo rodean y a crear una semejanza física con ellos. Cuando una persona convive en un ambiente familiar formado por una madre y un padre, manifiesta un mimetismo inconsciente hacia ese patrón, y lo mismo si carece de alguno de ellos. Y si en ese hogar hay varios hijos, el patrón inconsciente será reproducir dicho ambiente. Esta forma de actuar se manifiesta en todos los aspectos de la vida, ya que son procesos internos de los cuales el ser humano no se da cuenta. Por ejemplo, las familias que fijaron su residencia en los nuevos territorios conquistados por sus países copiaron su lugar de origen. Es como si su cerebro no tuviera la opción de crear algo nuevo y diferente, sino simplemente de reproducir su lugar de nacimiento.

Valores familiares

Durante su desarrollo y formación, el ser humano va adquiriendo los valores que se erigirán en principios para su toma de decisiones y forma de vivir. Estos valores pueden ser heredados o adquiridos. Es frecuente que dentro de nuestra escala de valores se encuentren los de ser padre o madre. Si nos hacemos la pregunta «¿qué significa ser padre?» o «¿qué significa ser madre?», es muy probable que nos percatemos de que ese significado forma parte de un valor aprendido en el hogar, y no de un proceso de razonamiento y madurez personal.

Creencia social

Cuando vivimos dentro de una comunidad, es frecuente que algunas creencias sociales influyan en el momento de tomar una decisión, y que las adoptemos como una forma de identidad y aceptación social. Por ejemplo, nuestra sociedad ha manejado durante mucho tiempo el concepto de que tanto el hombre como la mujer son seres incompletos hasta el momento en que se unen en pareja, y que una pareja no se consolida hasta que tenga hijos. También existe la creencia de que todas las personas deben casarse y ser padres, y que si no lo hacen, no se realizan como seres humanos.

Creencia religiosa

Son muchos los proverbios religiosos a este respecto, como: «Creced y multiplicaos» o «Recibid con amor los hijos que Dios os envíe». Muchas personas creen que procrear es un mandato divino y una obligación religiosa para todos los matrimonios.

Encarnar el amor

Cuando una pareja se ama intensamente, busca en los hijos una forma de encarnar ese gran amor que se profesa, y

le da mucho significado a la paternidad, porque reproduce su amor en los hijos. Es como si fueran dueños de una tierra muy fértil que produce muchos frutos y que les permite vivir una vida próspera. ¿Qué buscarían? ¡Claro! ¡Compartirla con alguien! Eso es lo que buscan estas parejas: invitar a sus hijos a compartir la alegría de amarse.

Como podemos observar, la mayoría de las razones que llevan a las parejas a convertirse en padres tienen que ver, generalmente, con el egoísmo; ya sea por estatus, satisfacción personal, apellido, tener a quien les herede, disfrutar de un juguete, disponer de alguien que los cuide cuando sean ancianos o que los mantenga, ayude con los gastos, les haga compañía o los quiera, etc. Desgraciadamente, son muy pocas las parejas que deciden tener un hijo pensando solo en el bienestar de ese nuevo ser. De hecho, ¿alguna vez pensaste si tu hijo desearía vivir en este mundo? ¿Si le gustaría tener un padre o una madre como tú? ¿Estás preparado para dar amor incondicionalmente? ¿Eres una persona digna y preparada para responsabilizarte de una nueva vida? ¿Será un ser amado? ¿Sabrás enseñarle a vivir feliz? ¿Puedes asegurarle un hogar seguro? ¿Te encuentras en un estado tal que, si tienes

> El problema con la familia es que los hijos abandonan un día la infancia, pero los padres nunca dejan la paternidad.
>
> *Osho*

un hijo, estarás haciéndole un regalo al mundo? ¿Darás a tu hijo la libertad suficiente para que sea él mismo?

La paternidad es un gran arte, un gran logro, una gran celebración. Si los padres se sienten felices de tener un hijo, el niño se sentirá feliz por tenerlos a ellos como padres.

Estados sociales preferentes

Cada ser humano nace con unas condiciones específicas que, a lo largo de su vida, van a definir el estado social preferente con el que se identificará y se sentirá más cómodo, así como su carácter y su forma de desenvolverse en el mundo. De hecho, podemos afirmar que cada ser humano nace con un estado social preferente, del cual posee las cualidades sociales, emocionales y morales para vivirlo. Esto significa entender que no todos nacemos con capacidades para ser arquitectos o ingenieros, sino que cada uno tiene una cualidad que debe descubrir y desarrollar.

Existen tres estados sociales preferentes:

⇨ **Soltero**
⇨ **Pareja**
⇨ **Padre**

Estos estados son independientes del estado civil, ya que, como mencioné, el estado civil puede estar influenciado por factores que en su mayoría poco tienen que ver con los deseos y capacidades personales o con el carácter de cada individuo.

Revisemos cómo son los individuos según su estado social preferente (capacidad innata), aclarando que no se trata del proceso social por el que se atraviesa en determinada etapa de la vida, sino una condición natural.

Soltero

Las personas que se desarrollan en este estado son muy independientes y disfrutan de la soledad. Son quienes se preocupan por su desarrollo personal y profesional antes que por formar una familia. Aunque pueden tener pareja, son muy cuidadosos a la hora de proteger su intimidad, espacio, manera de pensar y momentos de soledad. Si llegan al matrimonio, generalmente lo hacen por presión social –el hombre, para que no vayan a pensar que es «rarito» o «aniñado» y la mujer, porque «se va a quedar para vestir santos» o por temor a convertirse en una «solterona»–. Les cuesta mucho compartir su espacio y su silencio. No comprenden quién ideó el concepto de contraer matrimonio, si soltero se vive tan bien. Son personas muy atentas a su higiene, salud, vestido, hogar, alimentos y, especialmente, muy selectivas con sus amistades. Pueden asistir a reuniones sociales pero, pasado un tiempo, surge en ellas el deseo de  retirarse a su silencio e intimidad. Se sienten felices en su recogimiento. Las personas que son «solteras» y a pesar de ello llegan a formar una familia, tienden a educar a sus hijos como niños muy independientes.

Alguna vez me solicitaron que impartiera un curso para solteros, que me lancé a preparar definiendo los temas que podrían complementar su vida, pero llegó un momento en que me cuestioné el perfil de mis posibles participantes y decidí suspender el desarrollo del diseño del curso. ¿Por qué? Porque más del 95% de los probables asistentes estaban viviendo el estado social soltero, pero no eran solteros como un estado social preferente. En realidad, lo que más anhelaban muchos de ellos era dejar tal estado. Por tanto, el curso no les serviría; lo que necesitaban era un evento sobre cómo conseguir pareja.

Como podemos apreciar, pues, no todas las personas están dotadas para vivir este estado social. Aunque todos los seres humanos pasemos por él en alguna etapa de la vida, pocos son solteros por convicción.

> Mi padre no me señaló cómo vivir; simplemente vivió y me permitió observarlo.
>
> *Clarance B. Kellaud*

Pareja

Son las personas que disfrutan de compartir la vida con otro ser humano, se complementan con su pareja y todas las decisiones las toman juntos, y que se sienten terriblemente mal cuando no lo hacen. Es muy

común que se refieran a sí mismos como «nosotros». Por ejemplo, si le preguntas a uno de ellos qué hizo el día anterior, te contestará: «Fuimos al cine»; en plural, porque esta persona, al hablar de sí misma, lleva implícita a su pareja. A diferencia de los «solteros», sí están dispuestos a compartir su espacio, pertenencias y tiempo. La mayoría de las veces no se caracterizan por ser muy selectivos en sus relaciones o amistades, ya que buscan estar acompañados porque ese estado los hace sentir cómodos psicológicamente.

Su crecimiento personal y profesional lo integran principalmente con su pareja, alrededor de la cual construyen su mundo. Y por esto mismo, es común encontrarse casos de parejas de adultos en los que, al fallecer uno de ellos, el compañero también muere al poco tiempo.

> Amar no es mirarse el uno al otro, sino mirar en la misma dirección.
>
> Antoine de Saint-Exupéry

La pareja se complementa tanto que no necesita un hijo, ya que mutuamente cubren sus necesidades afectivas. Sin embargo, normalmente llegan a tenerlos por presión social, principalmente de las familias o los amigos —el padre le pregunta a su hija cuándo lo va a hacer abuelo, y al varón lo presionan diciéndole: «¿Es que no puedes? Si quieres, aquí estamos los amigos para ayudarte».

Cuando estas personas llegan a tener hijos, normalmente se quejan de que ya no reciben la misma atención por parte de la pareja; sienten que ahora han de compartir el amor que se tenían con los hijos, y florecen los celos. Las personas que en su estado social preferente son pareja y llegan a tener hijos, los educan para compartir, pero manteniendo cierta independencia.

Padre

En este nivel, la pareja nació con la facultad para ser padre, es decir, es la pareja evolucionada con la capacidad de recibir a alguien más, para que se integre al amor que ellos dos se tienen, como una prolongación de ese amor.

A este estado social se abocan todas las personas de forma inconsciente, a pesar de que no todas cuentan con las cualidades intrínsecas para ser padres.

Los individuos que, naturalmente, pertenecen a este estado social preferente tienen facilidad para compartir sus espacios, pertenencias y relaciones, pero van un paso más allá del simple estado de ***Pareja***, ya que pueden compartir su «amor» con sus hijos. Es conveniente aclarar que los hijos no vienen a sustituir el amor de sus padres, sino que lo complementan.

Con las personas que pertenecen a este estado social es con quienes se puede verificar el concepto «real» de familia, ya que los hijos son educados bajo la óptica del respeto, la cooperación, la tolerancia y la comprensión, y todos los miembros reciben la misma atención. Así, vemos ejemplos de familias que integran un gran equipo con una meta común. Y cuando uno de ellos se separa por alguna circunstancia, solo se reduce el número de miembros del equipo, sin cambiar su filosofía, valores ni forma de vivir. Cuando un componente de esta familia contrae matrimonio, es muy común que su pareja quiera vivir cerca de la familia, por el alto nivel de convivencia y respeto que se respira.

Amorfo

Existe, podríamos decirlo de este modo, un cuarto estado social preferente, que no es natural, ya que se sale de las cualidades individuales con las que venimos dotados, pero que lamentablemente es el más común. ¿Y por qué no es natural? Si cada ser humano viviera en su estado social «ideal» (para el que tiene las cualidades innatas), gozaría de tranquilidad y dicha social. Sin embargo, ya que muchas personas se dejan manipular por los condicionamientos sociales y son empujadas a ser padres, deciden dejar de vivir su estado preferente innato y, en la mayoría de los casos, no tienen ni llegan a desarrollar las capacidades necesarias para ello, cometiendo graves errores que las hacen vivir una vida de insatisfacciones que pueden mantener hasta el fin de sus días.

El estado amorfo es aquel en el cual la persona se siente insatisfecha con el estado social en el que se encuentra y, por tanto, no ejecuta lo correspondiente a su estado innato –el que le daría el gozo y la tranquilidad para vivir y crecer como individuo.

La mayoría de las personas que se encuentran en el estado amorfo vegetan buscando entretenimientos que los alejen de la terrible depresión o frustración que viven. Por ejemplo, muchas de ellas son padres, pero anhelarían ser solteros; por tanto, buscan distracciones de libertinaje (aunque esto diste en mucho del verdadero soltero), con un alto grado de irresponsabilidad, a la vez que buscan un «amante» para sentirse pareja y pasar por «muy románticos». Al mismo tiempo, se quieren sentir orgullosos de sus hijos, a los que exigen comportamientos y calificaciones escolares que no son congruentes con su propio comportamiento; simplemente porque son los que tienen la «autoridad» y se les debe obedecer.

Este comportamiento es más característico de los hombres, aunque en las mujeres también se llega a observar, por ejemplo en aquellas que deciden ser madres para tener compañía, mandar sobre su hijo y contar con su cariño permanente. Obviamente, cuando este hijo crece y quiere tomar su propio camino, recibe la fuerte oposición y los celos infundados de su madre, y el hecho de salir del hogar llega a convertirse en una experiencia muy amarga. Otro ejemplo es el caso de la mujer que puede estar casada y con uno o varios hijos, pero que sustituye el cariño que debería tener por su pareja por cariño y atenciones hacia los hijos.

Las personas «amorfas» centran la razón de estar con alguien en el concepto de «figura familiar», y cuando los hijos se van experimentan el síndrome del «nido vacío», que buscan cubrir equivocadamente con nietos, en quienes vuelcan toda su atención y sentido de la vida, en lugar de hacerlo con su pareja.

El estado amorfo es el principal motivo de que nuestra sociedad viva un alto nivel de frustración e insatisfacción permanentes, del cual la gente busca olvidarse con múltiples distracciones.

¿Te percatas de la importancia de conocer esta información? Muchas personas me han comentado que si hubieran sabido de la existencia de los estados sociales preferentes antes de casarse y formar una familia, tal vez habrían preferido mantenerse solteras, porque habrían comprendido que la tendencia a estar soltero no es algo extraño, sino el estado natural con el que se sentían más cómodos.

Sin embargo, aunque ya hayas formado una familia, independientemente del estado social preferente que tengas, esta información te puede resultar muy valiosa para conocerte más a fondo y comprender a tu pareja, pero principalmente para entender a tu hijo.

Imagínate una familia en la que ambos padres poseen el estado social preferente de *Soltero* y su hijo tiene el de *Padre*. Seguramente ambos progenitores tendrán una vida personal muy independiente del hogar, y sus propios trabajos o actividades los mantendrán muy alejados del núcleo familiar; pero su hijo tendrá grandes necesidades de una familia unida, de la presencia de sus padres, de estar acompañado, de sentirse apoyado y de altas dosis de afecto. ¿Qué es lo que sucede? Este niño experimentará altos niveles de frustración, tristeza y soledad, que lo pueden llevar a vivir peligrosas depresiones. Él nunca entenderá a sus padres, y estos nunca comprenderán la razón por la que su hijo no puede ser una persona más independiente.

Ahora, revisemos la situación inversa, en que los progenitores tengan el estado preferente de *Padre* y el hijo tenga el de *Soltero*. En este caso, los padres querrán mantener a su hijo cerca del hogar, involucrarse y participar en sus actividades, compartir con él y estar juntos. ¿Cómo se sentirá el hijo? ¡Asfixiado! Este niño lo que necesita es tener su propio espacio, sus propios momentos de intimidad, lo cual no implica necesariamente estar alejado de sus padres, sino mantener cierta libertad.

Un buen padre es aquel que es versátil y puede comportarse de las tres formas, de acuerdo con la naturaleza de sus hijos. Claro que existen familias en las que todos sus integrantes tienen el mismo estado preferente, pero cuando no es así se requerirá de padres que puedan ser polifacéticos según las circunstancias.

A propósito... existe una metáfora que habla de la sobreprotección que algunos padres emplean a la hora de educar a sus hijos; se llama «el abrazo del oso» y la comparto a continuación.

El abrazo del oso

Este cuento se refiere a un hombre joven cuyo hijo había nacido recientemente y era la primera vez que sentía la experiencia de ser padre. En su corazón reinaban la alegría y los sentimientos de amor que brotaban a raudales dentro de su ser.

Un buen día le dieron ganas de entrar en contacto con la naturaleza, pues a partir del nacimiento de su bebé todo lo veía hermoso, y aun el ruido de una hoja al caer le sonaba a notas musicales.

Así fue que decidió ir a un bosque; quería escuchar el canto de los pájaros y disfrutar toda la belleza de la naturaleza.

Caminaba plácidamente, respirando la humedad propia de estos lugares, cuando de repente vio posada en una rama a un águila que lo sorprendió por la hermosura de su plumaje.

El águila también había tenido la alegría de recibir a sus aguiluchos y tenía como objetivo llegar hasta el río más cercano, capturar un pez y llevarlo a su nido como alimento, pues significaba una responsabilidad muy grande criar y formar a sus aguiluchos para enfrentar los retos que la vida ofrece.

El ave, al notar la presencia del hombre, lo miró fijamente y le preguntó:

—¿A dónde te diriges, buen hombre? Veo en tus ojos la alegría.

—Mi hijo ha nacido y he venido al bosque para disfrutar de esa bendición —contestó el hombre.

—Oye, ¿y qué piensas hacer con tu hijo? —preguntó el águila.

—Ah, pues ahora y desde ahora, siempre lo voy a proteger —respondió el hombre—. Le daré de comer y jamás permitiré que pase frío. Me encargaré de que tenga todo lo que necesite, y día a día yo seré quien lo cubra de las inclemencias del tiempo; lo defenderé de los enemigos que pueda tener y nunca dejaré que atraviese situaciones difíciles. No permitiré que mi hijo pase las mismas necesidades que yo, nunca dejaré que eso suceda,

porque para eso estoy aquí, para que él nunca sufra por nada. Yo, como su padre que soy —agregó para finalizar—, seré fuerte como un oso, y con la potencia de mis brazos lo rodearé, lo abrazaré y nunca dejaré que nada ni nadie lo perturbe.

El águila no salía de su asombro; atónita, lo escuchaba y no daba crédito a lo que había oído. Entonces, respirando muy hondo y sacudiendo su enorme plumaje, lo miró fijamente y dijo:

—Escúchame bien, buen hombre. Cuando recibí el mandato de la naturaleza para empollar a mis hijos, también recibí el mandato de construir mi nido, un nido confortable, seguro, bien resguardado de los depredadores, pero igualmente le he puesto ramas con muchas espinas. ¿Y sabes por qué? Porque aun cuando estas espinas están cubiertas por plumas, algún día, cuando a mis aguiluchos les hayan salido las plumas y sean fuertes para volar, haré desaparecer toda esta comodidad, y ellos ya no podrán habitar sobre las espinas; eso los obligará a abandonar el nido.

»Todo el valle será para ellos, siempre y cuando realicen su propio esfuerzo para conquistarlo, sus montañas, sus ríos llenos de peces y praderas llenas de conejos. Si yo los abrazara como un oso, reprimiría sus aspiraciones y deseos de ser ellos mismos, destruiría irremisiblemente su individualidad y haría de ellos seres indolentes, sin ánimo de luchar, ni alegría de vivir. Tarde o temprano lloraría mi error, pues ver a mis aguiluchos convertidos en ridículos representantes de su especie me llenaría de remordimiento y gran vergüenza, ya que tendría que cosechar la impertinencia de mis actos, viendo a mi descendencia imposibilitada para tener sus propios triunfos, fracasos y errores, porque yo quise resolver todos sus problemas.

»Yo, amigo mío —añadió el águila—, podría jurarte que después de Dios he de amar a mis hijos por encima de todas las cosas, pero también he de prometer que nunca seré su cómplice en la superficialidad de su inmadurez; he de entender su juventud, pero no participaré de sus excesos; me he de esmerar en conocer sus cualidades, pero también sus defectos, y nunca permitiré que abusen de mí en aras de este amor que les profeso.

El águila calló y el hombre no supo qué decir, pues seguía confundido, y mientras entraba en una profunda reflexión, con gran majestuosidad el ave levantó el vuelo y se perdió en el horizonte.

El hombre empezó a caminar mientras miraba fijamente el follaje seco disperso en el suelo; solo pensaba en lo equivocado que había estado y en el terrible error que iba a cometer al darle a su hijo el abrazo del oso. Reconfortado, siguió caminando; solo deseaba llegar a casa y abrazar a su bebé con amor, pensando que solo lo rodearía con sus brazos unos segundos, ya que el pequeño empezaba a tener la necesidad de su propia libertad para mover las piernas y los brazos, sin que ningún oso protector se lo impidiera.

A partir de ese día, el hombre empezó a prepararse para ser el mejor de los padres.

Tus hijos no son tus hijos,
son hijos de la vida
deseosa de sí misma.

No vienen a ti, sino a través de ti
y, aunque estén contigo, no te pertenecen.

Puedes darles tu amor, pero no tus pensamientos,
pues ellos tienen sus propios pensamientos.

Puedes abrigar sus cuerpos, pero no sus almas,
porque ellas viven en la casa del mañana,
que no puedes visitar ni siquiera en sueños.

Puedes esforzarte en ser como ellos, pero
no procures hacerlos semejantes a ti, porque
la vida no retrocede, ni se detiene en el ayer.

Tú eres el arco del cual tus hijos
como flechas serán lanzados.

Eres el arco del que tus hijos
son lanzados como flechas vivientes,
el arquero ve la señal en el camino
del infinito, y Él te concede con su poder
que sus flechas puedan ir ligeras, lejos.

Permite que la tensión en la mano
del arquero sea jubilosa;
pues aun cuando Él ama la flecha que vuela,
de igual modo ama el arco que es estable.

KAHLIL GIBRAN

SEGUNDA PARTE

Qué define interiormente tu estilo para educar a tu hijo y relacionarte con él

Estilos para educar

Según la teoría de Alvin Toffler, existen tres formas en que los países se enriquecen de otras naciones, y son las siguientes:

La primera se refiere a la fuerza, mediante la cual conquistaban a una nación, robándole su riqueza y despojándola de su cultura y de su poder económico. Se llamaba la «fuerza bruta». Los pueblos más salvajes, más feroces, los mejor armados eran los que conquistaban a otras naciones, como en la Antigüedad lo hacían los vikingos y los romanos. Sin embargo, este tipo de conquista genera algo denominado «rencor».

Existen padres que utilizan este sistema de educación con sus hijos, a través del terror. Algunas madres lo aplican muy bien cuando les dicen: «¡Cuando llegue tu padre vas a ver!». ¿Te acuerdas cuando eras pequeño? ¿Qué sentías cuando te amenazaban de esa manera? Era estupendo saber que ya venía papá, ¿verdad? Ya te ibas preparando para las bofetadas.

> Instruye al niño en el camino correcto, y aun en su vejez no lo abandonará.
>
> *Libro de los proverbios*

La ventaja del terror es que produce resultados inmediatos, pero también genera mucho rencor y, a la primera oportunidad, llega la venganza. La fuerza bruta, tarde o temprano, conlleva rencor y desquite. A esta actitud se la conoce en psicología como «círculos abiertos» o «cuentas por cobrar». Por ejemplo, la chica que queda embarazada, el adolescente que suspende asignaturas en el instituto o los jóvenes que tienen problemas de drogas o alcoholismo. Son formas clásicas e inconscientes de tomar venganza hacia los padres.

En una ocasión, un hombre anciano y enfermo se quedó viudo. Este hombre tenía tres hijos, y para que no estuviera solo, decidieron que viviera una temporada con cada uno.

El primer hijo que acogió en su casa a su padre fue el menor, que estaba casado y a su vez tenía tres hijos. Sin embargo, pasó el tiempo y ninguno de sus otros dos hermanos quería recibir al padre en su casa.

Las molestias que causaba el hombre, por su edad y enfermedad, se fueron haciendo insoportables para el matrimonio, hasta que llegó el momento en que la esposa amenazó a su marido: si el anciano no se iba, se marcharía ella. Cuando él les recordó a sus hermanos el compromiso que habían hecho de compartir la responsabilidad de cuidar al padre, y que su matrimonio estaba en peligro, los hermanos se excusaron con pretextos. Por tanto, pensaron que la mejor opción sería buscar un lugar donde internar al anciano y poder olvidarse de él.

Un día se encontraba toda la familia en el coche, lista para salir a llevar al hombre al asilo en donde lo recluirían, cuando el padre le pidió a su hijo pequeño que regresara a la casa y trajera una manta, ya que pensaba que seguramente el abuelo la necesitaría en la residencia.

Una vez allí, y hechos los trámites necesarios, cuando iban a despedirse del hombre anciano, el padre le pidió a su hijo que le entregara la manta que le encargó, y cuál fue su sorpresa que al desdoblarla para ponérsela en la espalda al anciano, se dio cuenta de que estaba cortada por la mitad. El padre, muy molesto, preguntó quién la había cortado. Entonces, su hijo pequeño le dijo: «Fui yo quien cortó esa manta; lo hice porque quise guardar la otra mitad para dártela a ti el día que me toque venir a internarte».

Y luego los padres se quejan y no se explican la razón por la que su hijo es de cierta manera. Y yo te pregunto: ¿tú qué has hecho para que tu hijo tenga valores? Hay padres que se exculpan de los errores de sus hijos diciendo que ellos cumplieron con su obligación de inculcarles grandes valores, pero ¿viven en coherencia con esos valores que desean transmitirles? Hay que enseñar con coherencia, no con simples palabras; por eso se dice: «Tus acciones hacen tanto ruido que no me dejan escuchar tus palabras».

> Cosechamos exactamente lo que sembramos.
>
> *Mahatma Gandhi*

La segunda forma que usan las naciones para conquistar la riqueza de otros países es el poder económico. Le prestas a un país dinero y luego lo recuperas con sus riquezas naturales. Es decir, originas un endeudamiento con préstamos y luego le cobras explotándolo.

Esta fuerza también es utilizada por algunos padres para educar a sus hijos. Creen que dándoles dinero, inscribiéndolos en colegios de mucho prestigio o comprándoles lujosos juguetes logran una buena educación, y también es la forma como tratan de compensar el vacío que generan en sus hijos por su falta de presencia en el hogar y el poco tiempo que les dedican. Estos padres exigen a sus hijos una reciprocidad por la cuota tan alta que gastan en ellos, y continuamente les recuerdan que pagan lo que «no aprecian».

Existe un modo correcto de aplicar la fuerza del poder económico en la educación de los hijos, pero no es en el sentido de «comprarlos», sino de enseñarles el valor del dinero, así como la manera de generarlo y administrarlo para un bienestar futuro.

La tercera forma es el poder de la mente. Un claro ejemplo es el que aplica Japón, que se apropió de este poder y de la riqueza de las naciones vendiendo sabiduría e inteligencia a través de la tecnología. ¿Qué es lo que ha hecho Japón? Empleando la inteligencia, ha conquistado a todas las naciones del mundo. ¿Por casualidad tendremos algún producto nipón en nuestros hogares? ¿Y cuántos artículos de nuestro país tendrán en su hogar los japoneses? Es difícil la comparación. Por ejemplo, las grandes empresas de informática te venden un chip que quizá en su precio real no rebasa el dólar, pero a veces se venden en millones de dólares, porque lo que ese chip contiene es inteligencia. Las empresas que hoy están triunfando venden inteligencia.

Hoy en día algunos padres educan con inteligencia a

> Lo importante no es ver qué mundo les estamos dejando a nuestros hijos, sino qué hijos le estamos dejando al mundo.
>
> *Anónimo*

sus hijos, aunque desafortunadamente, la mayoría caen en la fuerza del terror y en la del dinero. Pocos utilizan la inteligencia para educar.

¿Qué significa educar con inteligencia? Significa dedicarle tiempo a tu hijo, hablarle y escucharle, transmitirle valores a través de la vivencia de esos valores, tener paciencia, dar consejos en lugar de órdenes y, sobre todo, conocerlo para comprenderlo y saber orientarlo.

¿Cuál de estas tres fuerzas estás utilizando para educar a tu hijo?

Debemos ser conscientes de que, como padres, no podemos impedir que nuestros hijos se caigan, pero sí levantarlos y besar sus heridas. No podemos prevenir que cometan errores, pero sí estar junto a ellos para ayudarlos a corregirlos. No podemos protegerlos de todos los desengaños y males, pero sí estar a su lado para llorar con ellos. No podemos solucionar todo lo que no anda bien en sus vidas, pero sí elogiarlos cuando triunfan y apoyarlos cuando fracasan. No podemos estar con ellos en todo momento, pero sí dotarlos de todas las herramientas necesarias para que, ante cualquier situación, salgan adelante.

Análisis transaccional

De acuerdo con el estudio del análisis transaccional, la personalidad de todo ser humano comprende tres partes, llamadas «estados del ego». Dichos estados se conocen como:

- ⇨ **Padre**
- ⇨ **Adulto**
- ⇨ **Niño**

Los estados del ego no tienen ninguna relación con la edad del individuo, ya que incluso un niño pequeño puede presentar el estado adulto, o un adulto, aunque no tenga hijos, manifestar el estado de ***Padre***, ya que se refieren básicamente a características de la personalidad.

El análisis transaccional es el estudio de la personalidad con el objeto de descubrir la naturaleza de nuestros estados del ego. Sirve para tener una idea más clara de quién eres y de qué manera adoptaste esas características. También ayuda a conocer los diversos orígenes de tus pensamientos, sentimientos y opiniones.

Un mejor conocimiento de tu personalidad aumenta la eficiencia de tu relación con tu hijo, porque gracias a él entenderás la razón de muchos de tus comportamientos y de tu forma de tratarlo y educarlo. Tal vez seas un padre extremadamente autoritario o extremadamente liberal, y esto se debe a que el desarrollo de tu personalidad se vio influenciado por la conducta de tus padres, por la madurez adquirida en tu vida y por la fortaleza o debilidad de tu niño interno.

Veamos a qué se refiere cada uno de los estados del ego, pero vale antes aclarar que dichos estados son totalmente inconscientes, por lo que raramente la persona se percata de ellos.

El padre

Todo ser humano desarrolla un estado de **Padre** cuando, siendo niño, asimila ciertas actitudes y formas de comportamiento a través de las figuras de sus progenitores. Y tal como lo manifesté anteriormente, se trata de un comportamiento inconsciente; sin embargo, cuando ponemos atención, muchas veces vemos el «vivo retrato de nuestros padres» con nuestra actuación. Cuando actúas, sientes y piensas en la misma forma en que lo hacían tus padres contigo cuando eras pequeño, estás aplicando tu estado de **Padre**.

Este estado representa la grabación educacional, la transmisión de los valores y la cultura. Por ejemplo, al niño se le trasmitirá lo importante que es el trabajo, la familia, las leyes, etc. Estas y otras muchas cuestiones, de alguna manera, le serán impuestas, pero él decidirá cuál de esas normas o valores interiorizará y pasarán a formar parte de sus creencias

fundamentales. Una vez interiorizados estos mensajes, aunque no es imposible, difícilmente podrán ser cambiados por otros.

Cuando domina este estado, las personas actúan de forma censuradora, crítica o fortificadora, y algunas veces amorosa. En él, nuestras acciones se manifiestan de manera «automática». Los individuos se caracterizan por el uso de palabras como «debería», «debes», «tienes que...», «siempre», «repugnante», «desobediente», etc. El **Padre** nunca se equivoca.

Como se puede observar, los comportamientos del estado de **Padre** son los más «cómodos», ya que nos limitamos a cumplir o reproducir aquello que dijeron o hicieron otros.

El adulto

Así como respondemos de forma automática en nuestro estado de **Padre**, en el adulto reaccionamos de manera «analítica». Representa el grado racional en que nuestro comportamiento es una función intelectual de datos ofrecidos por el «aquí y ahora».

El estado de **Adulto** es el ordenador de nuestra personalidad; recibe los datos del exterior o interior a través de los diferentes sentidos, y se encarga de procesarlos y transmitirlos a los centros de decisión. Por esta razón, el adulto tiene una importancia vital en la toma de decisiones. Siempre que te encuentres reuniendo información, haciendo razonamientos, valorando probabilidades, etc., te encuentras en estado de **Adulto**, y mientras permanezcas en él serás una persona serena y calmada. Tomas decisiones de una manera no emotiva, basándote únicamente en los datos. El adulto dice: «Lo que conviene hacer es...».

Un estado de **Adulto** bien desarrollado permite la intervención adecuada en cada momento de los estados **Padre** y **Niño**.

El niño

Aunque una persona sea adulta, tiene a un niño en su interior. Mientras permanece en estado de **Niño**, siente y actúa como aquella pequeña persona que un día fue, ya que este estado posee todos los sentimientos e impulsos de un recién nacido.

Ubicamos todos los estados emocionales en el de **Niño**; por tanto, encontramos en él todo lo emocionalmente bueno y malo de la persona. A través de este estado se genera la esencia de la comunicación, ya que en nuestras relaciones con los demás, no solo transmitimos palabras, sino que estas se hallan impregnadas de un sentido emocional que el estado **Niño** proporciona por ser el recipiente y proveedor de todos los sentimientos.

Además tiene registradas en la mente las primeras experiencias, las reacciones a estas y las opiniones sobre sí mismo y sobre otras personas. Las respuestas provenientes de este estado presentan un fuerte contenido emocional. Juramentos, exclamaciones, uso de apodos, junto con el empleo de expresiones como «voy a intentarlo», «tal vez», «yo quiero», «no puedo», «¿me ayudas?», etc., son característicos de este estado del ego.

El **Niño** adopta posturas infantiles, baja la cabeza, mira hacia arriba, tuerce o arrastra los pies al caminar. Cuando está sentado, tiene tendencia a balancearse en el borde de la silla. Salta, da palmadas, ríe estrepitosamente o llora con desconsuelo. Es importante mencionar que ningún estado del ego es bueno o malo. Los tres son necesarios para el equilibrio personal. Los necesitamos a todos, ya que pueden ser adecuados en un momento u otro.

Si bien los tres estados de la personalidad (P-A-N) conforman un todo estructural, existen diferencias cualitativas a la hora de actuar y sentir dentro de cada estado que nos llevan a una subdivisión más sutil. A este nuevo diseño se le conoce como «estructura funcional» y es un estudio más profundo de la personalidad y el comportamiento humanos. Podemos identificar las subdivisiones en el siguiente esquema:

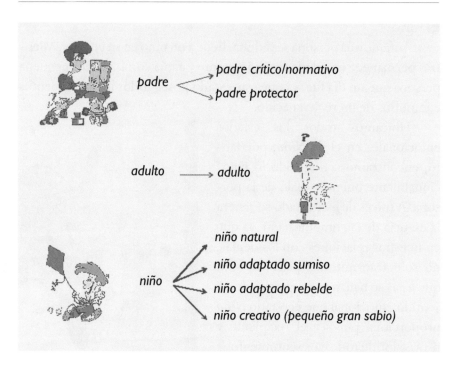

padre ─────> padre crítico/normativo
             padre protector

adulto ─────> adulto

niño ─────> niño natural
            niño adaptado sumiso
            niño adaptado rebelde
            niño creativo (pequeño gran sabio)

Revisemos las particularidades y funciones de los aspectos positivos y negativos que se presentan en las subdivisiones de los estados del ego:

Padre crítico/normativo

Positivo	Negativo
• Conductas de firmeza y orden. • Limita sanamente para cuidar la vida e integridad de otras personas.	• Conductas críticas y represivas. • Tiene muchos prejuicios. • Conductas desvalorizadoras, como criticar, pegar, amenazar, etc.

Padre protector

Positivo	Negativo
• Comportamientos afectivos y de ayuda. • Libertad y tolerancia de culto y religión. • Protege a otras personas.	• Sobreprotege, ayuda a quien no se lo ha pedido. • Hace el trabajo que le correspon-de a otros por «ayudar». • Se olvida de sus propias necesi-dades y se desvive por los demás.

Adulto

Positivo	Negativo
• Acciones hacia objetivos concretos. • Fijarse y cumplir metas, profesionales y personales. • Recabar información y datos antes de actuar para no equivocarse. • Pensar en las cosas. • Analizar las conductas y comportamientos objetivamente.	• Acciones para lograr objetivos pasando por encima de otros, sin contar con los sentimientos. • Recabar tantos datos que a la hora de actuar ya es tarde. • Pensar y no actuar. • Analizar a otros para justificarse. • Lo más importante son los resultados, al precio que sea.

Niño natural

Positivo	Negativo
• Reír, disfrutar, hacer el amor, divertirse pensando en pasarlo bien uno mismo y con los demás. Es la forma más espontánea de comportamiento. • Sin complejos.	• Reír, disfrutar, hacer el amor, divertirse pensando solo en uno mismo, descartando lo que quieren o sienten los demás.

Niño adaptado

Positivo	Negativo
SUMISO • Respuestas que indican disciplina y respeto a los demás o a las normas establecidas. REBELDE • Respuesta o conducta que preserva la vida frente a una norma impuesta duramente, cuando hay agresión o persecución. • Es rebelde porque no acepta la norma, pero lo hace de manera sana, para salvar la vida o ante la agresión física, social, psíquica, etc.	SUMISO • Confuso, retraído, excesivamente prudente. No actúa por temor a la crítica o la sanción. REBELDE • Se manifiesta desafiante, hostil, opositor. Respuesta desproporcionada a la situación.

47

Niño creativo

Positivo	Negativo
• Curiosidad, deseo de aprender. • Ingenioso. • Intuitivo, imaginativo. • Crea situaciones. • Rompe la rutina.	• Curiosidad maliciosa. • Inventa situaciones falsas. • Inventa mentiras. • Distraído.

En líneas anteriores, comentaba que todas las personas tenemos en mayor o menor medida parte de los tres estados (**Padre**, **Adulto**, **Niño**). Lo mismo sucede en la «estructura funcional»: todos disponemos de los siete aspectos en los que se dividen los tres estados originales del ego. En la educación de los niños, es conveniente tener activados en cierto grado todos los estados del ego y sus subdivisiones. La clave de esta información reside en saber utilizar cada estado en el momento adecuado u oportuno.

El siguiente cuestionario te ayudará a identificar el estado del ego predominante de tu personalidad.

La escala P-A-N

A continuación encontrarás una serie de afirmaciones. Al lado de cada una anota un signo + (más) si estás más de acuerdo que en desacuerdo con la afirmación, y marca un signo − (menos) si estás más en desacuerdo que de acuerdo.

Ejemplo:

−   1. Cada vez que veo trabajar a una persona con ahínco siento un poco de culpa.

+   2. Cuando amanece suelo estar listo para levantarme de la cama.

+   3. Etc., etc.

La escala del padre

1. Tiendo a querer mejorar las cosas, controlar una situación, asumir el mando.

2. No se necesita mucho para que desafíe, replique y me vuelva agresivo con los demás.

3. Si me acorralan en una discusión, tiendo más que la mayoría a volverme hiriente, disgustarme, etc.

4. Suelo estar deprimido o melancólico por momentos.

5. Más que la mayoría tiendo a decir frases automáticas que comienzan con «usted debe...», «ellos deben...», «nunca es...», etc.

6. No importa cuánto se intente; nunca se podrá cambiar la naturaleza humana.

7. Aunque no me gusta admitirlo, me hago más ilusiones y fantasías de lo que debería.

8. Me aburro en una situación muy rápidamente, más de lo que quisiera.

9. Culpo a los demás por lo que me sucede, más de lo que me gustaría.

10. Hablo mal de los demás, más de lo que debería.

11. Tiendo a retirarme de una situación diciéndome a mí mismo: «¿Qué importa...?».

12. La mayoría de los jóvenes se beneficiarían de prestar el servicio militar.

13. La gente de hoy día debería acudir a la iglesia más a menudo.

14. Aunque no digo nada cuando alguien se retrasa en una cita, suelo pensar mucho en ello, a veces no muy positivamente.

15. Los prejuicios raciales son útiles porque impiden matrimonios irracionales.

16. Normalmente me ofusco en lo tradicional y en los enfoques conservadores de la filosofía de vivir.

17. Normalmente me ofusco con personas que no desafían las formas aceptadas de pensar y obrar.

18. Tiendo a ofuscarme con personas que sí desafían las formas aceptadas de pensar y obrar.

19. Rechazo la idea de que mucho de lo que considero verdad irrevocable lo acepté así antes de que tuviera seis años.

20. A los jóvenes les beneficiaría entender y utilizar los preceptos de la gente mayor.

21. Desde el punto de vista emocional, me siento más cómodo y soy más productivo si ocupo una posición superior o de autoridad.

22. No hay bastante gente con suficiente valentía como para defender la verdad.

23. Los grupos minoritarios reciben mejor atención y publicidad de lo que merecen.

24. Cuando la gente está asustada, tiende a emitir «axiomas» (verdades).

25. Un cambio solo se produce cuando una persona fuerte, de mente resistente, se hace cargo de una situación y la soluciona.

26. La idea de que hay que tener «la mente fría y el corazón caliente» no encaja conmigo.

27. Hay mucha tontería fruto del énfasis que se le da a la idea del «amor».

28. El alcohol no es una droga en el mismo sentido que lo es la «hierba», y no resulta peligroso.

29. Hay ocasiones en las que es necesario que las personas hagan algo que no es bueno para ellas.

30. Un problema que siempre parece existir es que «hay demasiados caciques y no los suficientes indios».

31. Especialmente en el mundo de los negocios, la mayoría de la gente no entiende que hay que ser muy competitivo para triunfar.

32. Parece que no confío en la gente como lo hacen los demás.

33. Creo que la sociedad estaría en mejores condiciones si se exigiera más rigurosamente el cumplimiento de las leyes.

34. Las personas que hacen el mal deben ser castigadas severamente. Esta es una forma de acabar con el mal.

35. Francamente algunos límites de velocidad son ridículos.

36. Parece haber muy poco respeto por los altos cargos públicos, por el país y por la bandera.

37. Aprendí a temprana edad que no era muy buena idea desafiar la autoridad.

38. Aprendí a temprana edad que estaba bien desafiar la autoridad.

39. Hay ocasiones en que me da cierta satisfacción encontrar a otros haciendo algo malo.

40. Los padres de familia tienden a ser muy permisivos hoy día.

41. Hay ocasiones en que está justificado dar unos azotes a un niño por su propio bien.
42. En los deportes de competición, hay más personas que observan que las que participan.
43. Emiten demasiados reportajes de violencia y esto debe ser controlado.
44. La mayoría de la gente resulta fácil de manipular; todo lo que se necesita es habilidad para venderles una idea.
45. Ninguna persona, aunque sienta que la vida no merece la pena, tiene justificación para suicidarse.

Suma total de respuestas positivas
(con signo +)

La escala del adulto

1. Parece que soy más observador que muchas personas.
2. Tiendo, más que otros, a mantener la calma cuando los demás parecen volverse emocionales y muestran agresividad, sumisión o retraimiento.
3. Mis padres, más que muchas personas, hicieron énfasis en el valor de utilizar la razón.
4. Mis padres potenciaron que explorara y aprendiera por mí mismo.
5. Siempre sentí que mis padres me querían con ternura.
6. Tiendo, más que la mayoría, a recopilar datos y hacer planes cuidadosamente antes de actuar.
7. Casi nunca me siento aburrido, impaciente o solitario, aun con extraños.
8. Tengo más intereses y aficiones que la mayoría de las personas que conozco.
9. Disfruto de la vida tanto como cualquiera, y sin embargo soy capaz de mantener la objetividad cuando los demás se vuelven emocionales.
10. Me siento más cómodo que muchos otros en los momentos de silencio.

11. Hay ocasiones en que me permito sentir una emoción y un gozo extremos.

12. Rara vez me enojo.

13. Rara vez lloro.

14. Prefiero solucionar problemas a regatear o negociar.

15. Aunque aparentemente expreso una amplia gama de emociones agradables, soy capaz de controlarlas más que otras personas.

16. Aunque no necesito dominar a otros, rara vez me siento dominado por los demás.

17. La mayor parte del tiempo, tiendo a involucrar a otros para que colaboren en un proyecto.

18. Tengo convicciones claras y las expongo, pero puedo cambiar de opinión si otras ideas tienen sentido.

19. Aunque los demás no quieran comprometerse en situaciones de conflicto, yo insisto en llegar a las causas profundas y resolverlas cara a cara.

20. Les doy una importancia considerable a las decisiones que perduran, pase lo que pase.

21. Más que la mayoría de las personas, tiendo a valorar los riesgos antes de tomar una decisión.

22. Más que la mayoría, busco ideas, opiniones y actitudes diferentes a las mías.

23. Quienes han trabajado conmigo dirían que sé tomar decisiones, y sin embargo nadie teme estar en desacuerdo conmigo.

24. Cuando era niño, mis pensamientos, deseos y comportamientos rara vez despertaron desaprobación en forma de sarcasmo, burla, castigo, etc.

25. He herido a muchas personas para lograr un trabajo importante.

26. Para la mayoría de los problemas, tiendo a soluciones creativas y no tradicionales.

27. Creo que una dirección efectiva hace que la gente dé lo mejor de sí misma en lugar de buscar su propio provecho.

28. Más que la mayoría, creo que los sentimientos y pensamientos de las personas son importantes.

29. No creo que haya un conflicto natural e irresoluble entre organizaciones e individuos.

30. Aun siendo pequeño, mis padres me animaron a expresar mis puntos de vista sin miedo a burlas ni castigos.

31. Más que muchos, creo que he desarrollado la capacidad de pensar por mí mismo, en lugar de hacerlo como los demás.

32. Asumir que las personas son capaces de autocontrolarse de forma permanente no es una idea irreal.

33. He aprendido a tener una actitud sana y positiva hacia el sexo, mi cuerpo, mi intimidad, etc.

34. La mayoría de los errores resultan más del malentendido que del descuido.

35. He aprendido a moverme por el mundo de una forma tranquila, confiada y optimista, y no con temor, desconfianza o cinismo.

36. Soy miembro activo de una gran variedad de organizaciones, más que la mayoría de la gente.

37. Es posible una total inocencia y honestidad con los demás.

38. Creo que los demás buscan en mí consejo y asesoramiento más que con otras personas.

39. Aunque hay ocasiones en que el compromiso parece auténtico, no suele aportar soluciones en los problemas con los demás.

40. Ha habido ocasiones en que he llorado sin sentirlo en presencia de otras personas.

41. Más que la mayoría, logro mantener la calma, aunque no lo sienta así.

42. Asisto a más cursos, seminarios, conferencias, etc., que las personas que conozco.

43. Mis padres no me presionaban para obtener las mejores calificaciones de clase.

44. Hay ocasiones en que parece apropiado expresar emociones, y no tengo dificultad en hacerlo.

45. En lugar de ocultar mis emociones, soy capaz de mostrarlas de acuerdo con la situación.

Suma total de respuestas positivas
(con signo +)

La escala del niño

1. Aunque muchos lo niegan, creo que los sentimientos son la base del 99% de las decisiones importantes de la vida.
2. Siento más lástima de mí mismo que la mayoría de las personas.
3. Si alguien de mayor autoridad asume la responsabilidad de una decisión «difícil», yo ayudo a cumplirla aunque esta imponga un trabajo penoso a algunas personas.
4. En una situación tensa, tiendo a rendirme para aliviar la tensión.
5. Disfruto realmente cuando conduzco muy rápido.
6. Hay ocasiones en que me he oído decir: «Yo no hago las reglas, simplemente las sigo...».
7. Muchas personas en posición de autoridad suelen enaltecerse a costa de otras menos importantes.
8. Tiendo a retirarme en una situación tensa, más que muchos otros.
9. Posiblemente utilizo más que otros expresiones como «¡por Dios!» o «¡caramba!».
10. Aunque no me importa ser «indio», preferiría que otro fuera el «cacique».
11. Es probable que mis sentimientos positivos se activen en situaciones sociales más que en las demás personas.
12. Creo que soy del tipo de individuo que tiene dificultades para seguir una dieta, dejar de fumar, etc.
13. Tal vez más que los demás, me preocupo cuando la gente muestra emociones negativas tales como enojo, aburrimiento, etc.
14. Hay ocasiones en que me digo a mí mismo: «Cállate, estás hablando demasiado».
15. Me siento incómodo en situaciones sin orden.
16. Ocurre a menudo que trato de contar un chiste y nadie se ríe.
17. Puedo recordar situaciones de niño en las que personas mayores me hicieron sentir avergonzado.
18. Hay ocasiones en las que me río o hablo demasiado alto.
19. Por alguna razón, a veces «a mí me toca la peor parte».
20. Puede ser que mis padres me hayan inculcado temor al mundo y a la gente, en lugar de optimismo.
21. La humildad es tal vez la mayor virtud.

22. Posiblemente, más que la mayoría, siento deseos de correr y saltar.

23. Tengo la impresión de que mis padres pensaban que yo tenía poca inteligencia.

24. Creo que quiero hacer las cosas a mi modo, más de lo que debería una persona completamente madura.

25. No consigo que mi modo de hacer las cosas se lleve a cabo tan a menudo como sería justo.

26. Posiblemente más que los demás, prefiero ocupar una posición de menos responsabilidad o autoridad.

27. Hubo ocasiones en que mis padres me hicieron sentir avergonzado porque me esperaban despiertos después de una cita.

28. Sé que a veces debería comer menos de lo que como.

29. Nunca tengo dificultades para seguir instrucciones, aunque a veces necesito que me indiquen cómo lo estoy desempeñando.

30. Aunque parece que lo oculto bien, me aburro fácilmente.

31. Más que a otros, mis padres me animaron a expresar emociones como risa, tristeza, rabia, etc.

32. Cuando pienso en tener una conversación seria con mis padres, me vuelvo cínico, disgustado, frustrado, deprimido, etc.

33. Tengo dificultades para entender por qué la gente se toma la vida tan en serio; un poco de relax de vez en cuando es necesario.

34. Me dan cierta envidia las personas que dejan sus estudios para empezar un nuevo estilo de vida.

35. Soy demasiado confiado en los motivos que mueven a los demás.

36. Más de lo que quisiera, he oído a personas decirme: «Por favor, repita lo que ha dicho, no le entiendo».

37. Si la situación parece ser demasiado seria, normalmente intento introducir algo de humor para aliviar la tensión.

38. Más de lo que debería, prefiero estar de acuerdo a discutir acerca de conceptos, planes, sistemas, procedimientos, etc.

39. No hay mucho de verdad en el dicho: «Las buenas personas nunca ganan».

40. Me preocupo demasiado por la opinión de los demás, más de lo que quisiera.

41. Mis sentimientos influyen en mi comportamiento y, como resultado, hago algo inapropiado.

42. Cuando voy con mi pareja, suelo molestarme si no nos ponemos de acuerdo en lo que queremos hacer.

43. Me empeño en conseguir siempre lo que deseo, del modo que sea.

44. Me gusta hacer planes de futuro idealizando lo que quiero.

45. Me pongo nervioso al trabajar bajo presión o si una decisión importante depende de mí.

Suma total de respuestas positivas
(con signo +)

Ahora, haz un recuento del número total de respuestas positivas (con signo +) que obtuviste, en cada una de las escalas, en el siguiente gráfico, que te servirá para identificar el grado en que cada uno de los estados se manifiesta en tu personalidad:

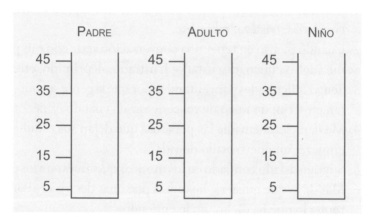

PADRE	ADULTO	NIÑO
45	45	45
35	35	35
25	25	25
15	15	15
5	5	5

Analicemos el significado de algunas de las respuestas más típicas del cuestionario:

P   A   N

⇨ **Bajo el padre, bajo el adulto, alto el niño:** este perfil frecuentemente parece ajustarse a personas que viven de sus emociones y sueños. Son muy impulsivas, y generalmente difíciles de tratar en un sentido racional.

⇨ **Alto el padre, bajo el adulto, bajo el niño:**
este perfil suele significar que el individuo se encuentra altamente programado en el sentido de «no seas tú mismo». La experiencia indica que estas personas no tienen el control de sus vidas (por el contrario, sus vidas y programaciones las controlan a ellas). Cuanto más alta sea la puntuación en la escala del *Padre*, más enérgica es la persona.

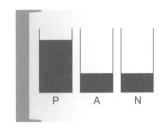

⇨ **Alto el padre, alto el adulto, bajo el niño:**
este sujeto parece alternar fácilmente entre sus comportamientos de *Padre* y *Adulto*. Si su *Adulto* es casi igual que su *Padre*, probablemente será consciente de un cambio de uno a otro. Este cambio es más predominante que cuando se da una combinación, o al menos resulta más fácil detectarlo. Actúa constantemente entre el deber y la racionalidad, olvidando las emociones.

⇨ **Bajo el padre, alto el adulto, alto el niño:**
esta persona tiene un comportamiento basado en la racionalidad, pero por momentos: su *Niño* interior domina la situación y lo permite su *Adulto*. Otras veces su *Adulto* tiene que tranquilizar al *Niño*; sin embargo, en ocasiones este se manifiesta sin que el *Adulto* se dé cuenta.
El único problema es la carencia de reglas y principios, que hacen falta para estructurar a la persona, lo que genera que los procesos emocionales sean muy altos y sin mucho control. El *Adulto* tratará de comprender, pero el *Niño* se sentirá temeroso de sus decisiones por la falta de presencia del estado *Padre* (física, moral o emocionalmente).

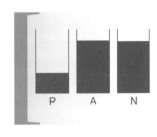

⇨ **Alto el padre, bajo el adulto, alto el niño:**

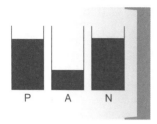

este tipo de individuo sufre cambios muy bruscos constantemente. Hay momentos en que es terriblemente riguroso consigo mismo y su medio, y por el contrario, en otras ocasiones está muy relajado. Por lo tanto, padece constantes crisis, ya que su **Adulto** no media entre ambos comportamientos.

⇨ **Bajo el padre, alto el adulto, bajo el niño:**

este comportamiento está dirigido por un alto nivel de madurez. Sin embargo, la ausencia del **Niño** hace que la vida carezca de alegría y espontaneidad, aunque no de comprensión. La ausencia del **Padre** no le da consistencia a un ritmo personal, por tanto, va a existir una carencia de tradición. Se trata de una persona pensante, pero con falta de raíces y motivación.

Ahora que ya conoces los tipos de comportamiento a través del análisis transaccional, te presento otro test-cuestionario que te va a orientar en un rango de comportamientos que, de igual manera, se presenta constantemente de manera inconsciente.

Como antecedente, te comento que hemos aplicado este test a nivel mundial, y los resultados obtenidos han sido realmente reveladores y exactos. Después de comprobar tus resultados, encontrarás algunos comentarios del porqué del comportamiento que tienes con tus hijos.

Es conveniente recordar que el porcentaje más elevado de nuestros comportamientos es de tipo inconsciente, por lo que no es habitual darnos cuenta de ellos, ni siquiera cuando llegamos a situaciones lamentables de las cuales nos arrepentimos más tarde.

Este cuestionario es el resultado de la combinación de nuestra experiencia en psicología y las bases propuestas por Thomas Killmann. Gracias a esta combinación se han logrado eficientes y reveladoras guías de nuestro comportamiento.

¿Qué es lo que piensan los niños?

Yo no entiendo a la gente mayor. ¿Por qué tapan la luz del sol, quitan las flores de las plantas para dejarlas marchitar en un jarrón y enjaulan a los pajaritos? ¿Por qué han pintado todas las cosas de gris y han llenado el cielo de antenas y chimeneas?

Yo no entiendo a la gente mayor. ¿Por qué se creen importantes por el solo hecho de ser mayores? ¿Por qué no me dejan caminar descalzo ni chapotear en la lluvia? ¿Por qué me compran juguetes y no quieren que los use porque se rompen?

Yo no entiendo a la gente mayor. ¿Por qué le han puesto un nombre difícil a las cosas sencillas? ¿Por qué se pegan entre ellos o pasan la vida discutiendo? ¿Por qué quieren empleos importantes y están todo el rato sentados en sillas?

Yo no entiendo a la gente mayor. ¿Por qué no sienten el placer de perder el tiempo mirando alrededor y son incapaces de dar vueltas en un carrusel? ¿Por qué cuando me porto mal me amenazan con una inyección y cuando enfermo me dicen que una inyección va a ponerme bien?

Yo no entiendo a la gente mayor. ¿Por qué quieren que coma con horarios y no cuando tengo hambre? ¿Por qué cuando pregunto algo no me contestan porque soy muy pequeño, y cuando pido un chupete me dicen que soy un grandullón? ¿Por qué dicen mentiras ellos mismos y no se las creen, y cada vez que mienten me doy cuenta y sufro mucho? ¿Por qué me piden que sea bueno y me regalan para jugar revólveres, dardos, flechas y escopetas? ¿Por qué han llenado la casa con cristales, porcelanas y cosas que se rompen, y ahora resulta que no puedo tocar lo que veo? ¿Por qué perdieron las ganas de correr y saltar? ¿Por qué olvidaron lo que tanto les gustaban de pequeños? ¿Por qué antes de reírse le piden permiso al reloj?

Yo no entiendo a la gente mayor. ¿Por qué cuando hago algo malo me dicen: «Ya no te quiero», y tengo miedo de que me dejen de querer en serio?

Por favor, papi, mami, entended: mis manos son pequeñas y por eso se me derrama la leche, aunque no quiera; mis piernas son cortas, por favor, espérame y camina más despacio, así puedo andar contigo. No me pegues en las manos cuando toco algo bonito y de color brillante. ¡Es que quiero aprender!

Por favor, mírame cuando te hablo, así sé que me estás escuchando.

No me regañes todo el día. Déjame equivocarme sin hacerme sentir estúpido. Recuerda que soy un niño y no un adulto.

A veces no entiendo lo que me dices... Te quiero tanto.

> Por favor, ámame por lo que soy y no por las cosas que hago.
> No me rechaces cuando estés molesta conmigo y vengo a darte un beso. Me siento solo y abandonado, con miedo.
> Hoy te sentiste mal y yo me preocupé mucho. Traté de entretenerte con mis juegos, y me dieron un par de cachetes y me sacaron de tu lado. Me fui a un rincón a llorar. ¿Qué haría yo si tú te murieras?
> Tengo mucha suerte, pues entre todos los niños del mundo, vosotros me escogisteis a mí como vuestro hijo.

Este cuestionario nos da otra visión del comportamiento de los padres. Te invito a que lo contestes y descubras más información sobre tu esencia como padre.

Cuestionario de descripción del comportamiento –Tecnología Colinde

INSTRUCCIONES: considera las situaciones que a continuación se te presentan y, de cada par, elige la que esté más cercana a tu posible comportamiento, rodeando con un círculo la letra que corresponda a la respuesta (A o B). En algunos casos, puede ser que ninguna de las dos situaciones sea muy típica de tu comportamiento, pero aun así, selecciona la que sería tu reacción más probable.

1. A. Hay ocasiones en que dejo que otros asuman la responsabilidad de resolver un problema.
   B. En lugar de negociar aquello en lo que estamos en desacuerdo, trato de poner énfasis en aquello en lo que estamos de acuerdo.

2. A. Trato de encontrar una solución de tipo transacción (negociación).
   B. Intento considerar tanto las preocupaciones de la otra persona como las mías.

3. A. Normalmente soy firme a la hora de perseguir mis metas.
   B. Puedo tratar de suavizar los sentimientos de la otra persona y conservar nuestra relación.

60

4. A. Acostumbro a negociar.

B. Algunas veces sacrifico mis propios deseos en aras de los deseos de los demás.

5. A. Busco consistentemente la ayuda de otra persona para llegar a una solución.

B. Trato de hacer lo que sea necesario para evitar tensiones inútiles.

6. A. Intento evitar crear una situación de disgusto para mí.

B. Trato de ganar mi posición.

7. A. Procuro posponer los asuntos hasta que he tenido el tiempo suficiente para pensar acerca de ellos.

B. Renuncio a ciertos puntos a cambio de otros.

8. A. Soy tenaz en lo que me propongo.

B. Intento hacer que salgan a la superficie inmediatamente todos los datos y deseos.

9. A. Siento que no siempre vale la pena preocuparse por diferencias.

B. Hago algunos esfuerzos para conseguir lo que quiero.

10. A. Cuando defino lo que deseo, lo hago todo por alcanzarlo.

B. Busco llegar a un acuerdo mutuo que nos beneficie a ambos.

11. A. Considero importante aportar lo necesario para que se avance hacia una meta común.

B. Hago un gran esfuerzo para conservar la relación con otros.

12. A. Algunas veces evito tomar decisiones que puedan crear controversia.

B. Dejaré que logre algunos de sus puntos si él deja que yo logre algunos de los míos.

13. A. Propongo un término medio.

B. Presiono para conseguir mis puntos.

14. **A.** Le hablo acerca de mis ideas y le pido que me hable acerca de las suyas.

    B. Trato de mostrarle la lógica y los beneficios de mi postura.

15. **A.** En ocasiones prefiero ceder si así logro que se sienta bien la otra persona.

    B. Evito comprometerme con los sentimientos de la otra persona para no involucrarme en sus problemas.

16. **A.** Trato de no herir los sentimientos de la otra persona.

    B. Intento convencer a la otra persona de los méritos de mi postura.

17. **A.** Estoy convencido de que, si quiero algo, tengo que entregarme al máximo para alcanzarlo.

    B. Trato de hacer lo necesario para evitar tensiones inútiles.

18. **A.** Puedo dejar que la otra persona mantenga sus puntos de vista si esto le hace falta.

    B. Prefiero negociar con lógica que quedarme con un sentimiento de culpa.

19. **A.** Trato de hacer salir a la superficie inmediatamente todos los datos y deseos.

    B. En ocasiones dejo las cosas como están, ya que a veces se resuelven solas.

20. **A.** Intento buscar una solución inmediata a nuestras diferencias.

    B. Procuro encontrar una combinación justa de ganancias y pérdidas para ambos.

21. **A.** Al enfocar las negociaciones, trato de ser considerado con los deseos de otras personas.

    B. Siempre me inclino a una discusión directa del problema.

22. **A.** Trato de encontrar rápidamente mi posición entre la suya y la mía.

B. Defiendo mis deseos.

23. **A.** Normalmente me intereso por satisfacer todos nuestros deseos.

B. Trato de encontrar razones a por qué otros hacen las cosas.

24. **A.** Si la postura de la otra persona parece ser muy importante para ella, trataría de satisfacer sus deseos.

B. Trato de hacer que la otra persona se conforme con negociar.

25. **A.** Busco demostrar que mis argumentos son muy válidos y mejor que los suyos.

B. Tomo en cuenta para mis decisiones los sentimientos de los demás.

26. **A.** Siempre persigo los factores justos.

B. Me gusta apoyar a los demás en sus necesidades.

27. **A.** Prefiero callar y no mostrar mi opinión para no molestar a otros.

B. Me gusta respetar las opiniones de otros.

28. **A.** Me gusta asumir riesgos.

B. Usualmente, busco la opinión de otras personas para tomar una decisión.

29. **A.** Me complace exponer mis puntos de vista, considerar los suyos y lograr una unificación de ambos.

B. Soy práctico. Si las cosas no me afectan mucho, las dejo pasar.

30. **A.** Me gusta hacer sentir bien a mis semejantes.

B. Siempre comparto el problema con la persona para que podamos solucionarlo.

Para calificar el cuestionario

A continuación encontrarás una tabla de respuestas. Rodea con un círculo la letra que corresponda a tu respuesta y número de la pregunta. Por ejemplo, si respondiste en la pregunta 1 la letra B, en la página de respuestas coloca dentro de un círculo la letra B que corresponda a la pregunta 1 (en este caso sería la letra B que se encuentra en la quinta columna). Procede de la misma forma con todas las preguntas y busca su respuesta en esta página.

Al finalizar, suma de forma vertical el número de letras que se encuentren dentro de un círculo, ya se trate de A o de B (en conjunto, aquí ya no es importante diferenciarlas) y coloca el resultado en la línea que indica el total. Cuando hayas terminado de sumar todas las columnas, verifica que la suma horizontal de las respuestas sea 30. En caso de que no sea así, comprueba nuevamente el resultado en la página de respuestas.

Ejemplo: 8 5 7 4 6 = 30

Tabla de respuestas de descripción del comportamiento

	1ª columna	2ª columna	3ª columna	4ª columna	5ª columna
1.				A	B
2.		B	A		
3.	A				B
4.			A		B
5.		A		B	
6.	B			A	
7.			B	A	
8.	A	B			
9.	B			A	
10.	A		B		
11.		A			B
12.			B	A	
13.	B		A		
14.	B	A			
15.				B	A
16.	B				A

	1ª columna	2ª columna	3ª columna	4ª columna	5ª columna
17.	A			B	
18.			B		A
19.		A		B	
20.		A	B		
21.		B			A
22.	B		A		
23.		A		B	
24.			B		A
25.	A				B
26.	B	A			
27.				A	B
28.	A	B			
29.			A	B	
30.		B			A
Total					

Tabulación del cuestionario

INSTRUCCIONES: en la siguiente página rodea con un círculo el valor que obtuviste en la tabla de respuestas en cada una de las columnas. Después, realiza un gráfico uniendo con una línea los distintos valores, empezando por la columna de la izquierda y continuando con el siguiente valor de la derecha, como lo muestra el ejemplo de la imagen siguiente.

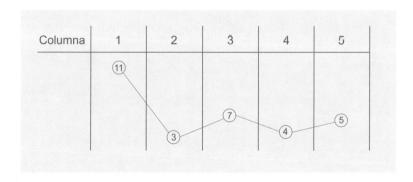

	%	1ª columna COMPETIR	2ª columna COLABORAR	3ª columna NEGOCIAR	4ª columna EVADIR	5ª columna COMPLACER
ELEVADO	100%	12		12	12	12
		11	12	11	11	11
		10	11	10	10	10
	90%				9	
		9	10			9
	80%	8		9	8	8
			9			
MEDIO	70%	7		8		
					7	7
	60%					
		6	8		6	
				7		6
	50%					
		5				
	40%		7			
						5
					5	
	30%	4		6		
			6	5		
BAJO	20%	3				4
			5			
				4		
			4		4	3
	10%	2		3		
			3			
				3		
			2	2	2	2
	0%	1				
			1	1	1	1
			0	0	0	0

ELEMENTOS PARA INTERPRETAR EL RESULTADO

Columna «COMPETIR»

Si tu resultado en esta columna se encuentra en el nivel alto, significa que eres una persona a la que le gustan los retos, lo que te lleva a competir continuamente. Tu existencia se convierte en una actividad constante en la que ganar tiene un sabor muy agradable, lo cual no está mal, ya que eso te permite avanzar por los senderos de la vida; sin embargo, las personas que te rodean llegan a sufrir un permanente estrés causado por tu impulso.

> Si los adultos no hubieran olvidado que fueron niños, el mundo estaría lleno de juguetes y hermandad, y sería un lugar muy bello y sencillo para vivir.
>
> *Eric de la Parra*

Por ejemplo, si tu hijo te pide jugar y en esa «pequeña competición» en la que se puede entender que tendrías ventaja (edad, conocimiento, fuerza, etc.), por alguna razón, él te gana, en tu interior se desata el interés por seguir compitiendo hasta que puedas ganarle.

Esta situación, como he señalado, es inconsciente y forma parte de tu actitud ante la vida. Pongamos otro ejemplo: si tu pareja te dice «te quiero», es normal que le respondas rápidamente «yo más», ya que entiendes la vida como una competición.

El consejo que puedo darte es que entiendas que no todas las personas son competitivas, y que el ritmo acelerado que probablemente llevas no es lo mejor para otros.

El padre competitivo busca que sus hijos también lo sean; si no

es así, surgen conflictos porque el hijo no es listo ni un ganador desde su perspectiva y lo único que esto provoca es un distanciamiento entre padres e hijos. Asistir, apoyar y respetar a tu hijo es la mejor forma de ayudarlo a triunfar.

Si el resultado queda en el nivel medio o bajo, eso significa que no eres una persona competitiva en todos los aspectos de tu vida, sino que mantienes una definición de los planos en los que se compite y en los que no.

Columna «COLABORAR»

Si tu resultado en esta columna queda en el nivel alto, significa que eres una persona que intuitivamente busca el trabajo en equipo, así como apoyar las causas en las que crees, y tiendes a una filosofía que permita que cada individuo exprese lo mejor de sí mismo.

Por lo general, la relación con tu hijo es muy amistosa. Procuras ser más amigo que padre y, en consecuencia, él siente tu apoyo.

Si el resultado en esta columna queda en el nivel medio o bajo, significa que tu filosofía y comportamiento no apoyan demasiado la actividad; tiendes a hacerlo todo y a tomar las decisiones «solo» (competitivo), o procuras complacer, aunque no quieras hacerlo.

En general, la cultura occidental muestra en esta columna resultados en los niveles bajos y medios, ya que la educación no ha promovido la colaboración, al contrario de lo que sucede en Japón, donde esta actitud está engarzada en su percepción de la vida.

Columna «NEGOCIAR»

Si en esta columna tu resultado queda en el nivel alto, significa que tu gran madurez te hace comprender que todo ser humano debe ser respetado y, por ello, buscas conciliar las partes de forma «justa».

Esta filosofía de negociación suele ser racional, por lo que se trata de personas a las que les gusta cultivar sus procesos de pensamiento. Como padre, procuras inculcar a tu hijo esta filosofía a través del comportamiento diario.

Hay ejemplos muy característicos de esta conducta con relación a los hijos. Analicemos un caso: si un adolescente pide permiso para acudir a una fiesta y quiere llegar un poco tarde, el padre va a condicionar el permiso a algún trato «justo», como puede ser intercambiarlo por cortar el césped del jardín al día siguiente o alguna actividad semejante.

Aunque pudiéramos pensar que esta filosofía es muy equitativa, a algunos hijos les llega a agotar, al sentir que sus padres no pueden dar nada desinteresadamente, lo que podría conducirlos a actos de rebeldía o alejamiento.

Es necesario entender que, aunque «todo es negociable», hay «negocios» que no se deben «negociar», ya que no se trata de mercancías de intercambio, como es el caso del afecto y la comprensión. Es evidente que cuando se comercia con el afecto o la comprensión, tarde o temprano los resultados son catastróficos. Lo peor es que jamás entenderás por qué se presentaron los conflictos y seguirás creyendo que siempre fuiste «justo».

Si el resultado queda en el nivel medio o bajo, procuras separar lo que sí se puede negociar de lo que no. Tu posición persigue siempre comprender, lo que no significa necesariamente ceder (complacer), sin que ello implique un sacrificio.

Columna «EVADIR»

Si tu resultado queda en el nivel alto, significa que tiendes a evitar los conflictos, ya que prefieres analizarlos, sopesarlos, verlos desde diferentes ángulos o simplemente «permitir» que se resuelvan solos, sin involucrarte. A veces llegas incluso a buscar la justificación de situaciones que te pueden afectar, con el fin de evitar el conflicto.

En la relación con los hijos, este comportamiento suele resultar desastroso, ya que hay ocasiones en las que requieren una llamada de atención para corregir su camino, y si no llega a tiempo, es muy difícil enmendarlo. Los hijos se convierten en «cabras locas» que no tienen una cuerda que los ate, y que hacen de su vida una experiencia de ensayo y error al carecer de unos padres con autoridad que les enseñen el respeto por ellos mismos y los demás. En este caso,

los mismos padres llegan a sufrir las consecuencias de su evasión, ya que sus hijos les faltan al respeto y no valoran su tarea como orientadores.

Hay una frase que dice: «Un cachete a tiempo evita a la larga ladrones y asesinos». La idea que quisiera compartir es que la evasión a niveles altos siempre tiene consecuencias que afectan a quien la practica.

Un hijo es un ser que necesita cariño, pero también ser orientado, sobre todo en los primeros años de su vida, cuando se fijan los valores que le ayudarán a controlar su temperamento y vivir en sociedad. Hay que enseñarles a los hijos que «la libertad de uno mismo acaba donde empieza la libertad de los demás», como bien dijo el insigne mexicano Benito Juárez con una frase reconocida en todo el mundo como principio de convivencia y respeto: «El respeto al derecho ajeno es la paz».

Si tu resultado queda en el nivel medio o bajo, eso implica que eres de aquellas personas de las que se dice que «toman el toro por los cuernos». Es conveniente recordar que, sin embargo, no siempre lo más correcto es afrontar un problema o situación sin un análisis previo. Cada ser humano tiene una percepción diferente, lo que puede provocar malentendidos, o bien la comunicación no expresa lo que uno pretende decir. Hay muchos casos documentados de personas que han actuado de forma reactiva en una situación y las consecuencias les han causado un profundo arrepentimiento.

Veamos el siguiente ejemplo: un padre sale con su hijo en coche a comprar unos medicamentos para su esposa. Como no encuentran un lugar donde estacionar el vehículo, lo deja en doble fila. Le encarga a su hijo que se quede esperándolo, dado que no tardará, insistiéndole antes de abandonar el coche en que no se baje bajo ningún concepto. Pasados unos minutos, mientras el hombre realiza el recado, ve aparecer a su hijo. La desobediencia del pequeño le provoca tanto enfado que le da un par de cachetes y le grita por su presencia allí. Entonces el hijo, con lágrimas en los ojos, le dice al padre que se había bajado a buscarlo porque un señor había golpeado con su coche el de ellos, y trataba de darse a la fuga. Cuando el padre corre hacia el coche, efectivamente ya no encuentra a la persona que había chocado con su vehículo, y ve una de las puertas fuertemente dañada. Lo único que pudo hacer fue volverse a su hijo y pedirle disculpas. Como nos muestra este ejemplo, resulta más conveniente ser menos reactivo y hacer un análisis previo de la situación, aunque sea breve.

Columna «COMPLACER»

Si tu resultado queda en el nivel alto de esta columna, significa que eres una persona que tiende a tomar muy en cuenta las situaciones que viven los demás. A este tipo de sujetos también se los denomina «empáticos», porque se colocan fácilmente en el lugar de los demás y le resulta muy fácil entender sus sentimientos.

En la relación con los hijos, esta actitud produce buenos resultados, ya que es muy grande el entendimiento que les manifiestan los padres. Reconocen sus necesidades y sentimientos, y comprenden las diferentes etapas que tienen que atravesar, convirtiéndose en grandes amigos y orientadores.

Sin embargo, aunque se trata de una actitud muy bien considerada y que permite tener muy buenas y variadas relaciones, conlleva una pequeña desventaja. Hay ocasiones en que la complacencia rebasa niveles saludables y se tiende a contentar a otros (incluso a los hijos) aun en contra de sí mismos, lo que deriva en un abuso por parte de los demás. De hecho, podemos encontrar estudios que afirman que la complacencia es un tipo de enfermedad, ya que muchas personas se «rebajan» con tal de beneficiar a otros antes que a ellas mismas, bajo la idea de que es sinónimo de servicio o ayuda al prójimo. Llegan incluso a pensar que se trata de una actitud de desapego y gran virtud, cuando en realidad lo único que están permitiendo es que las utilicen y manipulen.

Para evitar esta situación, es conveniente recordar algo muy importante: todo sale en primer lugar de uno mismo; en otras palabras, para tener un gran amor, primero debes amarte a ti mismo; para salvar a alguien, primero debes salvarte a ti mismo, y para servir a otros, primero debes servirte a ti mismo.

Si analizamos los pronombres personales, siempre vamos a encontrar que el primero que aparece es el «yo»; luego, «tú», «él», «nosotros»,

«vosotros» y, por último, «ellos». Y esto debe considerarse sin el famoso egoísmo que muchos le atribuyen, pues al final son solo palabras para manipular al que se mueve y actúa por lo que piensan y dicen los demás. Este concepto del «yo» va muy ligado a una autoestima saludable, que nos permite apreciarnos y reconocernos en nuestra auténtica dimensión, por nosotros mismos y no por la opinión del resto.

Si el resultado de esta columna queda en el nivel medio, quiere decir que la «complacencia» se une a un buen nivel de madurez y equilibrio. La persona maneja la flexibilidad en sus relaciones sin permitir que otros rebasen el nivel de respeto hacia sí mismo.

Si el resultado queda en el nivel bajo, significa que la «complacencia» queda condicionada a otros elementos representados en el gráfico, como pueden ser la competición o la negociación. Es muy importante evaluar estas condiciones, que pueden ser perjudiciales en las relaciones con los hijos u otras personas.

Inteligencias de percepción

Ahora es muy conveniente evaluar cómo nos comunicamos con otras personas, especialmente con nuestros hijos. Los últimos estudios han descubierto que los seres humanos nos comunicamos de acuerdo con una inteligencia de percepción grabada en nuestra mente, y que esta determina, en gran medida, nuestro éxito en las relaciones humanas. Llevamos a cabo dicha percepción y comunicación con el entorno a través de los cinco sentidos, que como sabemos, son la vista, el oído, el tacto, el olfato y el gusto.

Es interesante saber que cada persona tiene una forma preferente de percibir el mundo, es decir, que aunque utilizamos todos los sentidos, usamos con más frecuencia uno de ellos, lo cual se conoce como «canal o inteligencia de percepción».

La programación neurolingüística, que es conocida como la ciencia de la excelencia, agrupa estas inteligencias de percepción en tres grupos: visual, auditivo y cinético.

En esta clasificación, el término «visual» se refiere a lo que tiene que ver con la percepción a través de la vista; el «auditivo», a lo que

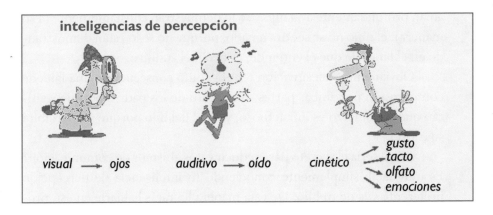

percibimos por el conducto del oído, y el «cinético» agrupa lo que llega a nosotros mediante sensaciones, emociones, movimiento, tacto, gusto y olfato.

Es importante destacar que, aunque todos manejamos las tres inteligencias de percepción, una de ellas es la predominante en nuestra vida. De esta manera, podemos decir que existen personas que son visuales, auditivas o cinéticas.

Las inteligencias de percepción nos sirven como lenguaje de la experiencia y abarcan todos nuestros procesos mentales (el pensamiento, el recuerdo, la imaginación, la percepción, la conciencia y el lenguaje), es decir, recibimos, codificamos, almacenamos y expresamos la información utilizando preferentemente una de estas tres inteligencias.

Lo interesante aquí es percatarnos de que es posible que nuestros propios hijos tengan una inteligencia de percepción (comunicación) totalmente distinta a la nuestra, y que eso puede ser causa de una gran incomprensión en la relación, ya que mientras uno se refiere a aspectos visuales, el otro puede estar haciéndolo sobre aspectos auditivos (ver y oír son factores diferentes).

Un ejemplo sería un padre o una madre que fueran cinéticos y que demostraran a su hijo que lo quieren a través de manifestaciones físicas (caricias, abrazos y besos), mientras que él, al tener una inteligencia de percepción auditiva, se sentiría realmente querido cuando lo escuchan. ¿Qué es lo que sucede? Muy sencillo: que a pesar de que los padres

> Cada ser humano ve, oye y siente lo que puede de acuerdo con sus percepciones.
>
> *Eric de la Parra*

aman profundamente a su hijo y se lo demuestran constantemente (a su manera), el niño no se sentirá amado, porque no se lo están demostrando en el lenguaje que él entiende, es decir, el auditivo.

Obviamente esta situación tendrá como consecuencia una falta de comprensión por ambas partes. En el caso de los padres porque sentirán que su esfuerzo es infructuoso, y en el del hijo porque no percibirá su cariño.

¿Cuál sería el secreto para reducir estos abismos de comunicación? Es muy fácil: simplemente conociendo tu inteligencia de percepción preferente y la de tu hijo. De esta manera lograrás hablarle en «su propio idioma» y hacer la conexión correcta para un mayor entendimiento. Como puedes observar, el manejo de esta información resulta fundamental para la empatía en nuestras relaciones. Revisemos muy brevemente cuáles son las principales características de cada una de las inteligencias de percepción.

La persona visual

La persona visual entiende el mundo tal como lo ve, por lo que el aspecto que presenta es lo más importante para ella. Cuando recuerda algo, lo hace en forma de imágenes; transforma las palabras en ellas y cuando imagina algo futuro, lo visualiza.

Estos individuos son muy organizados, les encanta ver el mundo ordenado y limpio, y siempre están controlando los objetos para asegurarse de que están bien ubicados.

La persona visual suele ser esbelta y su postura resulta algo rígida, con la cabeza inclinada hacia delante y los hombros en alto. Se presenta bien vestida, y siempre va arreglada y limpia. La apariencia es muy importante para ella, por lo que escoge con cuidado su ropa, que sabe combinar correctamente.

La persona auditiva

La persona auditiva tiende a ser más sedentaria que la visual. Es más cerebral que otras y tiene mucha vida interior. Podrá no darse cuenta de cómo estás vestido, pero se mostrará muy interesado en escucharte.

Es una excelente conversadora y tiene una gran capacidad para organizar mentalmente sus ideas. A veces parece estar de mal humor, y se debe a que es muy sensible a ciertos ruidos. Normalmente es muy seria y de pocas sonrisas. Su forma de vestir nunca va a ser tan importante como sus ideas, y tiende a un estilo conservador y elegante.

La persona cinética

La persona cinética es muy sentimental, sensitiva y emocional. Lleva el «corazón a flor de piel», por lo que muestra su sensibilidad y expresa espontáneamente sus sentimientos. Se relaciona muy fácilmente con otra gente.

La apariencia no le resulta importante, por lo que algunas veces su forma de vestir tiende al descuido y la falta de combinación. Lo significativo para ella es la comodidad.

Se mueve mucho, pero con soltura y facilidad. Sus posturas son muy relajadas, con los hombros caídos, y sus movimientos, lentos y calmados. Gesticula mucho y se toca constantemente a sí misma y a los demás.

A continuación encontrarás un cuestionario que te permitirá descubrir el tipo de inteligencia de percepción que utilizas con más frecuencia y que te ha ayudado a conformar el mundo que te rodea. Te aconsejo que lo realices para identificar tu canal prioritario de comunicación y que más adelante (en la tercera parte) cumplimentes el cuestionario dirigido a identificar la inteligencia de percepción dominante en tu hijo.

Si es de tu interés profundizar en esta información, acude a la bibliografía recomendada del final del libro, donde encontrarás entre otros mi obra *Despierta tu excelencia,* que describe con mayor detalle las inteligencias de percepción, así como las grandes ventajas de su conocimiento y uso.

¿CÓMO PROCESAMOS EL MUNDO?

Señala la opción con la que más te identifiques de cada una de las siguientes preguntas:

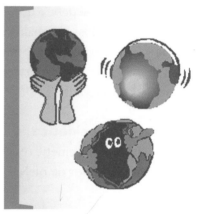

1. *¿Cuál de las siguientes actividades disfrutas más?*
   a) Escuchar música
   b) Ver películas
   c) Bailar con buena música
2. *¿Qué programa de televisión prefieres?*
   a) Reportajes de descubrimientos y lugares
   b) Cómicos y de entretenimiento
   c) Noticias del mundo
3. Cuando conversas con otra persona, tú:
   a) La escuchas atentamente
   b) La observas
   c) Tiendes a tocarla
4. *Si pudieras adquirir uno de los siguientes artículos, ¿cuál elegirías?*
   a) Un jacuzzi
   b) Un estéreo
   c) Un televisor
5. *¿Qué prefieres hacer un sábado por la tarde?*
   a) Quedarte en casa
   b) Ir a un concierto
   c) Ir al cine
6. *¿Qué tipo de exámenes te resultan más fáciles?*
   a) Examen oral
   b) Examen escrito
   c) Examen de opción múltiple

7. *¿Cómo te orientas más fácilmente?*
   a) Mediante el uso de un mapa
   b) Pidiendo indicaciones
   c) A través de la intuición

8. *¿En qué prefieres ocupar tu tiempo libre?*
   a) Pensar
   b) Caminar por los alrededores
   c) Descansar

9. *¿Qué te halaga más?*
   a) Que te digan que tienes buen aspecto
   b) Que te digan que tienes un trato muy agradable
   c) Que te digan que tienes una conversación interesante

10. *¿Cuál de estos ambientes te atrae más?*
    a) Uno en el que se sienta un clima agradable
    b) Uno en el que se escuchen las olas del mar
    c) Uno con una hermosa vista al mar

11. *¿De qué manera aprendes más fácilmente?*
    a) Repitiéndolo en voz alta
    b) Escribiéndolo varias veces
    c) Relacionándolo con algo divertido

12. *¿A qué evento preferirías asistir?*
    a) A una reunión social
    b) A una exposición de arte
    c) A una conferencia

13. *¿De qué manera te formas una opinión de otras personas?*
    a) Por la sinceridad en su tono de voz
    b) Por la forma de estrecharte la mano
    c) Por su aspecto

14. *¿Cómo te consideras?*
    a) Atlético
    b) Intelectual
    c) Sociable

15. *¿Qué tipo de películas te gustan más?*
    a) Clásicas
    b) De acción
    c) De amor

16. *¿Cómo prefieres mantenerte en contacto con otra persona?*

   a) Por carta o correo electrónico

   b) Tomando un café juntos

   c) Por teléfono

17. *¿Cuál de las siguientes frases se identifica más contigo?*

   a) Me gusta sentirme bien al conducir mi coche

   b) Percibo hasta el más ligero ruido que hace mi coche

   c) Es importante que mi coche esté limpio por fuera y por dentro

18. *¿Cómo prefieres pasar el tiempo con tu pareja?*

   a) Conversando

   b) Acariciándonos

   c) Mirando algo juntos

19. *Si no encuentras las llaves en tu bolso, ¿qué haces?*

   a) Las buscas mirando

   b) Lo sacudes para oír el ruido

   c) Buscas al tacto

20. *Cuando tratas de recordar algo, ¿cómo lo haces?*

   a) A través de imágenes

   b) A través de emociones

   c) A través de sonidos

21. *Si tuvieras todo el dinero necesario, ¿qué harías?*

   a) Comprar una casa

   b) Viajar y conocer el mundo

   c) Adquirir un estudio de grabación

22. *¿Con qué frase te identificas más?*

   a) Reconozco a las personas por su voz

   b) No puedo recordar el aspecto de la gente

   c) Recuerdo el aspecto de alguien, pero no su nombre

23. *Si tuvieras que quedarte en una isla desierta, ¿qué preferirías llevar contigo?*

   a) Unos buenos libros

   b) Una radio portátil de alta frecuencia

   c) Golosinas y comida enlatada

24. *¿Cuál de los siguientes entretenimientos prefieres?*

   a) Tocar un instrumento musical

   b) Sacar fotografías

   c) Actividades manuales

25. *¿Cómo es tu forma de vestir?*
    a) Impecable
    b) Informal
    c) Muy informal

26. *¿Qué es lo que más te gusta de una fogata nocturna?*
    a) El calor del fuego y la comida asada
    b) El sonido del fuego quemando la leña
    c) Mirar el fuego y las estrellas

27. *¿Cómo entiendes algo con más facilidad?*
    a) Cuando te lo explican verbalmente
    b) Cuando utilizan medios visuales
    c) Cuando te lo muestran a través de alguna actividad

28. *¿Por qué te distingues?*
    a) Por tener una gran intuición
    b) Por ser un buen conversador
    c) Por ser un buen observador

29. *¿Qué es lo que más disfrutas de un amanecer?*
    a) La emoción de vivir un nuevo día
    b) Las tonalidades del cielo
    c) El canto de las aves

30. *Si pudieras elegir, ¿qué preferirías ser?*
    a) Un gran médico
    b) Un gran músico
    c) Un gran pintor

31. *Cuando eliges tu ropa, ¿qué es más importante para ti?*
    a) Que sea adecuada
    b) Que luzca bien
    c) Que sea cómoda

32. *¿Qué es lo que más disfrutas de una habitación?*
    a) Que sea silenciosa
    b) Que sea confortable
    c) Que esté limpia y ordenada

33. *¿Qué es más sexy para ti?*
    a) Una iluminación tenue
    b) El perfume
    c) Cierto tipo de música

34. *¿A qué tipo de espectáculo preferirías asistir?*
    a) A un concierto de música
    b) A un espectáculo de magia
    c) A una muestra gastronómica

35. *¿Qué te atrae más de una persona?*
    a) Su trato y forma de ser
    b) Su aspecto físico
    c) Su conversación

36. *Cuando vas de compras, ¿dónde pasas más tiempo?*
    a) En una librería
    b) En una perfumería
    c) En una tienda de discos

37. *¿Cuál es tu idea de una noche romántica?*
    a) A la luz de las velas
    b) Con música romántica
    c) Bailando tranquilamente

38. *¿Qué es lo que más disfrutas de viajar?*
    a) Conocer personas y hacer nuevos amigos
    b) Conocer lugares nuevos
    c) Aprender sobre otras costumbres

39. *Cuando estás en la ciudad, ¿qué es lo que más echas de menos del campo?*
    a) El aire limpio y refrescante
    b) Los paisajes
    c) La tranquilidad

40. *Si te ofrecieran uno de los siguientes empleos, ¿cuál elegirías?*
    a) Director de una emisora de radio
    b) Director de un club deportivo
    c) Director de una revista

Respuestas

Señala la respuesta elegida de cada una de las preguntas y suma verticalmente la cantidad de señales por columna.

	VISUAL	AUDITIVO	CINÉTICO
1.	B	A	C
2.	A	C	B
3.	B	A	C
4.	C	B	A
5.	C	B	A
6.	B	A	C
7.	A	B	C
8.	B	A	C
9.	A	C	B
10.	C	B	A
11.	B	A	C
12.	B	C	A
13.	C	A	B
14.	A	B	C
15.	B	A	C
16.	A	C	B
17.	C	B	A
18.	C	A	B
19.	A	B	C
20.	A	C	B
21.	B	C	A
22.	C	A	B
23.	A	B	C
24.	B	A	C
25.	A	B	C
26.	C	B	A
27.	B	A	C
28.	C	B	A
29.	B	C	A
30.	C	B	A
31.	B	A	C
32.	C	A	B

	VISUAL	AUDITIVO	CINÉTICO
33.	A	C	B
34.	B	A	C
35.	B	C	A
36.	A	C	B
37.	A	B	C
38.	B	C	A
39.	B	C	A
40.	C	A	B
Total	18	10	12

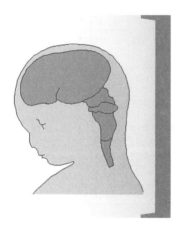

Ahora que sabes que percibes y entiendes el mundo según tu inteligencia de percepción dominante, puedes comprender que la relación con tu hijo sea enriquecedora o catastrófica, dependiendo de las diferentes formas de comunicación, ya que él puede tener una manera de percibir el mundo muy distinta a la tuya.

Descubre la inteligencia con la que tu hijo y pareja procesan el mundo y «háblales» en su idioma; notarás cómo tus niveles de comunicación y entendimiento se elevan notablemente.

Preferencias cerebrales

Dentro de los estudios sobre el comportamiento humano destaca una investigación que llama mucho la atención, al determinar la existencia de divisiones en nuestro cerebro que sugieren diferentes tipos de comportamientos, tendencias y preferencias en todos los aspectos de la vida. Esta investigación fue llevada a cabo de forma independiente por Carl G. Jung, Ned Herrmann y Georgi Lozanov, aunque los tres llegaron a idénticas conclusiones.

Las divisiones cerebrales actúan de forma inconsciente, por lo que el individuo solo puede deducir de su comportamiento que su personalidad es de cierto modo y que por unas personas siente antipatía y por otras, simpatía, encontrando incluso justificación a esa atracción o rechazo.

De hecho, aunque no tiene fundamento científico, se dice que hay personas con las que se tiene «química»; detrás de ello residen las preferencias cerebrales que generan la atracción o el rechazo entre individuos por sus percepciones dominantes.

Analicemos en qué consisten las preferencias cerebrales. Durante su desarrollo, el cerebro del feto humano pasa por diferentes etapas de formación del sistema nervioso. A los cuatro meses de gestación, el embrión tiene cerebro de pez, para pasar luego por los estados de reptil y mamífero. A los cinco meses, su encéfalo (cerebro) es comparable al de un mono adulto y es entonces cuando toma la configuración típicamente humana.

Paul MacLean, médico y psicólogo americano, desarrolló la teoría del cerebro triuno, cuyo como principio afirma que, evolutivamente hablando, todos los seres humanos tenemos tres cerebros. Estos estarían conformados por capas superpuestas de diferentes edades en la historia de la evolución, que se encuentran en comunicación permanente, pero que disponen de cierta independencia porque cada una de ellas controla funciones específicas. En orden evolutivo, estas tres capas son:

⇨ **El cerebro reptiliano**, que controla las reacciones instintivas.
⇨ **El cerebro límbico**, que regula las respuestas emocionales.
⇨ **El cerebro cortical**, que es el encargado de los procesos de raciocinio.

Hace más de doscientos millones de años, algunos reptiles ya poseían indicios de desarrollo cerebral. Este es el primer grado de evolución del cerebro, consistente en una estructura orgánica que cumplía ciertas funciones —sin que interviniera el menor control consciente, con el objeto de preservar la vida—, tales como las conductas automáticas, instintivas, de supervivencia y de conservación de la especie. Controlado por el sistema nervioso visceral, nuestro cerebro primitivo ha conservado sus funciones y guarda en su memoria los peligros afrontados por nuestros ancestros, como el reflejo de lucha o huida. Así, localizadas en el tallo cerebral se encuentran estas estructuras primitivas que continúan protegiendo nuestra vida. Este cerebro se asemeja al de los reptiles primitivos, como el cocodrilo y la lagartija; es conocido como «cerebro reptiliano», y nos permite actuar y reaccionar ante una situación de alerta.

Más tarde se desarrolló una aglomeración de células que formaron una estructura sobrepuesta al cerebro reptiliano y que se conoce como «cerebro límbico». Este tipo de cerebro lo poseen los mamíferos inferiores, como la rata y el conejo, y es el encargado de controlar las motivaciones primarias, como el hambre, los impulsos sexuales, las sensaciones y las emociones. En este sistema se

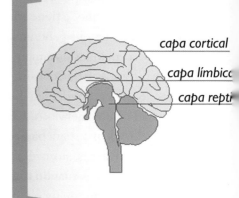

capa cortical

capa límbica

capa reptil

encuentran las glándulas rectoras, tales como la hipófisis y el hipotálamo, encargadas de regular el sistema metabólico y las respuestas emocionales.

Finalmente, la capa más externa y reciente del cerebro constituye el «cerebro cortical» o «corteza cerebral». Se trata del cerebro que desarrollaron algunos mamíferos superiores, como los simios y los delfines. En él se hallan la mayoría de nuestras células cerebrales (neuronas), así como la conciencia de nosotros mismos y de nuestro entorno. La corteza cerebral es la encargada de los procesos de pensamiento, memoria, raciocinio, lenguaje y creatividad.

Los investigadores Ned Herrmann, Carl G. Jung y Georgi Lozanov conciben una tipología del comportamiento que se inspira en los conocimientos del funcionamiento cerebral. Describen su modelo como una metáfora y hacen una analogía de nuestro cerebro con el globo terrestre, con sus cuatro puntos cardinales. Partiendo de esta idea, representan una esfera dividida en cuatro cuadrantes en la que la teoría del cerebro dividido (hemisferio derecho e izquierdo) se combina con la teoría del cerebro triuno (reptiliano, límbico y cortical). Para este fin se asocian en un mismo grupo los comportamientos reptilianos y límbicos, ya que la capa reptil básicamente no presenta funciones sociales. Así, en el cerebro se distinguen cuatro zonas:

⇨ Dos cuadrantes en el cerebro izquierdo
⇨ Dos cuadrantes en el cerebro derecho
⇨ Dos cuadrantes límbicos
⇨ Dos cuadrantes corticales

Podemos ubicar estas zonas en el siguiente diagrama:

hemisferio izquierdo   **hemisferio derecho**

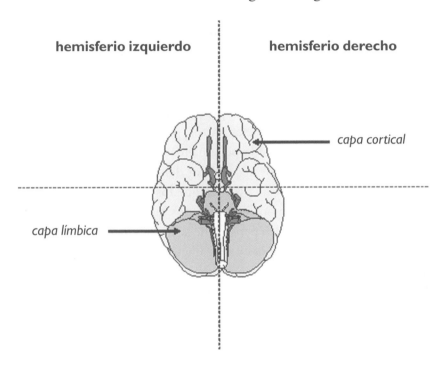

capa cortical

capa límbica

Por tanto, estas zonas se combinan entre sí para dar como resultado cuatro cuadrantes, que para facilitar su identificación se clasifican en colores:

Cuadrante cortical izquierdo = azul
Cuadrante límbico izquierdo = verde
Cuadrante límbico derecho = rojo
Cuadrante cortical derecho = amarillo

Cada uno de estos cuatro cuadrantes posee características que identifican a las personas en cuanto a comportamientos, competencias y procesos de pensamiento y de acción.

Los seres humanos tenemos cuatro marcas o señales que nos hacen únicos: las huellas digitales, la planta de los pies, el iris de los ojos y el desarrollo de la corteza cerebral. Ninguna persona tiene una corteza cerebral idéntica a otra, porque los procesos de evolución y desarrollo son diferentes en cada individuo. Esto quiere decir que los seres humanos nacemos también con una huella digital en el cerebro que nos hace únicos e irrepetibles.

El desarrollo de la corteza cerebral estimula uno de los cuatro cuadrantes de manera predominante, provocando que los individuos tengan una tendencia concreta en sus gustos, preferencias, procesamiento mental y esquematización de la personalidad. El tipo de estimulación cerebral no es heredable, nos hace únicos dentro de un esquema de los cuatro cuadrantes o colores y provoca que los padres no comprendan que su hijo tenga una personalidad y gustos tan diferentes a los suyos, hasta el punto de que puedan pensar que se lo cambiaron en el hospital.

Las preferencias cerebrales y sus características se pueden observar en el recuadro siguiente, en el que podrás identificar tu color predominante. Aunque descubras que tienes características de todos los cuadrantes (colores), solo te identificarás con uno de ellos, que es el que dirige tus actos y decisiones diarios.

En la tercera parte encontrarás información sobre preferencias cerebrales en los niños, por lo que podrás descubrir el color de tu hijo y reconocer los motivos por los que vuestra relación y comunicación es fácil o difícil. De este modo podrás reducir las diferencias o fortalecer las semejanzas y hacer que la convivencia sea lo más cordial, sana, productiva, respetuosa, comprensiva y, sobre todo, integradora posible.

HEMISFERIO IZQUIERDO		HEMISFERIO DERECHO	
SER RACIONAL **AZUL**		**SER EXPERIMENTAL** **AMARILLO**	
Lógico	A.C.V.	Visionario	V.C.A.
Analítico		Intuitivo	
Coste-beneficio		Investigador	
Cuantitativo	FINANCIERO	Agente de cambio	
Objetivo-concreto		Creativo	ESTRATEGA
Financiero		Innovador	
Resolución de		Planeación estratégica	
problemas		Pionero	
Austero		Artístico	IMAGINACIÓN
Culto	HECHOS		

(fila izquierda: CORTICAL)

HEMISFERIO IZQUIERDO		HEMISFERIO DERECHO	
SER CUIDADOSO **VERDE**		**SER EMOTIVO** **ROJO**	
Organizado	V.C.A.	Expresivo	C.V.A.
Detallista		Relaciones	
Metodista		Interpersonal	
Administrativo		Kinético	
Implementador		Docente	SENTIMIENTOS
Planeación operativa	TÁCTICO	Sensorial	
Disciplinado		Religioso	
Formal		Deportista	
Pulcro		Flexible	HUMANO
Obsesivo	FORMA		

(fila izquierda: LÍMBICO)

En este esquema se utiliza A.C.V. para la persona que es preferentemente auditiva, luego cinética y poco visual. Las siglas V.C.A. significan que el individuo es de predominancia visual, bastante cinético y menos auditivo. Y las letras C.V.A. se refieren a aquellos que son preferentemente cinéticos, después visuales y poco auditivos.

Ahora revisemos con más detalle las principales características de la personalidad y las aptitudes de cada uno de los colores.

La persona azul

Se trata de personas muy serias y formales. No es fácil arrancarles una sonrisa y rara vez comparten sus sentimientos y pensamientos. Son muy analíticas, racionales, objetivas y realistas. Les gustan los números

y les resultan fáciles las operaciones matemáticas. Se mueven en términos de coste-beneficio y son sujetos cultos que se lo cuestionan todo.

Son preferentemente auditivos, por lo que tienen mucha sensibilidad en el oído. Utilizan el lenguaje con precisión y les gusta escucharse a sí mismos.

Su forma de vestir es formal y clásica por lo general; el color habitual de su ropa es el negro, el gris oscuro, el azul marino y el marrón.

El lenguaje que utiliza cada persona también nos ayuda a identificarla por su color. Así, los azules usan mucho las siguientes palabras: «herramientas», «punto clave», «resultados», «análisis», «crítico», «lógico», «obvio», «coste», «beneficio», «calidad», etc. Una frase muy común en los azules es: «Vamos al grano», que nos indica claramente que a este tipo de personas les disgusta perder el tiempo.

Las capacidades de los azules se manifiestan sobre todo a la hora de resolver problemas, en el análisis, las estadísticas y las finanzas. Así, las profesiones en las que destacan son las relacionadas con números, cálculos y procesos lógicos, por lo que suelen ser ingenieros, científicos, físicos, matemáticos, actuarios, economistas y contables.

La persona verde

Los verdes son individuos muy ordenados, metódicos y amantes de la exactitud. Son cuidadosos, evitan riesgos y sorpresas, y les gusta la seguridad. También son estructurados y conservadores, así como muy visuales.

La casa de una persona verde destaca por su extrema limpieza y pulcritud. Y si mirásemos en su armario, comprobaríamos el orden de su ropa, clasificada incluso por colores. Son, pues, muy escrupulosos y limpios, así como detallistas y perfeccionistas, con una vida muy disciplinada.

Para su arreglo personal son asimismo muy cuidadosos y, normalmente, muy formales. Su apariencia siempre es pulcra y limpia. Si se trata de un hombre, su traje estará impecable, con la camisa con la marca de planchado exacta y el cuello almidonado, los zapatos perfectamente lustrados y los calcetines combinados con la ropa. En las mujeres, los zapatos combinarán con el cinturón y el bolso, y el maquillaje y el peinado estarán impecables. A una mujer verde jamás la verás maquillarse en el coche, pues ya saldrá perfectamente arreglada de casa.

La persona verde emplea mucho en su lenguaje palabras como «hábito», «exhibir», «ley», «orden», «autodisciplina», «planear», «detalle», «secuencia», «tiempo», «estructura», «método», «manuales», «técnica», etc.

Tienen mucha capacidad para actividades de planificación operativa, supervisión, administración, organización e implementación de procesos, por lo que son destacados biólogos, químicos, contadores públicos, militares, técnicos en control de calidad, ingenieros, administradores y dentistas.

La persona roja

Se trata de personas muy cinéticas, emotivas y sensoriales, con un gran desarrollo de la intuición y la espiritualidad. Son excelentes en las relaciones humanas, pues están dotadas de manera natural para hablar y conversan con gran cantidad de sujetos, con los que establecen relaciones amistosas con facilidad. Son viscerales y volubles.

Los rojos son muy traviesos y disfrutan del juego y las bromas. También son muy leales y se entregan de lleno al trabajo y a quienes aprecian. Tienden a trabajar en equipo, pues les gusta estar acompañados.

Algunos se despreocupan totalmente de su imagen y se visten sin combinar las prendas, ya que las eligen más por su comodidad que por la imagen que ofrecen.

Entre las capacidades de los rojos se encuentran la facilidad de expresión de ideas, las relaciones personales, la redacción, la enseñanza y la formación.

En ellos es común escuchar vocablos como «trabajo en equipo», «familia», «amistad», «lealtad», «interactivo», «participativo», «crecimiento personal», «excelencia», «emotivo» y «sentir». Además, acostumbran a exagerar las palabras utilizando la terminación «-ísimo», por ejemplo «buenísimo», «guapísimo», «cansadísimo», «riquísimo»...

Las profesiones rojas son aquellas que se basan en las relaciones humanas, por lo que son buenos pedagogos, psicólogos, comunicadores, médicos, catedráticos, sacerdotes, vendedores, deportistas y actores.

La persona amarilla

Se trata de individuos muy creativos, artísticos, innovadores y entusiastas. Son rebeldes e inconformistas ante un mundo imperfecto, así como soñadores e idealistas, por lo que son agentes de cambio. Son preferentemente visuales.

Los amarillos son imaginativos, experimentales, impetuosos, curiosos y juguetones; les gustan las sorpresas, rompen las reglas y asumen riesgos. Su estilo y preferencias los hacen seres conceptuales, metafóricos, espaciales, integradores y visualizadores.

En la casa de una persona amarilla, podríamos encontrar los muebles colocados cada vez de manera diferente.

Los amarillos visten bien y su estilo es moderno, aunque pueden llegar a ser estrafalarios y su ropa no combinar. Cambian constantemente de estilo y les gusta seguir las modas, así como llamar la atención. Son las típicas personas que, aun siendo mayores, siguen arreglándose como los jóvenes.

En su lenguaje abundan palabras como «jugar con ideas», «panorama», «sinérgico», «bloqueo conceptual», «innovador», «integrar», «moderno», «tecnología punta», «imaginar» y «artístico».

Tienen grandes capacidades para crear, innovar, integrar, generar cambios y planear de forma estratégica, por lo que las profesiones típicamente amarillas son las de publicista, experto en márketing, arquitecto, informático creador de programas, artista, estilista y diseñador.

Estoy seguro de que, llegados a este punto, ya habrás reconocido el color que te corresponde, y esta información, unida a la que se ha tratado en esta parte del libro, te habrá servido para entender más claramente tu forma de actuar en diferentes situaciones, principalmente en las relativas a la educación de tu hijo y a la relación de guardas con él. Ninguna de las características que hemos visto es mejor o peor que otra; simplemente se trata de diferentes estilos de personalidad, y la importancia de conocer esta información radica en que puede ayudarnos a mejorar la comunicación con nuestros hijos y con nosotros mismos.

La solicitud de un padre

Dame, Señor, un hijo que sea lo bastante fuerte para conocer cuándo es débil, y lo bastante valiente para arrastrarse a sí mismo a sentir miedo; que sea orgulloso e inflexible en la derrota; honorable, humilde y benigno en la victoria.

Dame un hijo cuyos deseos no ocupen el lugar de sus obras; un hijo que te conozca a ti y que sepa conocerse a sí mismo: esto es la piedra angular del conocimiento. Condúcelo, te lo ruego, no por el camino del ocio y la comodidad, sino bajo el acicate y peso de las dificultades y la oposición. Enséñale a mantenerse firme en la tempestad y a tener compasión por los que fracasan.

Dame un hijo cuyo corazón sea diáfano, cuyas miras sean altas; un hijo que sepa gobernarse a sí mismo antes de pretender gobernar a otros; que sepa avanzar hacia el futuro sin olvidar nunca el pasado.

Y cuando le hayas dado todo eso, añade, te lo ruego, bastante sentido del humor para que pueda ser siempre serio, sin tomarse nunca demasiado seriamente; dale humildad, para que recuerde siempre la sencillez de la verdadera sabiduría y la mansedumbre de la verdadera fuerza.

Entonces yo, su padre, me atreveré a murmurar: no he vivido en vano.

Douglas McArthur

TERCERA PARTE

¿Quién es tu hijo?

Centros de control

El ser humano no tiene una sola mente, sino diferentes centros que se configuran como máquinas humanas de mentes distintas. Existen cinco centros de control: instintivo, motor, emocional, sexual e intelectual, cada uno de los cuales toma el mando en cada etapa del desarrollo.

Los centros de control, situados a diferentes niveles, están designados por unos números que se refieren a energías inteligentes de varias escalas, denominadas «hidrógenos». Cada uno de estos hidrógenos tiene una onda vibratoria diferente y, por tanto, diferente densidad, por lo que los centros del ser humano se abren a distintos niveles.

En realidad cada centro ocupa el cuerpo entero y penetra, por así decirlo, en todo el organismo. Pero, al mismo tiempo, posee lo que se llama «su centro de gravedad». El centro de gravedad del centro intelectual se encuentra en el cerebro; el del centro emocional se halla en el plexo solar o región del ombligo y en todos los centros nerviosos del gran simpático; el del centro sexual se localiza en los órganos sexuales; el

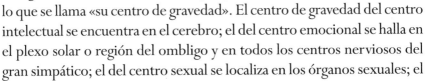

del centro motor lo encontramos en la parte superior de la médula dorsal y opera a través de todos los músculos del cuerpo, y el del centro instintivo se sitúa en la parte inferior de la columna cerebroespinal.

Estos centros nos son físicos, sino psíquicos, por lo que se pueden observar más como territorio de nuestro mundo psicológico que como partes del cuerpo físico.

> Un niño es la idea de Dios de que el mundo debe continuar.
>
> *Anónimo*

Centro instintivo

El primer centro con el que nacemos es el instintivo. Todas las funciones instintivas son innatas, es decir, no es necesario aprenderlas para saber utilizarlas. Este centro comprende cuatro clases de funciones:

Primero: todo el trabajo interno del organismo, es decir, la fisiología: la digestión, la respiración, la circulación sanguínea, las funciones de los órganos, la construcción de nuevas células, la eliminación de desechos y el trabajo de las glándulas endocrinas, entre otros.

Segundo: los cinco sentidos: vista, oído, olfato, gusto y tacto, además de todas las sensaciones (humedad, temperatura, peso, etc.).

Tercero: las emociones físicas, es decir, tanto las sensaciones físicas que resultan agradables como las desagradables, desde el dolor hasta el placer, por ejemplo, las caricias.

Cuarto: todos los reflejos, aun los más complejos, tales como la risa y el bostezo; todas las clases de memoria física, como la memoria del gusto, del olfato y del dolor, que son en realidad reflejos internos.

Centro motor

Tras el nacimiento se desarrolla otro centro de control, que toma el mando hasta los siete años de edad. Se trata del centro motor, cuya función comprende todos los movimientos externos, tales como caminar, escribir, hablar, comer y los recuerdos que de ellos quedan. A la función motriz pertenecen también aquellos movimientos que el lenguaje corriente ha dado en llamar «instintivos», como por ejemplo agarrar un objeto que cae.

La diferencia entre las funciones instintiva y motriz es muy clara y fácil de comprender; basta recordar que todas las instintivas, sin excepción, son innatas y que, por tanto, no es necesario aprenderlas para utilizarlas, mientras que ninguna de las funciones de movimiento lo son y hay que aprenderlas; así, el niño aprende a caminar, a escribir, a dibujar, etc.

El pequeño conoce el mundo a través de sus movimientos. ¿Te has dado cuenta de que un niño nunca se detiene? Está en constante movimiento y ello se debe a que su centro motor se encuentra en plena actividad.

¿Sabías que el mayor logro de un bebé es controlar su propia mano? Cuando el niño es muy pequeño, quiere conocer el mundo que lo rodea, y lo hace a través del movimiento, el gusto y el tacto; de ahí que todo lo agarre y se lo lleve a la boca. Y por eso, si le ofrecemos un dedo, lo agarrará y apretará con vigor, porque además aún no puede medir su fuerza ni tiene la capacidad de abrir voluntariamente la mano.

Cuando le ofreces un juguete a un bebé, lo toma con la mano y se lo lleva a la boca para conocerlo. Los padres pueden pensar entonces que el juguete le ha gustado, cuando en realidad no ha tenido otra opción que agarrarlo. Todo lo que le pongas enfrente lo va a atrapar. El bebé no tiene aún la capacidad de evaluar si es bonito o feo, y poco después ya está desesperado con el juguete en la mano porque no lo puede soltar, ya que no sabe cómo abrirla. Cuando se queda dormido, se relaja y se le cae. Y cuando se despierta se da cuenta de que, al fin, se pudo deshacer de él. Luego llega su madre y se lo vuelve a ofrecer, su mano lo atrapa nuevamente y de repente sucede el gran milagro: puede abrir la mano por sí solo y soltar el objeto. Su gran éxito consiste en que puede soltar las cosas a voluntad y elegir qué toma y qué deja.

Centro emocional

El tercer centro que se desarrolla es el emocional. Gobierna de los siete a los catorce años de edad. ¿Te acuerdas de esa época? ¡Terrible! Nuestros padres no sabían qué hacer con nosotros. Es un periodo de cambios constantes de estado de ánimo, desde la más terrible depresión hasta la más espontánea alegría. Esta etapa es más intensa en las mujeres porque en ellas este centro se desarrolla más rápidamente que en los hombres y porque, además, su cuerpo se acerca al despertar del centro sexual. Es tanta la confusión emocional que el niño no sabe si sus padres son ogros o ángeles, y en unos momentos los ama intensamente y en otros los detesta. En este periodo emocional, el niño busca un héroe a quien imitar, y si no lo encuentra en sus padres, lo buscará en algún personaje famoso.

Centro sexual

A partir de los catorce años empieza el desarrollo del cuarto centro, el sexual. En los varones se produce un cambio interesante: ya no detestan al sexo opuesto, sino que lo empiezan a encontrar atractivo.

El sexo está determinado por nuestros genes, que en los huma-

nos se hallan entrelazados en veintitrés pares de cromosomas en cada una de las células del cuerpo. El par cromosómico número 23 son los llamados «cromosomas sexuales», que en el caso de la mujer son los cromosomas XX y en el del hombre, los cromosomas X e Y. Esto significa que la niña cuenta ya con una identidad propia, en tanto que el niño, al tener un cromosoma de cada tipo, carece de ella y para ser reconocido como hombre debe demostrarlo. ¡Todo un problema! Una mujer no puede imaginar que «no es mujer», mientras que un varón corre el riesgo, si no cumple con ciertas exigencias culturales o sociales, de dejar de ser visto como tal.

Culturalmente, un hombre no es tal hasta que lo demuestra y, por lo general, a quien debe demostrárselo es a otro hombre, porque es quien le va a dar la identidad. Los padres cometen el error de decirle a su hijo varón frases como: «¡No llores, que pareces una niña!», con las que le quitan su identidad como hombre –algo que está demostrado psicológicamente–. Así, desde este momento, el niño se ve obligado a realizar muchas pruebas para demostrar su hombría, como por ejemplo beber o fumar, y si no lo hace corre el riesgo de que le digan «eres una niña». Otro ejemplo lo encontramos en la escuela, cuando un grandullón pretende pegarse con un niño, este se niega porque no es de carácter belicoso y entonces se expone a que lo insulten diciéndole «eres mariquita», por lo que se ve obligado a aceptar el reto de pelear por un factor social. Este es un grave problema de los varones, muchas veces potenciado por los padres, que los lleva a pasar por pruebas varoniles como las habilidades deportivas, pegar a otros, ser un vago, fumar o consumir alcohol, lo que ha llevado a muchos al suicidio.

> Lo mejor que se puede dar a los niños, además de buenos hábitos, son buenos recuerdos.
>
> *Sidney Harris*

Cuando los niños llegan a una edad que oscila entre los doce y los catorce años, una de las pruebas de masculinidad es que hayan mantenido una relación sexual. Es entonces cuando lo que tanto detestaban (las mujeres) se convierte en objeto de deseo para demostrarlo. Y se produce una de las situaciones en las cuales la mujer y el hombre no han logrado entenderse: ella se pregunta por qué sale a buscar sexo fuera de casa y lo que sucede es que en realidad busca su identidad, ya que otros hombres le enseñaron que esa era la manera de conseguirla. Sin embargo, no es así como se logra, sino a través de la educación, que es responsabilidad de los padres.

Si tienes un hijo varón, evita utilizar frases que le hagan dudar de su identidad sexual, y si las escucha de otra persona, aclárale que son falsas y que de ninguna manera crea en ellas. Permítele también exteriorizar sus sentimientos y emociones, sin que por ello sienta que deja de ser varón.

Centro intelectual

Tras el desarrollo del centro sexual, comienza el del centro intelectual. En la niña se produce entre los quince y los dieciséis años de edad, y en el niño, entre los diecisiete y los dieciocho. Es en este periodo cuando surgen en los adolescentes todo tipo de interrogantes sobre la vida y un afán por definir «su propia identidad».

Si analizamos los diferentes centros de control, observamos que el dominio final de uno u otro nos proporciona tres tipos de personalidad. Así, a quienes se quedan con el dominio del centro motor se los conoce como «faquires», porque le dan mucha importancia a las actividades físicas. Las personas con dominio del centro emocional son conocidas como «monjes», que son todo corazón, ternura, nobleza y bondad. Finalmente, los que tienen dominio del centro intelectual se conocen como «yoguis», y son aquellos que utilizan el análisis y la razón para todo.

El niño faquir

Este tipo de niño querrá estar en movimiento todo el día, pues disfruta de cualquier actividad que lo implique, como los deportes. Es muy inquieto y le cuesta trabajo estar en un solo lugar. Utiliza el cuerpo para expresarse. Si en la calle llegara a ver a un anciano pidiendo limosna, seguramente diría que, si tiene manos y piernas, bien podría trabajar para no tener que pedir dinero. Los padres de un niño faquir deben buscarle actividades de diferente tipo que le permitan estar en movimiento y desarrollar sus capacidades motrices.

El niño monje

Es muy sentimental y sus emociones controlan su vida, por lo que puede pasar de la alegría a la tristeza en cuestión de segundos. Se trata de una persona muy susceptible de sentirse herida, así como muy tierna, y sabe expresar sus emociones. Si un niño monje viera a un anciano pidiendo limosna en la calle, se le partiría el corazón y se sentiría muy conmovido; se preguntaría si tiene qué comer, dónde vivir y quien lo quiera, y seguramente querría darle unas monedas. Los padres de un niño monje deben expresarle constantemente su amor, tanto con palabras como con caricias, y permitirle exteriorizar sus emociones.

El niño yogui

Este niño siempre busca el significado de las cosas, por lo que hace constantes preguntas sobre situaciones cotidianas. Todo lo quiere conocer, así que es muy observador y escucha atentamente. Se divierte aprendiendo. Si un niño yogui viera a un anciano pidiendo limosna en la calle, se preguntaría por qué hay pobres y ricos en el mundo, o qué significa ser mendigo. Sus padres deberán fomentar su capacidad intelectual, hablando mucho con él sobre temas diferentes y contestándole siempre con la verdad; en caso de no saber la respuesta a sus preguntas, deberían buscarla juntos.

Para distinguir más claramente la forma de actuar de cada uno de estos tipos, veamos un ejemplo: ante un atardecer, una persona faquir dirá: «¡Qué tarde tan hermosa para salir a correr diez kilómetros!». El monje exclamará: «¡Qué esplendor el de Dios; la tarde es perfecta para meditar!». Y el yogui afirmará: «¡Qué hermosa tarde, inspiradora para una buena lectura!». Cada uno ve el mundo de manera muy diferente.

Ahora imagínate una familia en la que el padre es faquir y el hijo yogui:

—Venga, hijo, vamos a correr.

—Oye, papá, yo no soy un caballo; prefiero leer y reflexionar.

—¿Qué leer ni qué reflexionar? Eso es para los viejos, ¡muévete!

Algunos padres no se explican cómo es posible que tengan gustos tan diferentes a los de sus hijos, cuando lo único que sucede es que sus centros de control son distintos. El padre que no entiende a su hijo debería descubrir cómo es realmente y adaptarse a él.

Potencia mental

El cerebro humano crece con asombrosa rapidez durante el periodo de gestación. Inicia su desarrollo tres semanas después de la concepción, y a las veinte semanas ya está totalmente formado y en funcionamiento. De hecho, es nuestro cerebro el encargado de diseñar y crear nuestro propio cuerpo; no lo hace la madre, como se había creído. Podemos compararlo

> La educación es, tal vez, la forma más alta de buscar a Dios.
>
> *Gabriela Mistral*

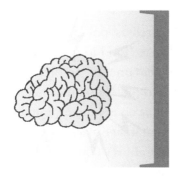

con una semilla: la tierra es la encargada de protegerla, proporcionarle las condiciones adecuadas y alimentarla para que pueda madurar. En este caso, la madre hace exactamente lo mismo: crea las condiciones propicias para que el feto crezca, pero el responsable de su propio desarrollo es él mismo a través de su cerebro.

Según estudios del Instituto de Investigaciones sobre el Cerebro de Nueva York, un bebé en estado intrauterino emplea del 80 al 90% de su potencial cerebral. Esto resulta indudable en la medida en que la capacidad cerebral que necesita un ser vivo para desarrollar totalmente su organismo es muy elevada.

Un adulto utiliza del 3 al 4% de su capacidad cerebral y, según algunos estudios, Einstein usaba del 7 al 8%. Así, si en un determinado momento de nuestra vida todos llegamos a aprovechar el 90% de nuestra capacidad, ¿por qué dejamos de hacerlo? ¿Qué circunstancias influyen para que se produzca tal reducción?

Pruebas sobre creatividad realizadas a niños de tres años de edad, comparando su coeficiente intelectual con el coeficiente promedio de un adulto, dieron como resultado un nivel de creatividad superior al 75%. En niños de cuatro años, los resultados fueron de un 35% por encima del promedio. mientras que los de cinco años mostraron tan solo un 4% más. Y los de seis años de edad ya no rebasaron el coeficiente intelectual promedio de un adulto.

Como podemos observar, la capacidad mental disminuye a pasos agigantados durante los primeros años de vida. ¿Qué sucede? Cuando un niño nace cumple perfectamente con la teoría de la selección natural, según la cual las especies que no se adaptan al medio desaparecen. A los seis años, el niño ya está normalizado, adaptado totalmente a su mundo, y para ser amado tiene que bajar al nivel de los adultos. Pero no podemos olvidar que, en algún momento de nuestra vida, todos utilizamos un porcentaje muy elevado de nuestra capacidad cerebral.

Al nacer, el cerebro del niño ya es el prodigioso órgano de un genio. Este órgano se nos entrega listo para usarse, aunque su crecimiento continúa hasta los seis o siete años de edad. Durante estos primeros años de vida es cuando el niño presenta su mayor capacidad de aprendizaje, debido a que el cerebro se encuentra en proceso de expansión. Podría compararse con una esponja, ya que absorbe toda la información que hay a su alrededor. En esta etapa, tiene capacidad para aprender varios idiomas, leer, hacer cálculos matemáticos y nadar, siempre que se estimule su aprendizaje adecuadamente. Sin embargo, los padres deben ser muy cuidadosos, porque la información que absorbe el niño puede ser tanto positiva como negativa.

> Un cerebro en constante actividad es un cerebro con mayor capacidad mental.
>
> *Eric de la Parra*

Al contrario de una pila, que no se gasta si no se utiliza, cuanto menos se emplea el cerebro más se gasta, porque al utilizarlo se convierte en una dinamo que se va recargando. Por tanto, un cerebro en actividad constante posee una mayor capacidad mental.

El cerebro humano

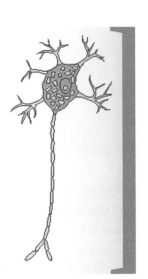

Como hemos visto, el crecimiento del cerebro tiene lugar durante el embarazo, y después del parto sigue haciéndolo durante varios años. Los padres tienen mucha responsabilidad en este desarrollo, ya que puede verse dañado por factores tales como la desnutrición de la madre o sustancias químicas tóxicas. Los tóxicos más habituales que llegan a ingerirse durante el embarazo son el alcohol y el tabaco, si bien hay estudios que demuestran que el alcohol afecta al feto desde el mismo momento de la concepción, independientemente de que haya sido consumido por la madre, por el padre o por ambos. Ya en la antigua Grecia, Platón advertía a los padres de que su embriaguez haría que sus hijos fueran inferiores en sus capacidades. Un estudio con alarmantes implicaciones demuestra que el hecho de ingerir alcohol en torno al momento de la

concepción puede ser devastador, al aumentar el riesgo de que el feto sufra malformaciones en los ojos, los oídos, los labios, la cabeza y el rostro.

Dependiendo de las condiciones, las células cerebrales (conocidas como «neuronas») del feto no dejan de crecer y multiplicarse hasta alcanzar la cantidad de doscientos mil millones. El número de estas células en el momento de nacer es el máximo que tendremos en toda nuestra vida, es decir, ni se reproducen ni se regeneran. Esto es así debido a que miles de neuronas mueren cada día por desgaste natural, estrés, drogas, alcohol, algunos medicamentos, enfermedades o lesiones (un adulto promedio tiene unos cien mil millones de neuronas). Sin embargo, el hecho de que no podamos incrementar su número no significa necesariamente que no sea posible mejorar nuestra capacidad mental.

En los procesos de pensamiento, las neuronas se conectan entre sí, formando redes que sirven para captar y transmitir información. El espacio de conexión entre estas células se denomina «sinapsis». Cuanto más usemos el cerebro, más conexiones se formarán entre las neuronas; de ahí que siempre sea posible mejorar nuestra capacidad mental, ya que se ha demostrado que el número de neuronas no es lo que determina la inteligencia de los seres humanos, sino la cantidad y calidad de las conexiones que existen entre ellas.

Los niños de hoy se diferencian de los adultos en que tienen los conocimientos sin las arrugas de la experiencia.
Anónimo

En el momento del nacimiento, estas conexiones solo existen en potencia, pues no se establecen hasta que se transmite un mensaje de una célula a otra. Esto sucede cada vez que tu hijo interactúa con el medio que lo rodea; una respuesta química y eléctrica se desencadena en el cerebro, generando y fortaleciendo las conexiones. Imagínate lo que esto significa: tienes la oportunidad de incrementar el poder cerebral de tu hijo con el solo hecho de ofrecerle una amplia gama de experiencias estimulantes que le permitan desarrollar la imaginación, la reflexión, la creatividad y la lógica.

Las conexiones de un recién nacido están mal protegidas porque su membrana celular (mielina) es frágil y resultan menos eficaces para transportar información que en la edad adulta. Por esta razón no recordamos claramente nuestros primeros años de vida. Esta eficacia de transmisión se va mejorando con el transcurso de los años gracias a la mielinización, lenta y progresiva, que comienza un mes antes del nacimiento y continúa hasta la adolescencia. Sin embargo, si se tienen en cuenta las numerosas capacidades que tiene el bebé tanto antes como después de nacer, parece ser que la mielinización es irrelevante.

La capacidad de pensar se desarrolla en diferentes etapas, basadas en factores tales como la edad y las experiencias. El psicólogo y pedagogo suizo Jean Piaget, conocido por sus pioneros trabajos sobre el desarrollo de la inteligencia en los niños, descubrió que a determinada edad los niños piensan del mismo modo en función de su madurez biológica y experiencia con el entorno. Por ejemplo:

⇨ Casi todos los niños de un año de edad perciben el mundo basándose únicamente en sus cinco sentidos. Por tanto, no pueden hacer ninguna distinción entre pasado, presente y futuro.

⇨ La mayoría de los niños de cinco años operan en el nivel concreto y, por tal razón, creen solo lo que ven. Por ejemplo, llegan a creer que los personajes de los dibujos animados son reales y usan esa información como base para sus convicciones.

En la revista de una línea aérea encontré un anuncio de la McCormick Tribune Foundation que me pareció excelente. Está dirigido a los padres de familia para concienciarlos de la importancia de la estimulación mental, y en él aparece la fotografía de un pequeño de unos seis meses de edad, con el siguiente mensaje: «¡Caramba, léeme algo!». Y, más abajo, la siguiente nota: «Está comprobado. El estímulo es la corriente eléctrica que ayuda a conectar el cerebro de tu bebé, sobre todo los primeros tres años. Así que cántale cuando le cambies los pañales, cuéntale una historia cuando lo bañes y léele desde que nace. Tus primeros pasos como mamá o papá pueden ser inteligentes». ¿Qué te parece? El lema de la propaganda es: «¡Un cerebro listo, qué buena onda!». Me pareció muy bien que se difunda esta información porque, efectivamente, resulta esencial la estimulación mental desde la más temprana edad para despertar y desarrollar todas las capacidades del niño.

⇨ Los niños de ocho años tienen un sentimiento de justicia social que los lleva a darse cuenta, por ejemplo, de que el fin no siempre justifica los medios.

⇨ Los de trece años están preparados para considerar situaciones del tipo «¿y qué si...?», para pensar de un modo abstracto y para encontrar soluciones lógicas a los problemas diarios.

Tanto el niño como el adolescente desarrollan sus capacidades cerebrales en cuatro periodos favorables mediante la mielinización de las fibras nerviosas. Estos momentos se dan a los tres, siete, once y quince años de edad, aunque las niñas experimentan un desarrollo del potencial cerebral más precoz. A los once años multiplican por dos sus capacidades, en tanto que en los niños esto se va produciendo paulatinamente hasta los quince.

Así como existen unas edades más favorables que otras, también el cerebro tiene sus edades difíciles, independientemente del impulso hormonal. De los cuatro a los seis años, de los ocho a los diez y de los doce a los catorce, es como si el cerebro se «enfadara» y las sinapsis se negaran a ponerse en acción, lo que provoca que el niño tenga dificultades para adquirir nuevos conocimientos y aprendizajes.

El conocimiento del desarrollo cerebral y las edades difíciles puede ayudar a los padres a ser más conscientes, e incluso más tolerantes, frente a la posible irritabilidad y agresividad de su hijo durante estos periodos, así como más comprensivos ante las dificultades de aprendizaje. Es importante entender que el comportamiento violento o desagradable es menos voluntario de lo que cabría imaginar, por lo que se trata de enfocar el tema con firmeza pero sin excesos.

Hemisferio izquierdo y hemisferio derecho

El cerebro está dividido en dos hemisferios, unidos entre sí por el cuerpo calloso, que está compuesto de millones de fibras nerviosas. Este es más grande en la mujer que en el hombre, lo que significa una gran ventaja competitiva en lo que respecta al crecimiento del cerebro y su desarrollo. Metafóricamente hablando, es como si las mujeres tuvieran autopistas para comunicarse, y los hombres solo carreteras secundarias. Este factor constituye en las mujeres todo un potencial para utilizar mejor el conjunto de capacidades de su cerebro.

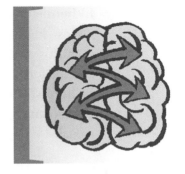

El neurólogo estadounidense Roger Sperry, del California Institute of Technology, llevó a cabo unos estudios sobre el funcionamiento de los hemisferios cerebrales por los que fue galardonado con el Premio Nobel de Fisiología y Medicina en 1981. Su famosa teoría del cerebro dividido se basa en los resultados de investigaciones realizadas con pacientes de epilepsia que habían sido sometidos al corte quirúrgico del cuerpo calloso, es decir, a la separación de los dos hemisferios. Los hallazgos iniciales indicaban que cada hemisferio funcionaba de manera individual, lo que significa que cada uno tiene unas funciones muy específicas. Así, en circunstancias normales, ciertas capacidades se desarrollan siempre en un mismo lado del cerebro.

Cada hemisferio es el responsable de la mitad del cuerpo situada en el lado opuesto, lo que significa que el hemisferio derecho dirige la parte izquierda del cuerpo y el izquierdo, la parte derecha. Es por ello por lo que se cree que los niños zurdos son diestros del cerebro. El 14% de los niños son zurdos, frente al 4% de las niñas. La necesidad de adaptarse a un entorno creado para los diestros obliga a los zurdos a desarrollar su cerebro de una forma específica. La utilización de la mano izquierda requiere el trabajo del hemisferio derecho de forma más concreta. El cerebro de los zurdos presenta un cuerpo calloso más grueso que el de los diestros y esta fuerte interconexión entre los hemisferios constituye una ventaja para ellos, ya que favorece la atención, el aprendizaje de idiomas y las actividades deportivas y artísticas.

Cada uno de los hemisferios presenta especializaciones que le permiten hacerse cargo de ciertas tareas:

> Lo mismo que un diamante corta al diamante, y que una piedra afila a otra piedra, todas las partes del intelecto actúan como piedras de afilar las unas con respecto a las otras, y el genio es el resultado de este afilado mutuo.
>
> *Cyrus Bartol*

⇨ **El hemisferio izquierdo** está más especializado en el manejo de los símbolos de cualquier tipo: lenguaje, álgebra, símbolos químicos y partituras musicales. Es más analítico y lineal, y procede de forma lógica.

⇨ **El hemisferio derecho** es más efectivo en la percepción del espacio, más global, sintético e intuitivo. Es imaginativo y emocional.

La idea de que cada hemisferio está especializado en una modalidad distinta de pensamiento ha llevado al concepto de uso diferencial de hemisferios. Esto significa que hay personas en las que domina su hemisferio derecho y otras en las que lo hace el izquierdo. La utilización diferencial se refleja en la forma de pensar y actuar. Así, un individuo en el que se impone el hemisferio izquierdo será más analítico, mientras que otro en el que prevalece el derecho será más emocional.

Aunque se emplea siempre la totalidad del cerebro, existen interacciones continuas entre los dos hemisferios y uno suele ser más activo que el otro. En la determinación de la dominancia de los hemisferios influyen factores sociales y, sin que sea norma, generalmente es mayor la dominancia del derecho en las mujeres y del izquierdo en los hombres. En un recién nacido, los dos hemisferios aún no están especializados; la especialización se producirá lentamente hasta los cinco años de edad, y luego de forma más rápida hasta los dieciséis.

El siguiente esquema nos muestra las principales diferencias entre ambos hemisferios. Podemos observar que las características de funcionamiento de uno son complementarias con las del contrario:

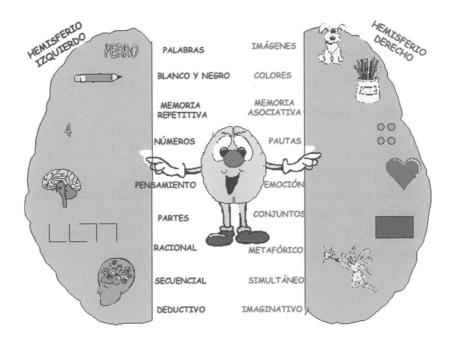

Dado que existen peculiaridades en las personas según su tendencia hemisférica sea derecha o izquierda, es evidente que su comportamiento también será diferente. Como padre es importante que reconozcas la dominancia de tu hijo para comprenderlo y mejorar la comunicación. A continuación encontrarás un cuestionario que te permitirá identificar su tendencia hemisférica. Recuerda que la especialización de los hemisferios es un proceso lento hasta la edad de cinco años, y que después se desarrolla rápidamente y empieza a determinarse la dominancia hemisférica del niño. Por esta razón, el cuestionario está enfocado a niños a partir de los seis años y adolescentes.

Descubre cuál es el hemisferio cerebral dominante en tu hijo

Lee las siguientes preguntas y señala la opción que más se acerca al comportamiento de tu hijo:

1. *¿A menudo presenta cambios de estado de ánimo?*
   a) No
   b) Sí
2. *¿Qué es más común?*
   a) Que se ponga tenso porque quiere que todo salga siempre bien
   b) Que esté relajado y deje que las cosas sucedan
3. *Por lo general, ¿tiene un lugar para todo, un sistema para hacer las cosas y capacidad para organizar la información y los objetos?*
   a) Sí
   b) No
4. *¿Qué forma de aprender le resulta más fácil?*
   a) Con libros y clases
   b) Con talleres y excursiones
5. *¿Cuál de estas dos materias le gusta más?*
   a) Matemáticas
   b) Arte
6. *¿Cuál de estos dos juegos prefiere?*
   a) Juegos de lógica
   b) Rompecabezas
7. *¿Cómo compra algo habitualmente?*
   a) Piensa en su importe y en el uso que le va a dar
   b) Simplemente lo compra porque lo desea
8. *¿Cuando compra algo se asegura de que le den el cambio correcto?*
   a) Sí
   b) No
9. *¿Se expresa bien verbalmente?*
   a) Sí
   b) No
10. *¿Disfruta corriendo riesgos?*
    a) No
    b) Sí

11. *¿Con qué frecuencia tiene corazonadas?*
    a) Nunca o casi nunca
    b) Con frecuencia

12. *¿Qué prefiere hacer?*
    a) Leer
    b) Dibujar

13. *¿Le resulta fácil expresar sus sentimientos?*
    a) Sí, es muy bueno en ello
    b) No, le cuesta esfuerzo hacerlo

14. *Si toca un instrumento musical o practica un deporte, ¿cómo lo hace?*
    a) A la misma hora todos los días, durante el mismo espacio de tiempo
    b) Cuando le apetece y tiene tiempo

15. *En una conversación, ¿cómo se siente más cómodo?*
    a) Hablando
    b) Escuchando

16. *¿Cómo prefiere estudiar?*
    a) Solo
    b) En grupo

17. *¿Tiene facilidad para recordar las caras?*
    a) No
    b) Sí

18. *¿Tiene facilidad para recordar los nombres?*
    a) Sí
    b) No

19. *Cuando toma notas, ¿hace correcciones?*
    a) Nunca
    b) Frecuentemente

20. *¿Qué es mejor?*
    a) Estudiante
    b) Atleta

21. *¿Cuál de estas posiciones de escritura se parece más a la de tu hijo?*
    a) Diestra normal o zurda en gancho[*]
    b) Zurda normal o diestra en gancho[*]

---

[*] Se refiere a que, a la hora de escribir, la mano presenta un ángulo y los dedos con los que toma el bolígrafo apuntan hacia el pecho.

22. *Pídele que junte las manos y entrelace los dedos. ¿Qué pulgar está arriba?*
a) Derecho
b) Izquierdo

23. *Pídele que cierre primero un ojo y después el otro. ¿Cuál puede cerrar con mayor facilidad?*
a) Derecho
b) Izquierdo

24. *Cuando golpea una pelota, ¿con qué pie lo hace?*
a) Derecho
b) Izquierdo

25. *Pídele que cruce los brazos. ¿Cuál está encima del otro?*
a) Derecho
b) Izquierdo

Respuestas

Cuenta el número total de respuestas marcadas con la letra «a» y el total con la letra «b». Las respuestas marcadas con la letra «a» se refieren al hemisferio izquierdo, mientras que las marcadas con la letra «b» se refieren al hemisferio derecho.

Total respuestas «a» (hemisferio izquierdo)

Total respuestas «b» (hemisferio derecho)

⇨ 20 o más respuestas «a» o «b» significa que tu hijo tiene una marcada predominancia por ese lado del cerebro.

⇨ De 14 a 19 respuestas «a» o «b» significa que tu hijo tiene cierta predominancia por ese lado del cerebro, y le falta la estimulación del otro hemisferio.

⇨ 12 o 13 de cada letra, significa que tu hijo presenta un equilibrio en el uso de ambos hemisferios.

Cualquier rango en las respuestas es correcto, pero si tu hijo presenta una tendencia hacia uno de los hemisferios, requiere ejercicios que le ayuden a estimular el otro, ya que es importante el desarrollo de las capacidades de ambos.

Está demostrado que cuando una persona logra desarrollar el hemisferio contrario al dominante, se produce un efecto sinérgico que mejora el rendimiento de las funciones realizadas por ambos lados del cerebro. Además, cuando combinamos funciones de cada uno de los hemisferios para realizar cualquier actividad, incrementamos sustancialmente nuestra capacidad mental.

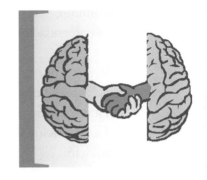

Toda actividad se realiza con mayor facilidad, eficiencia y capacidad cuando los dos hemisferios actúan simultáneamente. Las funciones que realizan ambos tienen la misma importancia y resultan complementarias, pero cuando actúan juntos el rendimiento es mayor.

La clave para aprovechar nuestro potencial cerebral radica en utilizar de forma equilibrada y conjunta las dos mentes en todas nuestras actividades.

El ritmo de vida actual presiona a los niños con exigencias tanto del hemisferio izquierdo (lenguaje, lógica, análisis) como del derecho (intuición, creatividad, visualización). Si en tu hijo es dominante el hemisferio izquierdo, puedes estimular el desarrollo del derecho a través de actividades como:

- ⇨ Dibujar o pintar con colores.
- ⇨ Escuchar música, cantar y bailar.
- ⇨ Escuchar cuentos y parábolas.
- ⇨ La expresión corporal (mímica).
- ⇨ Salir a la naturaleza y apreciar su belleza.
- ⇨ El estímulo de la imaginación y «soñar despierto».
- ⇨ La expresión de emociones y sentimientos.
- ⇨ Despertar su intuición haciéndole preguntas como: «¿Qué presientes que va a suceder? ¿Quién crees que puede estar tocando la puerta?».

En cambio, si en tu hijo tiene predominio el hemisferio derecho, algunas recomendaciones para estimular el izquierdo serían:

⇨ Realizar operaciones matemáticas.
⇨ La expresión verbal con propiedad.
⇨ La resolución de problemas de lógica.
⇨ La exposición de algún tipo de problema para buscar juntos una solución.
⇨ El fomento del gusto por la lectura.
⇨ La resolución de crucigramas.
⇨ Visitar museos y bibliotecas.
⇨ Escuchar audiolibros.

En ambos casos, los ejercicios de gimnasia cerebral o neurodinámica resultan muy efectivos porque su principal objetivo es el desarrollo de la comunicación entre ambos hemisferios. Son muy recomendables para mejorar la memoria y la concentración, desarrollar técnicas de aprendizaje y habilidades artísticas y motrices, y además controlar el estrés.

A continuación te presento algunos ejercicios de gimnasia cerebral tomados del libro *Gimnasia cerebral*, de Inés Guaneme Pinilla, que puedes enseñar a tu hijo de forma muy sencilla.

Salto cruzado (15 veces)

Estimula simultáneamente los dos hemisferios, prepara el cerebro para un mayor nivel de razonamiento y facilita el aprendizaje cerebral.
Al ritmo de la música:

⇨ Levantar la rodilla izquierda y tocarla con la mano derecha, cruzando la línea media.
⇨ Levantar la rodilla derecha y tocarla con la mano izquierda, cruzando la línea media.
⇨ Los brazos y las piernas se mueven alternadamente al ritmo de la música. También se puede practicar alternando la rodilla con el codo o tocando el talón con la mano opuesta.

Doble garabateo (30 segundos)

Mejora la inteligencia de los niños, el sistema visual y la creatividad, y desarrolla la conciencia espacial.

⇨ Hacer dibujos y toda clase de figuras geométricas con ambas manos al mismo tiempo en diferentes direcciones: afuera, arriba, abajo y adentro.

El sombrero del pensamiento (3 o más veces en cada lado)

Mejora la atención y la fluidez verbal, y ayuda a mantener el equilibrio.

⇨ Con los dedos pulgar e índice, estirar hacia arriba y un poco hacia atrás los lóbulos de las orejas y desenrollarlos suavemente.
⇨ Comenzar en la parte superior y masajear de dentro hacia fuera y de arriba hacia abajo alrededor de la curva de la oreja.

Otro ejercicio de gimnasia cerebral que resulta muy efectivo es el siguiente:

Coordinación alfabética

En una cartulina se escribe el abecedario con letras grandes y, sobre cada una de ellas, se ponen las letras «D», «I» y «J» de la manera que se indica a continuación. El niño repite, en voz alta, las letras del abecedario y, al mismo tiempo, levanta las manos según la siguiente pauta: la letra «D» indica levantar la mano derecha; la letra «I», levantar la izquierda, y la letra «J», levantar las dos manos juntas.

En el ejemplo siguiente puedes ir modificando la secuencia del levantamiento de manos para evitar que el niño se lo aprenda y lo haga de memoria. La única regla es que nunca coincida la letra «D» del abecedario con la «D» que indica levantar la mano derecha, la «I» del abecedario

con la «I» que indica levantar la mano izquierda, ni la «J» del abecedario con la «J» que señala ambas manos. Recuerda que la letra que se debe pronunciar en voz alta es la del abecedario (que en este ejemplo son las que están sin sombrear); las otras letras (con sombreado) no se pronuncian, ya que solo indican la mano que se debe levantar. (Se han escrito en cursiva las letras que indican la mano que se debe mover para facilitar la comprensión del ejercicio.)

D	I	D	J	D	D	I
A	B	C	D	E	F	I
I	D	I	I	D	J	J
H	I	J	K	L	M	N
J	I	I	J	J	I	
O	P	Q	R	S	T	
D	J	J	I	D	D	
U	V	W	X	Y	Z	

Inteligencias múltiples

> No basta con tener una buena cabeza. Lo principal es emplearla bien.
>
> *René Descartes*

Recientes investigaciones en neurobiología sugieren la existencia de zonas en el cerebro que corresponden a determinados espacios de conocimiento. Digamos que es como si ciertos puntos de este órgano representaran a un sector que albergase una forma específica de competencia y de procesamiento de información.

El psicólogo Howard Gardner ha determinado que la inteligencia no es una, sino que es múltiple, y propone ocho (recientemente nueve) formas básicas de inteligencia, cada una de las cuales estaría relacionada con la actividad de ciertas áreas del cerebro. Gardner destaca que los seres humanos tenemos una amalgama de todas las inteligencias, que se combinan de varias maneras a la hora de realizar una actividad, aunque generalmente destaca una de ellas. A pesar de que son relativamente autónomas, las distintas inteligencias suelen actuar de forma armónica, y son las siguientes:

1. Inteligencia lingüística
2. Inteligencia lógico-matemática
3. Inteligencia espacial
4. Inteligencia musical
5. Inteligencia cinestésica
6. Inteligencia interpersonal
7. Inteligencia intrapersonal
8. Inteligencia natural
9. Inteligencia espiritual (descubierta recientemente)

Como padres, ¿para qué nos sirve conocer la existencia de diferentes tipos de inteligencia? En primer lugar, para entender que tu hijo no tiene que ser hábil en matemáticas, desarrollar un pensamiento lógico y obtener las más altas calificaciones en la escuela para poder considerarlo inteligente, sino que existen diferentes formas de «ser inteligente».

Tradicionalmente solo hemos tenido en cuenta un tipo de inteligencia y, por tanto, únicamente eran inteligentes aquellas personas que desarrollaban capacidades como el razonamiento, el cálculo, la resolución de problemas o el uso del lenguaje —una idea que expresaba el filósofo francés René Descartes con sentencias como «La razón es el único motivo para vivir» o «Pienso, luego existo»—. La realidad es que existen múltiples capacidades relacionadas con la inteligencia que, en muchos casos, se corresponden poco con el pensamiento lógico.

¿En algún momento se te ocurriría pensar que personajes que han pasado a la historia, como Beethoven, Miguel Ángel Buonarroti, Charles Chaplin, Gandhi o Vincent van Gogh no eran inteligentes? Sin embargo, ninguno de ellos se distinguió por desarrollar las capacidades del pensamiento racional y lógico, sino que triunfó explotando otro tipo de inteligencia, como la musical, espacial, cinestésica o interpersonal, por ejemplo.

Conocer esta información resulta básico para comprender a tu hijo, reconocerlo como un ser inteligente e identificar sus inteligencias

predominantes para apoyarlo en su desarrollo. No puede ser que existan padres que quieran obligar a su hijo a convertirse en médico o abogado cuando su talento se encuentra en la música o la pintura. Si logras identificar las capacidades innatas de tu hijo y las estimulas con el tipo adecuado de actividades, sin duda lograrás que se sienta realizado y sea un triunfador. Y si lo que te preocupa es el factor económico, recuerda que cuando una persona se dedica a un trabajo basado en sus aptitudes, el dinero siempre acaba llegando en buena medida.

Como mencionaba anteriormente, todas las personas cuentan con las nueve inteligencias, pero en diferentes proporciones. Es posible que tu hijo sea muy hábil para dibujar pero un mal estudiante de matemáticas, o un gran lector pero torpe en las actividades físicas. Los niños pueden, incluso, presentar un amplio rango de puntos fuertes y débiles dentro de una misma inteligencia, como sería el caso de un niño que tenga facilidad para tocar instrumentos musicales pero le resulte complicado cantar, o que redacte muy bien pero tenga mala ortografía, o que sea muy hábil para hacer cálculos aritméticos pero no pueda armar un rompecabezas.

Los investigadores Victor y Mildred Goertzel estudiaron la infancia de cuatrocientos personajes célebres del siglo XX, tales como Einstein, Gandhi, Roosevelt, Churchill y Edison. Y cuál fue su asombro al descubrir que tres cuartas partes de ellos habían tenido serias dificultades en sus vidas, como infancias difíciles, padres emocionalmente inestables o alcohólicos, o serios problemas de aprendizaje. ¿Qué fue lo que les ayudó a compensar sus problemas y convertirse en personas de éxito? El secreto es que, desde muy temprana edad, cada uno de estos individuos contó con «alguien relevante» que le ayudó a reconocer el gran talento que poseía y le animó a desarrollarlo.

Tú puedes descubrir y ayudar a potenciar los talentos y capacidades de tu hijo. Revisemos en qué consiste cada una de estas inteligencias y la manera como se pueden estimular en los niños.

Inteligencia lingüística

Se refiere al don del manejo de la lengua, a la capacidad para el buen uso de la palabra y la expresión escrita, así como al empleo del lenguaje para convencer, describir e informar.

El desarrollo de la inteligencia lingüística se inicia con el balbuceo del bebé en sus primeros meses de vida. Hacia el segundo año, este tipo de inteligencia se comienza a manifestar, y el niño ya no solo utiliza un vocabulario expresivo, sino que asocia las palabras en frases con claros significados. A los tres años, empieza a usar la palabra como un vehículo transmisor del pensamiento, y a los cuatro o cinco, es capaz de expresarse con la fluidez característica del lenguaje adulto.

Los niños altamente dotados de la capacidad lingüística tienen un sentido auditivo muy desarrollado. Suelen llegar a ser buenos lectores y autores de cuentos o poemas, e incluso si no disfrutan de la lectura o la escritura, es posible que lleguen a ser excelentes narradores. Tienen facilidad para aprender de memoria versos, letras de canciones o datos en general.

El estímulo de la inteligencia lingüística es notorio en ambientes que hacen gran uso de las palabras en todo tipo de conversaciones. Los niños que crecen en casas muy silenciosas tendrán unas limitaciones en la expresión verbal mucho más evidentes que aquellos otros que se crían en hogares con muchos miembros y que, por tanto, están en permanente contacto con el lenguaje.

Una forma de estimular al niño consiste en dialogar lo máximo posible con él, hacerle preguntas para que exprese sus opiniones y escucharlo atentamente cuando lo haga. También es importante que escriba; con ese fin, se le puede pedir que plasme sus sentimientos y rutinas diarias en un diario o que escriba cartas a sus seres queridos.

Personalmente puedo compartir una experiencia en este sentido. En mi familia se practicaba una costumbre que resulta extraordinaria para estimular la inteligencia lingüística: mi padre nos hacía seleccionar del diccionario tres palabras nuevas cada día y nos las teníamos que aprender para explicar su significado a la hora de la cena. Así, no solo aprendía mis tres palabras, sino también las que mis hermanos habían seleccionado. Imagínate la riqueza de vocabulario que un niño obtiene

en unos pocos años gracias a esta técnica, además de habituarse al uso del diccionario.

Las personas que desarrollan esta inteligencia generalmente son poetas, novelistas, oradores, periodistas, abogados y locutores.

Inteligencia lógico-matemática

Consiste en la capacidad para razonar, calcular, cuantificar y resolver operaciones matemáticas, así como de emplear números eficazmente, agrupar por categorías, comprobar hipótesis y establecer relaciones y patrones lógicos.

Hacia los cinco años de edad, el niño deja de contar mecánicamente una serie de números y empieza a hacerlo a través de conjuntos. Finalmente, hacia los seis o siete años, puede comparar dos conjuntos de objetos e identificar el número de cada uno, comparar totales y determinar cuál es el que contiene mayor cantidad.

Los niños que son hábiles en este tipo de inteligencia piensan de forma numérica o en términos de patrones o secuencias. Les encantan los ordenadores y los equipos de química, y tratan de descubrir las respuestas a los problemas difíciles. Disfrutan con los acertijos y los juegos que requieren lógica, como el ajedrez.

Algunas formas de estimular la inteligencia lógico-matemática consisten en buscar la lógica de las cosas o bien descubrir que determinados enunciados no presentan lógica alguna; hacer operaciones mentales y ejercicios de clasificación, comparación o deducción; resolver problemas matemáticos y análisis algebraicos, y entretenerse con juegos como las damas o el ajedrez.

Los niños que tienen muy desarrollada esta inteligencia le encuentran un significado matemático a todo, incluso a la danza, la música y la poesía. Decía el reconocido poeta portugués Fernando Pessoa: «El binomio de Newton es tan bello como la Venus de Milo».

Los profesionales con este tipo de inteligencia suelen ser científicos, estadistas, ingenieros, programadores informáticos, actuarios, contables, auditores y economistas.

Inteligencia espacial

Esta inteligencia nos permite percibir visual y espacialmente lo que nos rodea, así como orientarnos, pensar en tres dimensiones y obtener imágenes mentales, por lo que suele darse en personas muy creativas.

En la vida diaria, la inteligencia espacial es vital para orientarnos en distintas direcciones; reconocer escenas y objetos cuando se trabaja con representaciones gráficas; entender mapas, gráficos, diagramas y formas geométricas, y poseer la sensibilidad necesaria para captar metáforas, crear imágenes y usar la imaginación.

Esta inteligencia está muy desarrollada en los navegantes que emplean las estrellas del firmamento para orientarse; en el esquimal, que en un entorno de muy difícil orientación es capaz de distinguir diferentes matices del color blanco de la nieve (se calcula que pueden diferenciar más de veinte tonos diferentes), o en los cazadores del desierto, que tienen la capacidad de observar detalles muy sutiles que les permiten deducir, a partir del rastro de un animal, su sexo, tamaño, peso, complexión o forma de desplazarse.

Los niños que desarrollan la capacidad espacial parecen saber dónde se encuentra todo en casa. Piensan en imágenes y tienen gran facilidad para hacer rompecabezas. Pasan el tiempo dibujando, diseñando, construyendo con bloques, haciendo figuras con papel o, simplemente, fantaseando. Algunos muestran una gran fascinación por las máquinas y en ocasiones inventan objetos.

Para el estímulo de la inteligencia espacial es muy conveniente contarles historias que despierten su imaginación y, algunas veces, dejarlas sin concluir. De esta manera el niño puede interactuar con la narración presentando el final o los fragmentos que presuponen una continuidad.

El estímulo de soñar despierto es muy efectivo, así como jugar a identificar cómo sería la forma o composición de cualquier objeto o situación vistos desde diferente ángulo. También es esencial que el niño aprenda a dibujar y descubra la belleza de incorporar a los elementos que ve las estructuras y colores de lo que imagina.

Quienes destacan por esta inteligencia podrán ser escultores, pintores, navegantes, cirujanos, arquitectos, pilotos, fotógrafos, ingenieros civiles, proyectistas, topógrafos y decoradores.

Inteligencia musical

Esta inteligencia nos da el sentido de la melodía, la rima y el ritmo. Estimula la capacidad para escuchar con sensibilidad, reproducir una canción y discernir ritmo, timbre y tono, además de transformar y expresar formas musicales.

La inteligencia musical es la que se identifica más fácilmente en los niños, ya que es muy evidente cuáles de ellos «tienen buen oído» para el canto o la música.

El estímulo de la musicalidad puede y debe fomentarse desde la más tierna infancia. Cuando los bebés balbucean, muchas veces están reproduciendo patrones musicales que escuchan en su entorno, transmitidos por las madres o por la melodía que acompaña a su sueño.

Al llegar a la mitad de su segundo año de vida, los niños comienzan a emitir sonidos melodiosos e inventar su propia música, y hacia los tres o cuatro años se les puede enseñar cómo escuchar, por ejemplo, llevándolos al parque y pidiéndoles que identifiquen todos los sonidos posibles.

Los niños de inteligencia musical muy desarrollada suelen cantar, tararear o silbar constantemente. Tienen opiniones claras acerca de sus preferencias musicales y son sensibles a los sonidos no vocales del ambiente, como el canto de los grillos o el repique de las campanas. Además, perciben sonidos que otras personas pasan por alto.

Procura que la música forme parte de la vida cotidiana de tu hijo y que aprenda a apreciarla. La manera más impactante de desarrollar su inteligencia musical es que, a partir de los cinco años, conozca los diferentes instrumentos musicales y elija uno de su preferencia, a fin de que asista a clases para aprender a tocarlo.

Las personas que desarrollan esta inteligencia generalmente son compositores, músicos, críticos musicales, melómanos, especialistas en fonética, directores de coros y orquestas, cantantes y directores de teatro.

Inteligencia cinestésica

Comprende las capacidades que involucran al organismo para resolver problemas y para producir, manipular o transformar objetos. Implica un gran desarrollo de la motricidad e incluye el control de los movimientos voluntarios e involuntarios, la expresión de las emociones a través del cuerpo y la capacidad de imitación corporal. Se trata de personas muy inquietas que procesan el conocimiento a través de sus sensaciones físicas y que se comunican muy bien a través del lenguaje corporal.

Lamentablemente, el desarrollo de la inteligencia cinestésica ha sido escaso en nuestra cultura por la sesgada visión de que las actividades mentales son más valiosas que las corporales.

El estímulo de este tipo de inteligencia va mucho más allá de las actividades motrices practicadas en las academias y en las aulas de las escuelas. La mejora de la sensibilidad del sentido del tacto, el desarrollo de estímulos para el aumento de la sensibilidad olfativa y el aumento de la capacidad del sentido del gusto constituyen solo algunos ejemplos de cómo estimular esta inteligencia. Algunas actividades pueden ser la costura, la carpintería, el telar, las reparaciones eléctricas domésticas y la mímica.

Se ha comprobado que realizar ejercicios físicos específicos en las escuelas ayuda a mejorar la atención y la práctica en los niños de manera considerable. Ante este panorama, los padres y educadores deben aceptar que, aunque el estímulo de esta inteligencia se promueve con la práctica de deportes y actividades físicas, la educación integral del cuerpo también repercute en la plena armonización del desarrollo mental.

Las personas con un alto grado de inteligencia cinestésica serán buenos atletas, bailarines, cirujanos, artesanos, fisioterapeutas, carpinteros, agricultores, joyeros, profesores de educación física, actores y mimos.

Inteligencia interpersonal

Esta inteligencia se basa en la capacidad de relacionarse y comunicarse con los demás, así como de identificar cambios de estados de ánimo y sus motivaciones, intenciones y temperamento. Las personas con una alta inteligencia interpersonal son muy sociables, por lo que les gusta estar en compañía de otros. Se trata de individuos que se preocupan por su apariencia, su cometido social y la impresión que causan. A un nivel más profundo, esta inteligencia permite identificar los deseos e intenciones de los demás.

Los niños dotados de inteligencia interpersonal son a menudo los líderes de sus amigos o compañeros de clase. Organizan y comunican, pero a veces también manipulan. Es probable que conozcan todos los «chismes» del barrio y de clase. Suelen ser excelentes mediadores en conflictos entre compañeros, dada su increíble capacidad para captar los sentimientos e intenciones de los demás. Aprenden mejor relacionándose y colaborando que solos.

Para estimular esta inteligencia se puede fomentar el trabajo en colaboración, la participación en deportes de equipo y las actividades de servicio social. Su alto desarrollo implica el establecimiento de relaciones significativas, las capacidades sociales y el reconocimiento de valores culturales, así como la tolerancia hacia el prójimo.

Muchas actividades profesionales resultan apropiadas para quienes manifiestan una alta inteligencia interpersonal, como maestros, políticos, sociólogos, antropólogos, periodistas, líderes en general, médicos, sacerdotes, directores de escuela, gerentes, administradores, agentes de viajes y vendedores.

Inteligencia intrapersonal

Se refiere a la capacidad que desarrolla el conocimiento de uno mismo, de las propias emociones, sentimientos y forma de ver la vida. Son personas calladas, reflexivas, introspectivas y solitarias, que tienden a tomar decisiones basándose en una sólida escala de valores y que se cuestionan los hechos y las acciones. Son aquellos que tienen grandes objetivos, por lo que son conscientes de su proyecto de vida: que pueden trabajar tanto de forma independiente como establecer relaciones con los demás, que tienen curiosidad por los grandes misterios de la vida, que pueden manejar su aprendizaje y crecimiento personal, y que luchan por ser cada día mejores personas. La motivación, la determinación, la ética, la integridad, el altruismo y la empatía son cualidades que encontramos en ellos.

Un desarrollo más complejo de esta forma de inteligencia implica la capacidad de atención y concentración, el control consciente de las emociones, la búsqueda de identidad, la comprensión y creación simbólicas, el desarrollo de un sistema personal de creencias y filosofía, la metacognición (uso consciente de procesos de pensamiento) y la autocomprensión.

Los padres tienen una gran responsabilidad en la formación básica de esta inteligencia en sus hijos, ya que los investigadores coinciden en que esta se desarrolla en los primeros años de vida y depende en gran medida de la sana combinación de factores genéticos, ambientales y experiencias de vida.

Aunque no se trata de personas necesariamente introvertidas o tímidas, pueden sentir la fuerte necesidad de buscar la soledad para reflexionar. Muchos tienen una profunda conciencia de sus sentimientos, sueños y forma de ver la existencia, y a veces cuentan con una especie de visión interior o intuición que los acompaña durante toda la vida.

Para estimular esta inteligencia en los niños, se los debe educar en el gusto por el conocimiento, animarlos a que reflexionen sobre su manera de pensar y actuar —a lo que les ayudaría escribir un diario— e inducirlos a que tengan un proyecto de vida, que aprendan a meditar y que sientan la alegría de vivir.

Los profesionales con una gran inteligencia intrapersonal son los sacerdotes, teólogos, psicólogos, filósofos, terapeutas, consejeros, empresarios e investigadores.

Inteligencia natural

La inteligencia natural abarca la capacidad para reconocer patrones en la naturaleza, clasificar plantas, animales y minerales, y relacionarlos con el medio ambiente, además de la sensibilidad hacia los fenómenos naturales.

Las personas que desarrollan este tipo de inteligencia mantienen un contacto constante con la naturaleza y tienen una elevada conciencia ecológica. Poseen un excelente conocimiento del funcionamiento de su cuerpo y llevan una vida saludable. Se interesan por temas como el origen del universo, la evolución y la preservación de la vida en el planeta.

Los niños con un alto desarrollo de este tipo de inteligencia aman la naturaleza, por lo que prefieren estar en el campo, el bosque o un jardín recogiendo piedras y flores, antes que en la escuela o en casa. Algunos de ellos se sienten, incluso, más próximos a los animales que a los seres humanos.

Existen muchas maneras de estimular al niño para que se interese por el medio natural y los misterios del planeta. Una buena forma es hacerlo con juegos que despierten su curiosidad de un modo divertido y espontáneo. Por ejemplo, si aparece una mariposa, los padres pueden llamar la atención de su hijo destacando la belleza de la especie, contándole que antes había sido una oruga que vivió en un capullo y que después desarrolló sus alas para poder volar, y haciéndole preguntas como «¿qué estará haciendo?», «¿dónde vivirá?», «¿a dónde irá?», «¿de qué se alimentará?». De este modo se estimulará la sensibilidad que implica la inteligencia natural.

Algunas profesiones relacionadas con este tipo de inteligencia son la biología, la oceanografía, la bioquímica, la antropología, la zoología, la veterinaria y la agronomía.

Inteligencia espiritual

Aunque la inteligencia espiritual no existe de forma oficial, de acuerdo con Gardner, implica la tendencia humana a hacerse preguntas sobre la existencia, la vida y la muerte, es decir, sobre quiénes somos, de dónde venimos y a dónde vamos. Se trata de una inteligencia que está en discusión porque todavía es necesario acumular evidencias sobre sus bases neuronales.

Se relacionan con ella aquellas personas con un gran fervor religioso o que se entregan al cuidado del prójimo, poniendo esta misión por encima de sus intereses personales.

El niño que presenta un gran desarrollo de la inteligencia espiritual muestra, desde muy pequeño, una clara tendencia a enfocarse en su interior y en el de los demás, en quienes encuentra siempre una parte sagrada. Le gusta rezar y meditar, y se interesa por lo que pueda suceder después de la muerte. Suele sacrificarse por el bien de los demás y se siente atraído por la vida de personajes «iluminados» o por los libros sagrados.

Los niños deben ser guiados por el camino de la espiritualidad con independencia de la religión que sigan los padres, como demostración de los límites de la ciencia y del conocimiento acumulado por el ser humano. El estudio de la vida de algunos santos y líderes espirituales puede ser muy útil para el estímulo de esta inteligencia.

Algunas profesiones relacionadas con este tipo de inteligencia son las de sacerdote, religioso, misionero y líder espiritual.

A continuación encontrarás un esquema mental para cada una de las inteligencias. En ellos podrás observar y comparar sus características, las capacidades que proporcionan y las principales formas de estimularlas para aprender más fácilmente. También hallarás un esquema mental que sintetiza y agrupa todas las inteligencias múltiples y sus principales características.

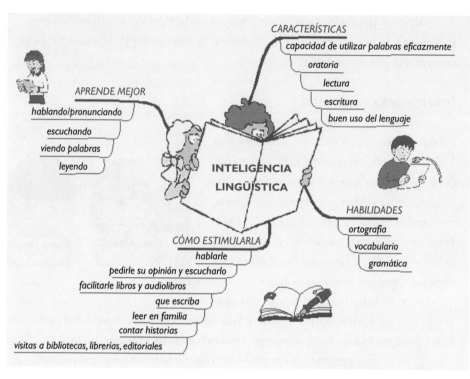

CARACTERÍSTICAS
capacidad de utilizar palabras eficazmente
oratoria
lectura
escritura
buen uso del lenguaje

APRENDE MEJOR
hablando/pronunciando
escuchando
viendo palabras
leyendo

INTELIGENCIA LINGÜÍSTICA

HABILIDADES
ortografía
vocabulario
gramática

CÓMO ESTIMULARLA
hablarle
pedirle su opinión y escucharlo
facilitarle libros y audiolibros
que escriba
leer en familia
contar historias
visitas a bibliotecas, librerías, editoriales

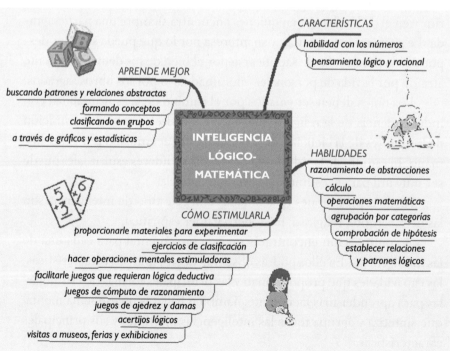

CARACTERÍSTICAS
habilidad con los números
pensamiento lógico y racional

APRENDE MEJOR
buscando patrones y relaciones abstractas
formando conceptos
clasificando en grupos
a través de gráficos y estadísticas

INTELIGENCIA LÓGICO-MATEMÁTICA

HABILIDADES
razonamiento de abstracciones
cálculo
operaciones matemáticas
agrupación por categorías
comprobación de hipótesis
establecer relaciones
y patrones lógicos

CÓMO ESTIMULARLA
proporcionarle materiales para experimentar
ejercicios de clasificación
hacer operaciones mentales estimuladoras
facilitarle juegos que requieran lógica deductiva
juegos de cómputo de razonamiento
juegos de ajedrez y damas
acertijos lógicos
visitas a museos, ferias y exhibiciones

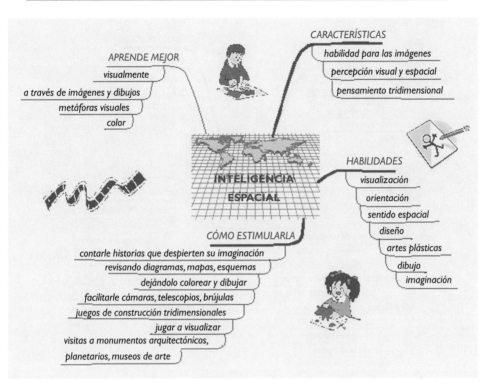

APRENDE MEJOR
- visualmente
- a través de imágenes y dibujos
- metáforas visuales
- color

CARACTERÍSTICAS
- habilidad para las imágenes
- percepción visual y espacial
- pensamiento tridimensional

INTELIGENCIA ESPACIAL

HABILIDADES
- visualización
- orientación
- sentido espacial
- diseño
- artes plásticas
- dibujo
- imaginación

CÓMO ESTIMULARLA
- contarle historias que despierten su imaginación
- revisando diagramas, mapas, esquemas
- dejándolo colorear y dibujar
- facilitarle cámaras, telescopios, brújulas
- juegos de construcción tridimensionales
- jugar a visualizar
- visitas a monumentos arquitectónicos,
- planetarios, museos de arte

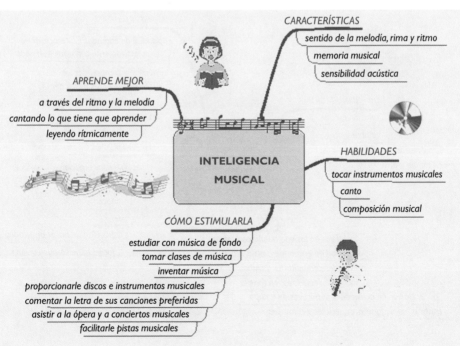

CARACTERÍSTICAS
- sentido de la melodía, rima y ritmo
- memoria musical
- sensibilidad acústica

APRENDE MEJOR
- a través del ritmo y la melodía
- cantando lo que tiene que aprender
- leyendo rítmicamente

INTELIGENCIA MUSICAL

HABILIDADES
- tocar instrumentos musicales
- canto
- composición musical

CÓMO ESTIMULARLA
- estudiar con música de fondo
- tomar clases de música
- inventar música
- proporcionarle discos e instrumentos musicales
- comentar la letra de sus canciones preferidas
- asistir a la ópera y a conciertos musicales
- facilitarle pistas musicales

CARACTERÍSTICAS

inteligencia del cuerpo

agilidad corporal

manipulación/transformación de objetos

APRENDE MEJOR

tocando

manipulando objetos

moviéndose

actividades dinámicas y viscerales

INTELIGENCIA CINESTÉSICA

HABILIDADES

expresión de emociones a través del cuerpo

control de movimientos

comunicación no verbal

imitación corporal

trabajar hábilmente con objetos

CÓMO ESTIMULARLA

interpretación de papeles/improvisación teatral

movimiento creativo/baile

cualquier actividad física

experiencias interactivas vigorosas

asistir a parques de juego

asistir a clubes deportivos/eventos

construir modelos a escala

manualidades

arreglar aparatos

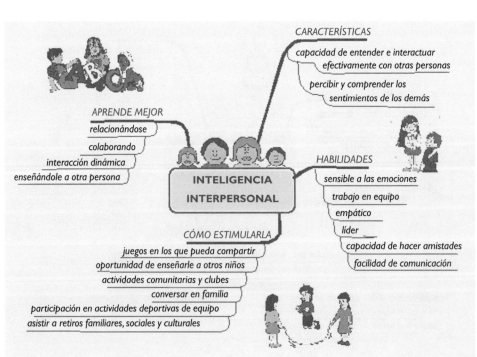

CARACTERÍSTICAS

capacidad de entender e interactuar efectivamente con otras personas

percibir y comprender los sentimientos de los demás

APRENDE MEJOR

relacionándose

colaborando

interacción dinámica

enseñándole a otra persona

INTELIGENCIA INTERPERSONAL

HABILIDADES

sensible a las emociones

trabajo en equipo

empático

líder

capacidad de hacer amistades

facilidad de comunicación

CÓMO ESTIMULARLA

juegos en los que pueda compartir

oportunidad de enseñarle a otros niños

actividades comunitarias y clubes

conversar en familia

participación en actividades deportivas de equipo

asistir a retiros familiares, sociales y culturales

130

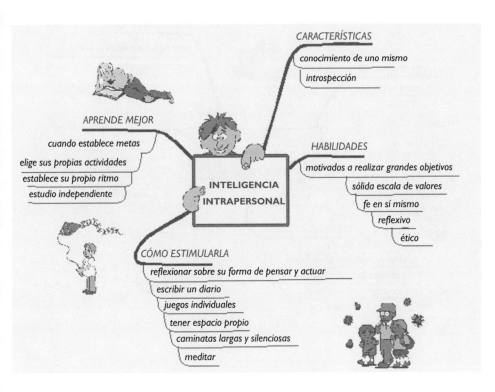

CARACTERÍSTICAS
conocimiento de uno mismo
introspección

APRENDE MEJOR
cuando establece metas
elige sus propias actividades
establece su propio ritmo
estudio independiente

INTELIGENCIA INTRAPERSONAL

HABILIDADES
motivados a realizar grandes objetivos
sólida escala de valores
fe en sí mismo
reflexivo
ético

CÓMO ESTIMULARLA
reflexionar sobre su forma de pensar y actuar
escribir un diario
juegos individuales
tener espacio propio
caminatas largas y silenciosas
meditar

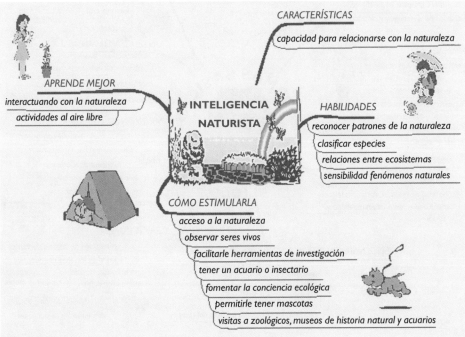

CARACTERÍSTICAS
capacidad para relacionarse con la naturaleza

APRENDE MEJOR
interactuando con la naturaleza
actividades al aire libre

INTELIGENCIA NATURISTA

HABILIDADES
reconocer patrones de la naturaleza
clasificar especies
relaciones entre ecosistemas
sensibilidad fenómenos naturales

CÓMO ESTIMULARLA
acceso a la naturaleza
observar seres vivos
facilitarle herramientas de investigación
tener un acuario o insectario
fomentar la conciencia ecológica
permitirle tener mascotas
visitas a zoológicos, museos de historia natural y acuarios

131

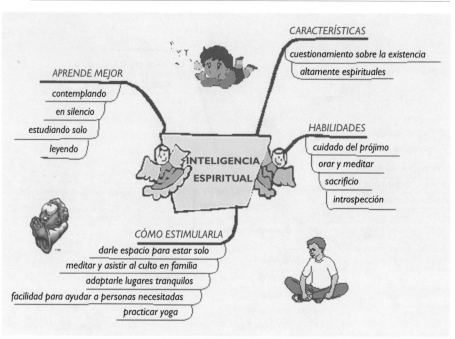

CARACTERÍSTICAS
- cuestionamiento sobre la existencia
- altamente espirituales

APRENDE MEJOR
- contemplando
- en silencio
- estudiando solo
- leyendo

HABILIDADES
- cuidado del prójimo
- orar y meditar
- sacrificio
- introspección

INTELIGENCIA ESPIRITUAL

CÓMO ESTIMULARLA
- darle espacio para estar solo
- meditar y asistir al culto en familia
- adaptarle lugares tranquilos
- facilidad para ayudar a personas necesitadas
- practicar yoga

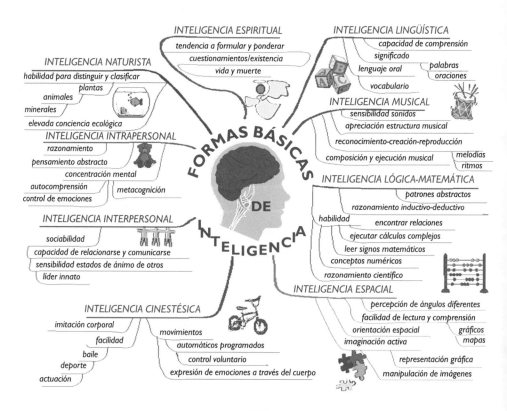

INTELIGENCIA ESPIRITUAL
- tendencia a formular y ponderar
- cuestionamientos/existencia
- vida y muerte

INTELIGENCIA LINGÜÍSTICA
- capacidad de comprensión
- significado
- lenguaje oral — palabras, oraciones
- vocabulario

INTELIGENCIA NATURISTA
- habilidad para distinguir y clasificar — plantas, animales, minerales
- elevada conciencia ecológica

INTELIGENCIA MUSICAL
- sensibilidad sonidos
- apreciación estructura musical
- reconocimiento-creación-reproducción
- composición y ejecución musical — melodías, ritmos

INTELIGENCIA INTRAPERSONAL
- razonamiento
- pensamiento abstracto
- concentración mental
- autocomprensión
- control de emociones
- metacognición

INTELIGENCIA LÓGICA-MATEMÁTICA
- patrones abstractos
- razonamiento inductivo-deductivo
- habilidad — encontrar relaciones
- ejecutar cálculos complejos
- leer signos matemáticos
- conceptos numéricos
- razonamiento científico

INTELIGENCIA INTERPERSONAL
- sociabilidad
- capacidad de relacionarse y comunicarse
- sensibilidad estados de ánimo de otros
- líder innato

INTELIGENCIA ESPACIAL
- percepción de ángulos diferentes
- facilidad de lectura y comprensión
- orientación espacial — gráficos, mapas
- imaginación activa
- representación gráfica
- manipulación de imágenes

INTELIGENCIA CINESTÉSICA
- imitación corporal
- facilidad
- baile
- deporte
- actuación
- movimientos
- automáticos programados
- control voluntario
- expresión de emociones a través del cuerpo

FORMAS BÁSICAS DE INTELIGENCIA

A continuación encontrarás una tabla donde aparecen algunas de las destrezas, comportamientos y gustos más característicos de cada una de las inteligencias. Te invito a que los revises y marques aquellos que observas en tu hijo; de este modo podrás deducir su inteligencia más predominante. Recuerda que los niños tienen todas las inteligencias y que estas se combinan de una manera única. Puede darse el caso de que no marques ninguna opción en determinado tipo de inteligencia, sin que ello signifique que tu hijo no sea inteligente en esa área; tal vez solo indique que no se ha incluido el aspecto de esa inteligencia en el que el niño destaca. Si en cierta categoría señalas más de una característica, pueden representar algo determinante para su éxito futuro.

Gardner ha puesto un gran énfasis en que no se deben utilizar las pruebas tradicionales para identificar tipos de inteligencia en los niños y por esa razón la siguiente tabla no tiene pretensiones de prueba; es más bien una herramienta para inducir a los padres a reflexionar acerca de las inteligencias múltiples de sus hijos, a fin de que aprovechen esta información para apoyarlos en sus aptitudes.

Inteligencia lingüística

- Inventa cuentos exagerados o cuenta chistes y relatos.
- Le gusta practicar la escritura creativa.
- Tiene buena memoria para los nombres y lugares.
- Disfruta la lectura de libros como pasatiempo.
- Tiene buena ortografía.
- Disfruta de los poemas graciosos y los trabalenguas.
- Le gusta hacer crucigramas.
- Frecuentemente escribe cartas o notas a sus amigos y familiares.

Inteligencia musical

- Toca algún instrumento musical.
- Recuerda las melodías de las canciones.
- Estudia mejor con música de fondo.
- Colecciona CD.
- Le gusta cantar.
- Compone música.
- Es sensible a los sonidos del ambiente.
- Responde apasionadamente a diversos tipos de música.

Inteligencia lógico-matemática

- Hace cálculos aritméticos mentales con rapidez.
- Hace preguntas como «¿dónde termina el universo?» o «¿por qué el cielo es azul?».
- Juega bien al ajedrez, damas chinas u otros juegos de estrategia.
- Resuelve problemas mediante la lógica.
- Invierte tiempo con juegos lógicos como rompecabezas, el cubo Rubick u otros.
- Disfruta clasificando cosas por categorías o jerarquías.
- Tiene un buen sentido de causa-efecto.
- Disfruta de las clases de matemáticas y ciencias.

Inteligencia espacial

- Lee con facilidad mapas, diagramas y guías gráficas.
- Dibuja representaciones precisas de las personas y los objetos.
- Disfruta del cine, las diapositivas y las fotografías.
- Le encantan los rompecabezas, los laberintos y otras actividades visuales.
- Pasa mucho tiempo dedicado al ensueño.
- Elabora interesantes construcciones tridimensionales.
- Hace dibujos todo el tiempo en cualquier lugar.
- Disfruta más de las ilustraciones que de las palabras cuando lee.

Inteligencia cinestésica

- Se desempeña bien en deportes competitivos.
- Se mueve todo el tiempo y se muestra inquieto cuando está sentado.
- Disfruta de realizar actividades físicas.
- Necesita tocar las cosas para aprender acerca de ellas.
- Exhibe una gran destreza en manualidades.
- Imita con astucia los gestos, particularidades y comportamientos de los demás.
- Siente «visceralmente» cuando trabaja en la resolución de algún problema.
- Disfruta de desbaratar objetos y volverlos a armar.

Inteligencia interpersonal

- Tiene muchos amigos.
- Socializa fácilmente con toda la gente.
- Participa en actividades de grupo fuera de la escuela.
- Sirve como mediador familiar cuando surgen disputas.
- Tiene mucha empatía por los sentimientos de los demás.
- Es buscado por compañeros como consejero.
- Disfruta enseñando a otros.
- Parece un dirigente nato.

Inteligencia intrapersonal

- Muestra un sentido de independencia y fuerza de voluntad.
- Tiene una noción realista de sus fortalezas y debilidades.
- Trabaja o estudia preferentemente solo.
- Tiene una gran confianza en sí mismo.
- Aprende de sus propios errores.
- Expresa con precisión sus sentimientos.
- Está orientado a sus metas.
- Dispone de aficiones y proyectos propios.

Inteligencia natural

- Gusta de tener mascotas y se relaciona con ellas.
- Le encanta visitar el zoológico o museos de historia natural.
- Es sensible a las formaciones naturales (montañas, nubes, lagos).
- Disfruta de caminar al aire libre.
- Hace gala de una gran conciencia ecológica.
- Cree que los animales tienen derechos.
- Le gusta tener plantas y cuidarlas.
- Trae a casa insectos, flores, hojas y otros elementos naturales para mostrarlos.

Inteligencia espiritual

- Gusta de pasar tiempo solo y en silencio.
- Disfruta de los servicios religiosos.
- Dedica tiempo a la lectura de libros sagrados como la Biblia.
- Hace preguntas frecuentes del tipo «¿qué pasa después de la muerte?» o «¿cómo es Dios?».
- Se preocupa por que su prójimo esté primero, antes que sí mismo.
- Suele sacrificarse por otras personas.
- Le gusta orar y meditar.
- Siente que siempre está acompañado por un ser superior que lo guía y protege.

Hace tiempo, el director general de la empresa para la que trabajaba me dio un consejo que ha sido todo un tesoro para mí: «Descubre para qué sirve la gente y colócala en el puesto que le corresponde». Cuando el trabajo que desempeña una persona se relaciona con sus capacidades, automáticamente triunfa en esa actividad, porque está desarrollando lo que ama hacer, y su trabajo será de tal calidad y tendrá tal demanda que le será difícil cubrirla. Imagina un buen ebanista, que lo que más estime sea tallar la madera y realice grandes obras: ¿crees que estará ocupado?, ¿tendrá demanda su trabajo?, ¿ganará importantes sumas de dinero? ¡Claro que sí!

El secreto para ser un triunfador radica en amar aquello a lo que uno se dedica, porque eso llena de satisfacción. Y quien es un triunfador ya no persigue el dinero, sino que el dinero lo persigue a él. ¿Quieres que el dinero te persiga a ti? Pues dedícate a hacer lo que amas. ¿Quieres perseguir el dinero? Dedícate entonces a hacer lo que «debes» hacer o lo que haces por obligación.

¿Qué tipo de vida quieres para tu hijo? ¿Que persiga el dinero y se pase la vida trabajando para llevar un plato de comida a su mesa o que el dinero lo persiga a él y sea un triunfador? Tú decides, todo depende de cómo lo eduques y de que apoyes sus capacidades.

Inteligencias de percepción

Ya hemos comprobado que todos tenemos una manera particular de percibir el mundo que nos rodea y expresar nuestras experiencias en él, y lo hacemos a través de los cinco sentidos.

Esta forma particular de percibir el mundo y comunicarse con él es una de las primeras manifestaciones de la personalidad del niño, que desde sus primeros años tendrá tendencia a ser visual, auditivo o cinético.

Como hemos visto, en esta clasificación el término «visual» se refiere a lo que tiene que ver con la percepción a través de la vista, «auditivo» está relacionado con lo que percibimos por el oído, y «cinético» engloba aquello que nos llega a través de sensaciones, emociones, movimiento, tacto, gusto y olfato. Aunque todos los niños manejan las tres inteligencias de percepción, una de ellas es la predominante.

¿Cómo reconocer a tu hijo por su tipo de inteligencia de percepción predominante? Es muy sencillo: simplemente hay que observarlos y escucharlos atentamente, ya que existen características físicas y de conducta que son distintivas de los individuos visuales, auditivos y cinéticos, además de que cada uno utiliza un lenguaje particular que nos indica su inteligencia de percepción predominante.

Revisemos cuáles son las características más importantes de los niños visuales, auditivos y cinéticos.

El niño visual

Su percepción se produce a través de imágenes, tanto externas como internas, y se expresa mediante creaciones que puedan verse. El niño visual parece absorber el mundo a través de sus ojos.

Es reconocible por ser muy cuidadoso con su aspecto personal; le gusta ir siempre limpio y tener buen aspecto. Regresa a casa de la escuela igual de arreglado que ha salido por la mañana. Es muy ordenado con sus cosas y procura conservarlas en excelente estado.

Normalmente es de movimientos rápidos y está en constante actividad. Se distingue por los movimientos inconscientes de sus ojos, que se dirigen hacia arriba, como si mirara al cielo. Cuando se le habla, mantiene un firme contacto visual. Es tímido con respecto al contacto físico y reservado con sus sentimientos.

El niño visual aprende fácilmente cuando se le enseña a través de imágenes y colores, y viendo hacer algo a otra persona. Le gusta dibujar, colorear y diseñar al detalle. Recuerda bien lo que ha visto o leído y posee una memoria fotográfica. Tiene una escritura legible y buena ortografía, y normalmente disfruta de la lectura. Acostumbra a señalar todo lo que ve.

Cuando hable, será habitual que emplee palabras que se refieren a su canal de percepción, como pueden ser:

⇨ Brillo	⇨ Explorar	⇨ Panorama	⇨ Distinguir
⇨ Ilusión	⇨ Color	⇨ Reflejar	⇨ Admirar
⇨ Enfocar	⇨ Mirar	⇨ Horizonte	⇨ Apreciar
⇨ Espiar	⇨ Ver	⇨ Contemplar	⇨ Orientar
⇨ Imaginar	⇨ Claro	⇨ Reconocer	⇨ Examinar
⇨ Luz	⇨ Observar	⇨ Parecer	⇨ Luminoso

Cuando te comuniques con un niño visual, utiliza las mismas palabras con las que él acostumbra a comunicarse; de esta manera le estarás hablando en su mismo lenguaje y, por tanto, el entendimiento y la empatía aumentarán. Algunos ejemplos de frases son las siguientes:

⇨ ¡Hijo, eres brillante!

⇨ Necesito que enfoques tu atención en lo que te voy a decir.

⇨ Veo claramente lo que te pasa.

Su tu hijo es visual, la mejor manera de apoyarlo es:

• Procura que escriba lo máximo posible. Puedes animarlo a que lleve un diario o escriba cartas a sus amigos o familiares.
• Al conversar con él, míralo fijamente a los ojos.
• Escríbele cartas y notas.
• Mantén su área de estudio limpia y ordenada.
• Anímalo a que forme imágenes mentales de aquello que lee.
• Invítalo a que explore la riqueza de la metáfora.
• Haz de la lectura una actividad regular y leed juntos.
• Motívalo y compénsalo por sus logros.
• Dale libertad para que elija su ropa e imagen.
• A la hora de estudiar un tema, búscale imágenes con las que pueda relacionarlo o ayúdale a través de metáforas.
• Respeta el orden de sus cosas.

El niño auditivo

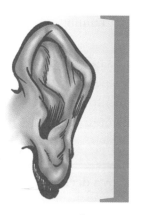

Su objetivo es escuchar el mundo exterior y las voces, pero también los sonidos internos, y expresar aquello que puede percibirse a través del oído. Un niño auditivo se distingue principalmente por su voz, que por lo general es muy expresiva y está bien timbrada. Le gusta escuchar atentamente y es buen conversador.

Es más cerebral que los visuales y cinéticos, y normalmente es serio y de pocas sonrisas, incluso hasta llegar a parecer inexpresivo. Tiende a ser más sedentario que el visual, ya que no necesita observar o explorar para saber lo que sucede. Tiene una gran capacidad para identificar los diferentes tonos de voz y, a través de ella, descubrir emociones, sentimientos, verdades y mentiras.

Físicamente solo sus posturas ayudan a identificarlo, ya que cuando un niño auditivo está escuchando, suele inclinar la cabeza hacia un lado, para que las palabras entren directamente al oído. También puede ser reconocido por el movimiento de sus ojos, debido a que acostumbra a mirar de un lado a otro a la altura de sus orejas.

Desde muy pequeño es hábil en el uso del lenguaje. Habla claramente y casi sin parar, y cuando no lo hace, suele emitir algunos sonidos. Tiene un vocabulario extenso y responde con rapidez a las preguntas, con sólidas opiniones que expresa con facilidad. Le gusta discutir ideas, por lo que hace muchas preguntas sobre cualquier tema. Tiende a elevar el tono de voz cuando se enfada.

Aprende fácilmente cuando se le explican las cosas por medio de la discusión y las lecciones orales. Recuerda lo que ha leído repitiéndolo en voz alta y memoriza mientras escucha. Le gustan los datos, la historia y las ideas de todo tipo. Tiene gran facilidad para los idiomas. Es un lector voraz y buen escritor, por lo que su ortografía es buena, aunque su letra puede ser difícil de leer.

Las palabras que acostumbra a usar en sus expresiones son:

⇨ Sonar	⇨ Decir	⇨ Armonía	⇨ Sordo
⇨ Escuchar	⇨ Contar	⇨ Describir	⇨ Opinar
⇨ Oír	⇨ Tono	⇨ Mencionar	⇨ Susurrar
⇨ Silencio	⇨ Ruido	⇨ Discutir	⇨ Expresar
⇨ Preguntar	⇨ Hablar	⇨ Ritmo	⇨ Rumor
⇨ Sonido	⇨ Palabra	⇨ Eco	⇨ Callar

Al comunicarte con un niño auditivo, procura hacerlo empleando las mismas palabras con las que acostumbra a hablar. Por ejemplo:

⇨ Escucha bien lo que te voy a decir.

⇨ Háblame... Te escucho (o soy todo oídos).

⇨ ¿Qué opinas?

Si tu hijo es auditivo, puedes apoyarlo de la siguiente manera:

- Escúchalo y conversa con él.
- Pregúntale sobre lo que piensa o le interesa.
- Pídele su opinión e involúcralo en el proceso de toma de decisiones.
- Ten paciencia cuando repita mucho las cosas.
- Motívalo a escuchar música y cantar.
- Reserva tiempo para escucharlo.
- Recuérdale que no debe interrumpir conversaciones.
- Léele en voz alta y discute las lecturas con él.
- Cuando no entienda algo, explícaselo con palabras.
- Procura que estudie con música de fondo.
- Ayúdalo a poner ritmo y melodía a lo que tenga que aprender.

El niño cinético

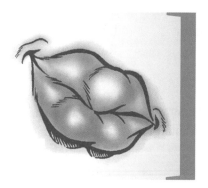

Su objetivo es sentir el mundo exterior, los sentimientos, las sensaciones corporales y el movimiento. Un niño cinético puede identificarse fácilmente porque es sensible, emocional y muy cariñoso. Su voz es lenta y pausada. Le gusta mucho la comodidad y es muy relajado en su arreglo. A veces resulta difícil mirarlo a los ojos, porque tiende a dirigir la mirada hacia abajo, lo que significa que está reconociendo sus sentimientos. Al hablar, gesticula mucho y hace movimientos con las manos. Le gusta tocar y ser tocado. Utiliza el berrinche como una forma de comunicar lo que no puede transmitir con palabras.

Su cuerpo es fuerte y activo, y le gustan los deportes de competición. Está en constante movimiento y tiene una gran energía, por lo que le cuesta mucho quedarse quieto. La comodidad física es muy importante para él, y accede al contacto corporal de forma natural.

Su aprendizaje mejora cuando se involucra el movimiento y las emociones, así como por medio de la experimentación. Su escritura es poco clara, y suele ser reacio a esta y a la lectura. Tiene una gran intuición y memoriza mejor cuando hace algo repetidamente.

Las palabras más comunes en un cinético son:

⇨ Sentir	⇨ Triste	⇨ Sensación	⇨ Acariciar
⇨ Tocar	⇨ Emoción	⇨ Vibrar	⇨ Corazón
⇨ Abrazar	⇨ Pesado	⇨ Percibir	⇨ Inspirar
⇨ Tomar	⇨ Dolor	⇨ Cálido	⇨ Conmover
⇨ Duro	⇨ Calor	⇨ Presentir	⇨ Experimentar
⇨ Feliz	⇨ Frío	⇨ Pegar	⇨ Tener

Al hablarle a un niño cinético, utiliza palabras que se refieran a emociones, sentimientos y sensaciones. Algunos ejemplos de frases para dirigirte a él son:

⇨ Siento mucha emoción cuando te portas bien.

⇨ Percibo tus sentimientos.

⇨ ¡Eres sensacional!

Algunas recomendaciones para apoyar a tu hijo cinético son las siguientes:

• Abrázalo, acarícialo y bésalo constantemente.
• Divertíos juntos con diferentes juegos y deportes.
• Evita pedirle que se esté quieto.
• Procura que juegue en el exterior o que practique algún deporte antes de hacer los deberes.
• La lectura le resulta más fácil cuando señala con un dedo lo que va leyendo.
• Procura que se sienta cómodo en su lugar de estudio y que pueda moverse.
• Invítalo a que exprese sus sentimientos.
• Comparte con él la naturaleza cuanto sea posible.
• Ayúdalo a que manipule algo o que experimente con ello para recordarlo.
• Facilítale juegos de aprendizaje.

De la misma manera que los niños visuales, auditivos y cinéticos tienen una forma característica de percibir el mundo, su proceso de aprendizaje también es peculiar, por lo que su éxito escolar dependerá de que se les enseñe en su propio estilo. No existe un modo mejor que otro, sino que unas formas de aprendizaje son efectivas para unos e inútiles para otros.

El niño visual necesita imágenes y colores, ya que para él resulta esencial ver aquello sobre lo que se está hablando. Un auditivo precisa escuchar atentamente lo que se le está enseñando, que se le den razones y aplicar procesos de pensamiento. Y uno cinético aprende cuando la enseñanza se complementa con dinámicas y movimiento, y cuando se involucran los sentimientos y las emociones.

Sin embargo, en muchas escuelas no se conoce esta información y se continúan impartiendo las clases con un estilo propio de los auditivos, ya que solo se utilizan como herramientas el lenguaje y la pizarra. Un ejemplo muy común son los profesores de matemáticas, que generalmente son auditivos. Cuando imparten su clase, el niño auditivo está muy atento porque aprende a través de su inteligencia de percepción dominante, pero el problema se produce con los visuales y cinéticos, ya que es como si se les hablara en un idioma diferente al suyo y, como consecuencia, dejan de prestar atención. ¿Te imaginas lo difícil que sería mantener la atención y aprender en una clase dictada en un idioma que no entendieras? Pues muchos niños se enfrentan a esta dificultad todos los días y, por si eso fuera poco, son calificados como incapaces por no comprender, cuando el único incapaz es el profesor, que solo habla un «idioma».

Algo muy importante es que, con independencia de que el niño sea visual, auditivo o cinético, cuando se enseña mediante herramientas y estímulos de las tres inteligencias de percepción —como pueden ser imágenes, música, movimientos, juegos y colores—, se potencia automáticamente la capacidad de aprendizaje.
Los niños necesitan utilizar los tres canales para aprender de forma efectiva.

Estimula a tu hijo para que utilice las tres inteligencias de percepción en su método de aprendizaje y no solo le facilitarás esta tarea, sino que todas las actividades que realice usando los tres canales serán más efectivas.

A continuación encontrarás un test que te servirá para identificar la inteligencia de percepción dominante en tu hijo. Si lo tratas de acuerdo con ella, observarás que la comunicación entre vosotros mejora de forma espectacular. Si ya has realizado el cuestionario para identificar tu propia inteligencia de percepción, descubrirás los motivos por los que la relación entre vosotros ha sido armoniosa o compleja hasta el momento, y comprenderás los puntos de encuentro o desencuentro.

Test para identificar la inteligencia de percepción predominante en los niños

En cada una de las preguntas, escoge la opción que más se identifique con la personalidad, actitudes o características de tu hijo:

1. *¿Cómo describirías sus conversaciones?*
   a) Las palabras fluyen en orden, con lógica y sin interrupción, con un vocabulario excelente
   b) Utiliza muchas metáforas o imágenes
   c) Habla sobre acciones, sentimientos o sucesos y gesticula mucho con las manos
2. *¿Cómo describirías su contacto visual?*
   a) Mantiene un contacto visual firme y persistente
   b) Muestra un contacto visual tímido y suele bajar la mirada
   c) Mantiene un contacto firme, pero inclina ligeramente la cabeza hacia un lado
3. *¿Cómo describirías su escritura?*
   a) Clara y legible
   b) Difícil de leer
   c) Inmadura, a veces caótica, con dificultad para formar letras

4. *¿Qué recuerda con más facilidad?*
   a) Lo que se ha dicho, bromas, canciones, nombres propios, títulos; memoriza repitiendo verbalmente las cosas
   b) Lo que ha visto o leído, los rostros, el aspecto de los objetos; memoriza escribiendo algo repetidamente
   c) Lo que ha hecho o experimentado, las texturas o el olor de las cosas, los sabores; memoriza haciendo algo repetidamente

5. *¿Cómo describirías sus necesidades y habilidades físicas?*
   a) Se mueve constantemente, se contonea al caminar, necesita libertad de movimiento, aprende de las actividades físicas sin dificultad
   b) Puede estar sentado durante largos periodos fácilmente y cuida mucho sus posturas
   c) Se siente incómodo o frustrado cuando aprende por primera vez una actividad física

6. *¿Cómo expresa sus sentimientos?*
   a) Es reservado con respecto a sus sentimientos
   b) Le resulta casi imposible expresarlos con palabras
   c) Los expresa con facilidad

7. *¿Bajo qué condiciones presta mayor atención?*
   a) Cuando abundan los detalles visuales, cuando se le muestra algo, cuando se le pregunta sobre lo que ve
   b) Cuando abundan las palabras, las explicaciones verbales o las preguntas sobre lo que ha escuchado
   c) Cuando se le presentan muchas opciones sobre lo que debe hacer, cuando se implica en alguna actividad física, cuando se le toca o cuando se le pregunta cómo se siente

8. *¿Cuál es su conducta más desesperante?*
   a) No puede estarse quieto o calmado
   b) Se preocupa mucho por su apariencia, es vanidoso
   c) Interrumpe la conversación, habla sin parar

9. *¿Qué es lo que recuerda con mayor facilidad después de ver una película?*
   a) El aspecto de los personajes y algunas escenas
   b) Lo que se dijo o la música
   c) Lo que sucedió o cómo se sintieron los personajes

10. *¿Qué es lo que más recuerda de las personas que acaba de conocer?*
    a) Lo que hizo con ellas y cómo lo hicieron sentir
    b) Su aspecto
    c) Su nombre y lo que dijeron

11. *¿Qué es lo que más le desagrada?*
    a) Las palabras malintencionadas
    b) Que se le nieguen las caricias
    c) Estar desarreglado o sucio

12. *¿Qué es lo más importante para él a la hora de escoger su ropa?*
    a) Las texturas y que sea cómoda
    b) Los colores y su combinación
    c) La imagen que transmite

13. *¿Qué tipo de actividad disfruta más?*
    a) Jugar con plastilina o barro para moldear
    b) Escuchar y cantar sus canciones favoritas
    c) Dibujar y colorear

14. *Tu hijo se distingue por:*
    a) Tener una gran intuición
    b) Ser buen conversador
    c) Ser buen observador

15. *¿Qué quiere ser cuando sea mayor?*
    a) Músico, cantante, director de orquesta, compositor, escritor o poeta
    b) Médico, maestro, sacerdote, actor, bombero, veterinario o bailarín
    c) Pintor, escultor, constructor, explorador, fotógrafo o astrónomo

Respuestas

Señala la respuesta que has elegido para cada una de las preguntas y súmalas verticalmente por columna. La columna que contenga mayor número de respuestas será la inteligencia de percepción predominante en tu hijo.

	VISUAL	AUDITIVO	CINÉTICO
1.	B	A	C
2.	A	C	B
3.	A	B	C
4.	B	A	C
5.	B	C	A
6.	A	C	B
7.	A	B	C
8.	B	C	A
9.	A	B	C
10.	B	C	A
11.	C	A	B
12.	B	C	A
13.	C	B	A
14.	C	B	A
15.	C	A	B
Total			

Conocer más profundamente el funcionamiento de tu mente y la de tu hijo puede transformar la relación que existe entre vosotros. La comprensión de los patrones individuales de pensamiento invita al respeto y el aprecio mutuos. Apoya a tu hijo desde su manera particular de percibir el mundo y comunicarse con él, sin esperar conductas propias de tu estilo.

En una ocasión en que estaba impartiendo un curso para padres, al terminar de exponer el tema sobre las inteligencias de percepción, un participante que había estado escuchándome muy atentamente levantó la mano para intervenir. Con una voz muy entonada y fluidez, me dijo:

—Eric, tengo un hijo de diez años al que he castigado y regañado mucho porque no me escucha. Cuando le hablo, baja la mirada como si fuera tonto; parece que no entiende nada de lo que le digo, se queda callado y no me responde. Y si está realizando alguna actividad, no deja de hacerla para escucharme. Pensaba que lo hacía por fastidiarme y por ignorar mis palabras, pero ahora con lo que te he escuchado decir sobre las inteligencias de percepción, ya no estoy tan seguro de que mi hijo actúe así como una manera de hacer las cosas difíciles.

Le pedí que me diera más información sobre él mismo y sobre su hijo, y descubrimos que la inteligencia de percepción del padre era auditiva, mientras que la del hijo era cinética. Le hablé de la importancia de entender que la forma de comunicarse de su hijo era muy diferente a la suya, y le sugerí que cuando quisiera transmitirle algo importante, primero lo abrazara o lo tomara de los hombros, o que salieran a caminar un rato y que, principalmente, le hablara con palabras que correspondieran al lenguaje cinético del niño. Unos días después, recibí un correo electrónico en el que me contaba que no había vuelto a enfadarse con su hijo ni castigarlo, y que efectivamente el niño lo escuchaba con gran atención cuando caminaban abrazados por el parque. Decía, además, que estaba aprendiendo mucho sobre el funcionamiento de su propia mente, así como de la de su hijo, y que la relación había mejorado en gran medida.

Al descubrir la forma que tiene tu hijo de comunicarse y percibir el mundo, podrás comprender conductas que te habían confundido o irritado en el pasado. La comunicación será mucho más fácil y contarás con nuevas herramientas para motivarlo a encontrar la mejor manera de satisfacer sus necesidades cotidianas y de aprendizaje.

> Los niños no tienen ni pasado ni futuro, por eso gozan del presente, cosa que rara vez les ocurre a los adultos.
>
> *Jean de la Bruyère*

Preferencias cerebrales

Como hemos visto, las preferencias cerebrales tienen su fundamento en el sistema neurológico, y conocerlas te ayudará a comprender mejor a tu hijo, ya que determinan sus procesos mentales y, por tanto, su personalidad.

Recordemos que nuestro cerebro está dividido en cuatro zonas:

⇨ Dos cuadrantes en el cerebro izquierdo
⇨ Dos cuadrantes en el cerebro derecho
⇨ Dos cuadrantes límbicos
⇨ Dos cuadrantes corticales

Dichas zonas se combinan entre sí para dar como resultado cuatro cuadrantes, que se clasifican en colores para facilitar su identificación:

Cuadrante cortical izquierdo	=	azul
Cuadrante límbico izquierdo	=	verde
Cuadrante límbico derecho	=	rojo
Cuadrante cortical derecho	=	amarillo

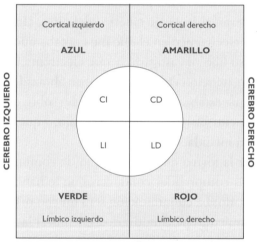

El desarrollo de la corteza cerebral estimula uno de los cuadrantes de manera predominante, lo que determina las diferencias entre las personas en cuanto a comportamiento, capacidades y forma de pensar.

Existe una relación entre las zonas cerebrales y las inteligencias de percepción (visual, auditiva y cinética), es decir, cada zona cerebral o color se caracteriza por presentar un mayor desarrollo en la percepción a través de cierto canal. De esta manera, los individuos con personalidad de color amarillo y verde suelen ser visuales, los de color normalmente rojo son cinéticos, y los de color azul se caracterizan por ser auditivos. Aunque no es una regla, ya que existen casos en los que no se presenta esta relación, se puede considerar una tendencia.

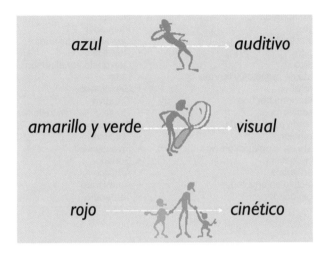

Ahora revisaremos esta valiosa información enfocándola en los niños. Con la ayuda del recuadro anterior, podrás realizar un diagnóstico rápido del cuadrante o color que más se corresponde con tu hijo. Recuerda que todos los seres humanos tenemos características de los cuatro cuadrantes, pero siempre con la predominancia de uno de ellos.

Es importante destacar que los niños manifiestan normalmente su preferencia cerebral hasta los siete años de edad, aunque esta se encuentre determinada desde antes de su nacimiento. Esto se debe a que, durante los primeros años de vida, el niño se halla en una etapa de adaptación al mundo que lo rodea, y para lograrlo necesita modificar su comportamiento de acuerdo con las circunstancias y las personas con las que convive (padres, hermanos y parientes cercanos). Por tal razón, es común que el niño presente características de los cuatro cuadrantes; sin embargo, una vez que logra la adaptación a su medio, comienza a manifestar su propia preferencia cerebral, dejando atrás el dominio natural de sus cuatro cuadrantes.

CORTICAL

AZUL	AMARILLO
• Pocos gestos • Racional • Frío-distante • Analítico • Voz elaborada • Lógico • Intelectual • Rígido • Irónico • Gusta de modelos y teorías • Ahorrativo • Colecciona hechos • Posesivo • Procede por hipótesis • Competitivo • Gusta de la palabra precisa • Individualista • Cuantitativo • Selectivo en amistades • Cuestionador	• Intuitivo • Actúa por asociaciones • Original • Metafórico • Holístico • Innovador • Con sentido del humor • Rebelde • Con gusto por el riesgo • Líder • Simultáneo • Creativo • Gusta de las discusiones • Espacial • Futurista • Investigador • Soñador • Artístico • Arriesgado • Temerario

IZQUIERDO — **DERECHO**

VERDE	ROJO
• Introvertido • Planificador • Emotivo controlado • Respeta las tradiciones • Minucioso • Secuencial • Conservador • Ritualista • Fiel • Verificador • Detallista • Metódico • Disciplinado • Ordenado • Respetuoso • Estudioso • Pulcro • Dedicado • Respetuoso • Se vuelca en las labores • Ahorrativo • Obediente	• Extrovertido • Emotivo • Expresivo • Hiperactivo • Amistoso • Desordenado • Cinético • Juguetón • Distraído • Espiritual • Espontáneo • Busca placer • Gesticulador • Escucha-pregunta • Hablador • Gusta de compartir • Sensorial • Fuerte implicación afectiva • Cooperativo • Muy noble o explosivo

IZQUIERDO — **DERECHO**

LÍMBICO

A continuación, vamos a revisar con más detalle las características generales de la personalidad de cada color. Encontrarás un conjunto de consejos prácticos que te ayudarán a aplicar los procesos de los cuatro colores para entender mejor a tu hijo, mejorar vuestra comunicación y relación, e incrementar la tolerancia mutua. También podrás conocer de qué manera puedes apoyarlo en sus puntos fuertes y débiles.

El niño azul: el cuestionador

Tiene una gran capacidad de juicio, razonamiento y análisis. Es inigualable para reunir datos, discutirlos racionalmente, valorar las contradicciones y medir su importancia. Acostumbra a hacer muchas preguntas sobre los más variados temas y busca profundidad y precisión en la información que obtiene.

Es ahorrativo y sabe negociar. Siempre tiene dinero guardado y es muy cuidadoso a la hora de gastarlo. Si te llega a prestar dinero, nunca olvidará cobrarte y lo hará con intereses.

No se comunica fácilmente con los demás y es difícil de abordar por ser introvertido, seguro de sí mismo e intimidante. Es serio, distante y de sonrisa difícil. Su lenguaje suele estar salpicado de términos complicados. Es muy selectivo en cuanto a sus amistades, y generalmente sus amigos son mayores que él, o personas adultas, debido a que busca en la gente el conocimiento y la sabiduría.

Es el niño intelectual que no se conforma con cualquier respuesta a sus múltiples preguntas porque necesita saber la razón de las cosas, y por lo mismo es muy estudioso. Es muy hábil para los números y cálculos matemáticos.

Tiene muy buen oído y para él es muy importante la precisión en el lenguaje, por lo que es normal que corrija a sus padres o hermanos si no utilizan bien alguna palabra. Es irónico en algunos de sus comentarios y disfruta mucho de la música, así como del silencio.

Estilo de aprendizaje: la teoría

Tiene dificultades para integrar conocimientos a partir de experiencias. Prefiere conocer la teoría, el funcionamiento de las cosas, antes de pasar a la experimentación. Una buena explicación teórica previa, abstracta, acompañada por un esquema técnico, resulta para él imprescindible para cualquier adquisición de conocimiento sólido.

Capacidades y tendencias profesionales

El niño azul tiene facilidad para realizar actividades analíticas, matemáticas, mentales y racionales. Sus tendencias profesionales son: contador público, investigador, científico, físico-matemático, actuario, economista, psiquiatra y filósofo.

¿Cómo actuar con un niño azul?

- Evita ser demasiado exigente con respecto al contacto humano y respeta su individualidad.
- Acepta su intransigencia y aires de grandeza.
- Prepárate para recibir críticas sobre palabras que parezcan ligeramente imprecisas.
- Espera preguntas concretas y prepara respuestas detalladas. Evita improvisar. En caso de no conocer la respuesta, debes ser honesto y decirle que la desconoces, pero que podéis buscarla juntos.
- Facilítale fuentes para el conocimiento, como libros, enciclopedias, Internet, revistas, etc. Llévalo a visitar bibliotecas, museos y centros culturales.
- Exprésate sin excesos, «ve al grano». Explica las cosas de forma breve, precisa y clara.
- Dale constantes oportunidades de destacar, preguntándole sobre aquello que sabe.

El niño verde: el disciplinado

Su controlada emotividad le da en ocasiones un aspecto rígido o torpe. Es reservado y recatado, y no le gusta que traten de inmiscuirse en su vida privada.

Es prudente y se oculta tras una coraza protectora, pero cuando se logra franquear esa barrera, resulta muy cálido. Es estudioso y tenaz, dotado de una capacidad de esfuerzo superior a la media. Es realista, minucioso, ordenado, metódico y organizado, y por ello disfruta de aficiones como coleccionar objetos.

Evita las situaciones arriesgadas y busca seguridad. Se toma su tiempo y es muy eficaz cuando se encuentra en una situación que le hace sentir seguro.

Se ajusta a las normas, le gusta cumplir con las rutinas y tiene una alta disciplina. No necesita que le pidan que haga las cosas, porque conoce cuáles son sus obligaciones.

Es el hijo del que los padres presumen más, porque es un niño modelo, siempre bien arreglado, limpio, atento, obediente, estudioso, servicial, educado y disciplinado.

Estilo de aprendizaje: la estructura

Le gustan las cosas bien planificadas, por lo que no tolera la mala organización. Tiene dificultades para comprender textos sin orden o estructura, o que no sean claros y legibles. Es incapaz de tomar apuntes sin un plan y suele pasarlos a limpio una y otra vez, hasta que presentan el orden y la apariencia perfectos.

Capacidades y tendencias profesionales

Tiende a actividades de organización y control, así como a documentar y clasificar. Sus tendencias profesionales son la mayoría de las ingenierías, mecánico, biólogo, químico, dentista, administrador, bibliotecario, contador público, militar y técnico en control de calidad.

¿Cómo actuar con un niño verde?

• Respeta el orden, las reglas, la jerarquía y la cortesía.
• Respeta sus rutinas y rituales.
• Evita preguntas directas o indiscretas sobre su vida privada.
• Procura no disgustarle, ya que aunque difícilmente se enfada, si se le provoca puede tener explosiones súbitas.
• Evita las prisas, pues no le gusta ser presionado y necesita tiempo de reflexión antes de tomar una decisión.
• Planteará problemas de detalle exasperantes, ya que es verificador y quisquilloso, y con frecuencia pretende buscarle «tres pies al gato».
• Dale tiempo para reflexionar.
• Valora su sentido de la organización y su talento como organizador.
• Valora sus capacidades para seguir los asuntos en detalle hasta su puesta en marcha.

El niño rojo: el sentimental

El niño rojo es generalmente extrovertido. Tiene el don del contacto humano, y es sonriente y abierto. Su conversación es fácil y procura establecer relaciones sencillas e íntimas. Posee una gran sensibilidad para la conciliación porque teme el conflicto. Generoso, espontáneo y humano, da muestras de cualidades excepcionales para la comunicación. Sabe escuchar y tiene en cuenta los sentimientos de los demás.

Su talón de Aquiles es que se deja dominar por la emotividad y se apasiona a la hora de defender sus valores e ideología, con escasa calma y paciencia. Se retrae ante personas más intelectuales, frente a las cuales parece asustado y no se atreve a reconocer que no comprende nada. Reacciona mal ante los reproches y las críticas, porque se los toma como algo personal.

Es hiperactivo, inquieto y muy travieso. También es excelente a la hora de expresar sus emociones y sentimientos, y le gusta tocar y ser tocado por los demás. Se divierte con facilidad y suele disfrutar intensamente de los juegos con sus amigos.

Este niño es todo corazón y tendrá a sus padres encantados, porque todo el tiempo los estará abrazando, besando y diciéndoles cuánto los quiere.

Estilo de aprendizaje: compartir

Tiene la necesidad de compartir lo que escucha para verificar que lo ha comprendido. Establece un diálogo con su entorno, ya que en clase le hace preguntas frecuentes al profesor y les pide información a sus compañeros para asegurarse de que ha entendido lo mismo que ellos. Le resulta fácil estudiar y hacer tareas en equipo.

Capacidades y tendencias profesionales

El niño rojo tiende a actividades de relación, emocionales y sensitivas. Tiene capacidad para aquellas tareas que le permiten interactuar con otras personas y, por esta razón, sus profesiones ideales son la de relaciones públicas, comunicador, pedagogo, psicólogo, sacerdote, experto en relaciones laborales, administrador de recursos humanos, deportista, médico y veterinario.

¿Cómo actuar con un niño rojo?

- Escucharás descripciones largas y detalladas de todas las acciones que lleva a cabo por el bien de los demás, pues siempre trata de obtener su aprobación y gratitud.
- Con un niño rojo siempre tendrás la impresión de perder el tiempo. Los asuntos podrían solucionarse rápidamente si los abordase sin rodeos.
- Sé muy afectuoso con él, con constantes demostraciones físicas de cariño —como caricias, besos y abrazos— y verbales, diciéndole que se le quiere y que es importante.
- Acércate a él con una expresión cordial y una sonrisa.
- Sé muy paciente y tolerante.
- Déjalo expresarse y escúchalo, aunque eso implique que le dé muchas vueltas al asunto.
- Sé muy concreto.
- Valora su preocupación y disponibilidad con el prójimo.
- Hazle sentir que es apreciado y que resulta simpático.
- Muéstrale agradecimiento por todo lo que hace y por su capacidad para estimular a la gente y escucharla.

El niño amarillo: el aventurero

Es original, independiente y nunca pasa desapercibido en un grupo. Es innovador y creativo, le gusta lo inesperado y siempre está dispuesto a experimentar algo nuevo. Cuando hay un problema, sorprende por su capacidad de conservar lo esencial y proponer soluciones para resolverlo. Puede ser extravagante y poco realista, pero suele hacer propuestas interesantes e innovadoras. Le gusta ser competitivo con los demás.

Tiene un humor incisivo, usa la paradoja y la metáfora, hace que el ambiente en torno a él sea relajado y sabe detectar fácilmente las incoherencias. Generalmente es indisciplinado y rudo, y a veces impreciso y desordenado. Sus exposiciones carecen de rigor y prefiere hacer planes fantásticos antes que solucionar los problemas cotidianos.

El niño amarillo es el que más sufre si tiene que seguir unas normas o instrucciones y es obligado a reflexionar, sin dar rienda suelta a su imaginación y humor. Tiende a ser muy irresponsable, rebelde y experimental. Es hiperactivo y el típico líder. Es muy inquieto y un estratega fenomenal, lo que lo lleva a buscar momentos de soledad para idear planes con astucia.

Estilo de aprendizaje: las ideas

Se moviliza y adquiere conocimientos seleccionando las ideas que emergen del ritmo monótono de clase. Aprecia ante todo la originalidad, la novedad y los conceptos que le hacen pensar. Le gustan especialmente los planteamientos experimentales que dan prioridad a la intuición y que implican la búsqueda de ideas para llegar a un resultado. Es altamente competitivo, por lo cual, si lo que tiene que aprender implica un desafío, aprenderá más rápido.

Capacidades y tendencias profesionales

El niño amarillo tiene capacidad para las actividades de innovación, estrategia y creatividad. Su principal rasgo es ser muy competitivo, por lo que tiene un alto nivel de liderazgo. Sus tendencias profesionales son las de experto en márketing, informático (desarrollo de sistemas informáticos), publicista, diseñador gráfico, diseñador industrial, artista, arquitecto, deportista de alto nivel y líder empresarial, social o religioso.

¿Cómo actuar con un niño amarillo?

• Hay que escucharle contar una serie de sueños referidos a las posibilidades de realizar aquello que desea.
• Escúchalo con mucha atención, porque a veces cuesta esfuerzo seguirlo y puedes verte empujado a hablar de otro tema.
• Su capacidad para hacer varias cosas al mismo tiempo puede desconcertar a los demás, por lo que debes ser muy paciente.
• Al tratarlo, se corre el riesgo de quedarse atónito o ponerse nervioso por culpa de su humor o las paradojas y metáforas que suele utilizar.
• Quien lo trata se siente impresionado por su riqueza de ideas, pero también perplejo ante la posibilidad de ponerlas en práctica.
• Muéstrate jovial.
• Utiliza el sentido del humor.
• Evita ser muy estricto en cuanto a horarios y rutinas.
• Pídele ideas para solucionar algún problema.
• Pregúntale cómo ve el futuro con respecto a un problema concreto.
• Deja vagar su pensamiento por asociaciones.
• Proponle que presente algo y su contrario («si hago esto... y si hago esto otro...») y no le pidas que se decida, ya que se siente cómodo con las contradicciones.
• Dale tiempo para imaginar un mundo de fantasía.
• Ayúdale a hacer realistas sus sueños.

Niveles de comunicación

Todos hemos observado que existen personas con las que nos podemos relacionar sin problemas, mientras que con otras la comunicación es difícil, las relaciones son tensas y surge la «incomodidad». Esto tiene su origen, básicamente, en las afinidades y diferencias que se presentan entre los colores, ya que existen niveles de comunicación que facilitan o entorpecen las relaciones entre ellos.

Se conoce como «zona de incomodidad» la molestia que se siente ante una persona que no utiliza los mismos procesos y comportamientos que uno mismo. Esta ligera incomodidad se hace evidente con solo pedirle algo o intercambiar información, porque resulta difícil comprender lo que dice. Se tiene la impresión de estar en un mundo diferente y, aunque se hable la misma lengua, resulta casi imposible entenderse, lo que da lugar a bloqueos, intolerancia y conflictos.

La comunicación entre individuos del mismo color o cuadrante (por ejemplo, entre rojo y rojo o entre azul y azul), por el contrario, resulta muy fluida y el entendimiento es total, porque existe empatía en cuanto a gustos y personalidad. Por otro lado, la comunicación entre cuadrantes compatibles, es decir, entre los del mismo hemisferio (ya sea azul con verde o rojo con amarillo) es estimulante y fortalecedora. La diferencia entre la comunicación de cuadrantes del mismo color es muy pequeña, por lo que sigue siendo de buena calidad.

Cuando la comunicación se vuelve complicada es cuando se produce entre cuadrantes contrastantes, es decir, un izquierdo y un derecho pero ambos superiores o inferiores (en este caso, entre un azul y un amarillo o entre un verde y un rojo), ya que existen muchas diferencias entre ellos. Este tipo de relación se puede conciliar, aunque con esfuerzo.

Los problemas graves, no obstante, se presentan entre cuadrantes opuestos, es decir, entre hemisferios y colores diferentes (por ejemplo, azul con rojo o amarillo con verde). ¡Estos sí son un problema! La comunicación es bastante difícil y dolorosa, ya que estamos hablando de personalidades enfrentadas. En este caso y en el anterior, los progenitores deben poner mayor atención, ya que es muy frecuente este tipo de relaciones entre padres e hijos o entre los mismos hermanos, y es necesario comprender que se trata de diferentes personalidades, y no de que los hijos sean rebeldes o quieran llevarles la contraria a sus padres.

El conocimiento de las preferencias cerebrales nos sirve como herramienta para solucionar conflictos, ampliar el margen de tolerancia y facilitar la convivencia entre personas de diferente color. ¡Utilízalo!

Comunicación entre cuadrantes

NIVEL DE COMUNICACIÓN

Comunicación entre
personas dentro del
mismo cuadrante.
Ejemplo: rojo con rojo,
azul con azul, verde con
verde o amarillo con
amarillo

Fluida

Tribal

Es casi telepática.
Tienen la misma
percepción

Comunicación entre
personas de cuadrantes
compatibles (mismo
hemisferio, diferente capa
cerebral).
Ejemplo: verde con azul o
rojo con amarillo

Confortadora

Reforzante

Casi no hay
diferencia de
percepción

Comunicación entre
personas de cuadrantes
contrastantes (misma
capa cerebral, diferente
hemisferio).
Ejemplo: azul con amarillo
o verde con rojo

Preferente

Sinergética

Existe diferencia
de percepción y
se requiere mayor
esfuerzo para
entenderse

Comunicación entre
personas de cuadrantes
opuestos (diferente
hemisferio y diferente
capa cerebral).
Ejemplo: azul con rojo o
amarillo con verde

Confrontadora

Diferenciadora

Se produce un
conflicto de
percepción.
Son mundos
opuestos.
Más que
esfuerzo, debe
haber tolerancia
y aceptación de
otro punto de
vista diferente

Ahora que conocemos los niveles de comunicación entre colores, imagina esta escena: el padre es azul, la madre verde y el hijo rojo. El padre y el niño siempre van a tener problemas porque difícilmente se van a comprender, pero como el padre es el que manda, el niño está sometido y la madre cree que el padre se enfada porque el hijo no es tan ordenado como ella. ¡Qué locura!

Revisemos esta otra escena: el padre es azul, la madre es verde y tienen tres hijos: uno verde, otro rojo y otro amarillo. El padre y la madre regresan del supermercado y, al abrir la puerta de casa, se encuentran al hijo verde haciendo los deberes.

—¿Qué haces, hijo? —pregunta el padre.

—Estoy haciendo los deberes, papá —le responde—. ¿Me ayudas luego con unas operaciones matemáticas?

—Con mucho gusto, hijo —contesta el padre—. Voy a ver a tus hermanos y ahora vuelvo a ayudarte.

El padre busca a los otros dos hijos y halla al hijo rojo acostado en la cama viendo la televisión, y al amarillo jugando con el ordenador. Regresa con el verde y exclama:

—¡Este sí es mi hijo! —Y a continuación les grita al rojo y al amarillo—: ¡A ver, vosotros dos, par de holgazanes, levantaos y poneos a hacer los deberes!

—Sí, papá —contesta el rojo asustadísimo y levantándose inmediatamente.

—¿No me has escuchado? —pregunta al hijo amarillo, que sigue como si nada jugando con el ordenador.

—Sí te he escuchado, papá, pero ¿no ves que estoy ocupado? —responde el amarillo.

—¿Y a mí qué me importa? ¡Te estoy hablando! —dice el padre furioso.

—Y yo te estoy escuchando.

—¡Oye, te levantas o te levanto! —grita el padre desquiciado.

—Ya voy, no te enfades...

—¡Pero date la vuelta para mirarme y deja en paz el ordenador!

—¿Para qué quieres que te mire? ¡Si te he visto desde que nací!

—¡Oye, no me respondas, que te voy a dar en esa bocaza!

—¡Pero si tú eres el que me está haciendo hablar!

—¡Apaga ese trasto o verás —le grita amenazante el padre.

—Pero ¿por qué lo tengo que apagar si lo estoy usando?

—¡Porque lo digo yo, que soy tu padre!

—¿Y qué? Yo soy tu hijo y nos graduamos el mismo día. ¡A ver, mátame, mátame!

—¡Mira, no sigas provocándome, que te voy a tirar el ordenador a la basura! ¡Ponte a hacer los deberes!

—Bueno, está bien, ahí voy, pero no te enfades...

¿Te imaginas las continuas broncas en esta familia? El niño verde es muy ordenado y disciplinado, por lo que los padres rara vez tendrán problemas con él. Por otro lado, como el padre es azul y es el contrario al niño rojo, este le tendrá un miedo terrible. En cuanto al niño amarillo, es muy rebelde, y siempre estará desafiando a sus padres; ante una dificultad, como también es muy precoz, podrá irse de casa para vivir nuevas aventuras, pero lo hará sin dinero, por lo que al principio padecerá lo inimaginable. Un azul también podrá irse de casa, pero tan solo cuando tenga ahorrado algo de dinero —será más inteligente en ese sentido—. El rojo difícilmente se irá de casa de sus padres, a menos que no se sienta querido ni apoyado y alguien más lo empuje a ello. El que nunca se marchará es el verde, por muchas que sean las dificultades, ya que es una persona muy leal.

Estas son las cuatro clases de hijos... ¿Cuál es el tuyo? Debes tener la formación para tratar a cualquiera de los cuatro tipos partiendo siempre de su color, no esperando que ellos se adapten al tuyo.

Hay que aprender a educar y tratar a un niño azul, verde, rojo y amarillo, ya que cada uno dispone de muchas capacidades y podrá desarrollar las de los otros tres colores, aunque siempre vaya a predominar el suyo.

Si...

Si puedes llevar la cabeza sobre los hombros bien puesta
cuando otros la pierden y de ello te culpan;
si puedes confiar en ti cuando todos de ti dudan,
pero tomas en cuenta sus dudas;
si puedes esperar sin que te canse la espera,
o soportar calumnias sin pagar con la misma moneda,
o ser odiado sin dar cabida al odio,
y no por eso parecer demasiado bueno o demasiado sabio;
si puedes soñar sin que tus sueños te dominen,
si puedes pensar sin que tus pensamientos sean tu meta,
si puedes habértelas con Triunfo y con Desastre
y tratar por igual a ambos farsantes;
si puedes tolerar que los bribones
tergiversen la verdad que has expresado
y la conviertan en trampa para necios,
o ver en ruinas la obra de tu vida,
y agacharte y reconstruirla con viejas herramientas;
si puedes hacer un atadijo con todas tus ganancias
y arrojarlas al capricho del azar,
y perderlas, y volver a empezar desde el principio
sin que salga de tus labios una queja;
si puedes poner al servicio de tus fines
corazón, entusiasmo y fortaleza, aun agotados,
y resistir aunque no te quede ya nada,
salvo la voluntad, que les diga «¡adelante!»;
si puedes dirigirte a las multitudes sin perder la virtud,
y codearte con reyes sin perder la sencillez;
si no pueden herirte amigos ni enemigos,
si todos cuentan contigo, pero no en demasía;
si puedes llenar el implacable minuto
con sesenta segundos de esfuerzo denodado,
tuya es la Tierra y cuanto hay en ella hay,
y, más aún, ¡serás un hombre, hijo mío!

RUDYARD KIPLING

CUARTA PARTE

Los valores y las virtudes en la educación

Los valores

La palabra «valor» tiene su origen en el verbo la-
tino *valere*, que significa «estar sano y ser fuerte». De
este verbo se deriva el término «valentía», por lo que
ser valiente quiere decir «tener valores».

> Los valores
> son razones
> del corazón
> que la razón no
> entiende.
> *Pascal*

Para educar a los hijos de manera responsable, es
imprescindible considerar la cuestión del desarrollo
de sus valores. Estos se hallan intrínsecamente rela-
cionados con el individuo, ya que detrás de cada pensamiento, sentimiento y conducta se encuentra algún
tipo de valor. Los valores nos dan la convicción de que algo es valioso o
despreciable, importante o superfluo, bueno o malo –lo cual está directamente relacionado con las creencias, las actitudes y los juicios de nuestra vida diaria–, y se forman desde la más tierna infancia, convirtiéndose
en motores impulsores de nuestra existencia.

Los valores se ordenan en nuestra mente constituyendo una escala que es particular para cada persona y que determina de manera
fundamental su identidad. Nos comportamos y reaccionamos de cierta
manera a causa de los valores que orientan nuestra conducta. Ante una
misma situación, dos individuos pueden reaccionar de
forma diferente dependiendo de su escala de valores.

> Las palabras
> son enanos;
> los ejemplos
> son gigantes.
> *Proverbio*
> *suizo*

Conforme el niño va integrando determinados
valores a su escala, estos se convierten en pautas de
conducta que darán sentido a sus decisiones y acciones. Este proceso se encuentra íntimamente ligado a
la evolución y madurez de la persona. Así, en su primera infancia, el niño se ajusta a una serie de normas
que respeta por la acción que ejerce la autoridad o por
sus consecuencias, y va evolucionando de manera que

cada vez se rige menos por las reglas externas y más por los principios que ha asimilado. En cada etapa de madurez entran en juego una serie de valores, los cuales son susceptibles de modificación según vayan cambiando las circunstancias, al mismo tiempo que constituyen una base de referencia.

Desde el momento en que un valor es captado por el niño hasta que llega a asimilarlo, pasa por un proceso interno. Este proceso de generación y adopción de valores se hace posible a través de la relación de experiencias significativas que el pequeño comparte con sus padres y el resto de las personas que lo rodean, donde el factor «coherencia» es la base para su correcta adquisición.

Es fundamental que los padres no se dejen llevar por la inercia de ir educando sobre la marcha y le vayan enseñando determinados principios al niño dependiendo de su conducta. Es necesario que sepan con claridad el tipo de vida que desean para sus hijos a fin de que, de esta manera, planifiquen y elijan los valores esenciales que quieren que asimilen.

Veamos algunas definiciones de lo que son los valores:

- ⇨ **Instrumentos psicológicos** (conscientes o inconscientes) para dirigir la vida.
- ⇨ **Realidades motrices** derivadas de procesos bioquímicos que generan impulsos o toma de riesgos.
- ⇨ **Puntos de referencia** que determinan alineamientos, marcos y mapas positivos o negativos.
- ⇨ **Actitudes significativas** que se convierten en el motor que le da dinámica a nuestro comportamiento.

Cuando pensabas que no te veía

Cuando pensabas que no te veía, te vi pegar mi primer dibujo en la nevera e, inmediatamente, quise pintar otro.

Cuando pensabas que no te veía, te vi disponer todo tipo de objetos en nuestra casa para que fuese agradable vivir en ella, pendiente de los detalles, y entendí que las cosas pequeñas son las cosas especiales de la vida.

Cuando pensabas que no te veía, te escuché rezarle a Dios y supe que existía alguien a quien yo podría hablar y en quien confiar.

Cuando pensabas que no te veía, te vi preocuparte por tus amigos, sanos y enfermos, y aprendí que debemos ayudarnos y cuidarnos los unos a los otros.

Cuando pensabas que no te veía, te vi dar tu tiempo y dinero para ayudar a personas que no tienen nada y aprendí que aquellos que tienen algo deben compartirlo con quienes no lo tienen.

Cuando pensabas que no te veía, te sentí darme un beso por la noche y me sentí amado y seguro.

Cuando pensabas que no te veía, te vi atender la casa y a todos los que vivimos en ella, y aprendí a cuidar aquello que se nos da.

Cuando pensabas que no te veía, vi cómo cumplías con tus responsabilidades aun cuando no te sentías bien, y aprendí que debo ser responsable.

Cuando pensabas que no te veía, vi lágrimas salir de tus ojos y aprendí que algunas veces las cosas duelen, y que es bueno llorar.

Cuando pensabas que no te veía, vi que yo te importaba y quise ser todo lo que puedo llegar a ser.

Cuando pensabas que no te veía, aprendí casi todas las lecciones de la vida que necesito saber para ser una persona buena y trabajadora.

Cuando pensabas que no te veía, te vi y quise decir: «Gracias por todo aquello que vi cuando pensabas que no te veía».

Los valores clásicos, desde la antigua Grecia, son el amor a la verdad, el amor a la belleza y el amor a la bondad. Los griegos enseñaban a sus jóvenes la práctica de la disciplina conducida hacia la lógica, la estética y la ética, lo que traía como consecuencia un ser humano capaz de vivir una existencia equilibrada, inteligente y feliz.

En esta época, en la que se han generado muchas alternativas para la existencia humana y se vive bajo múltiples factores de cambio, el individuo puede caer fácilmente en un vacío existencial, por lo que la simplicidad de los valores griegos ha requerido de una evolución y multiplicación para darle significado y puntos de apoyo a la existencia humana. Podemos observar una tipología actual en el siguiente esquema:

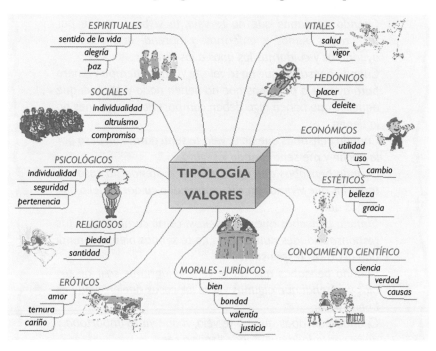

El proceso de adquisición de valores nunca debe ser una enseñanza forzada. El niño tiene que realizar la asimilación de una forma natural, de acuerdo con su desarrollo mental. Para poder captar un valor, es necesario comprenderlo y experimentarlo, y esta interiorización está condicionada por la capacidad de cada niño. Hay valores más concretos y otros más abstractos, lo que significa que unos podrán transmitirse a una edad temprana y para otros habrá que esperar la etapa adecuada.

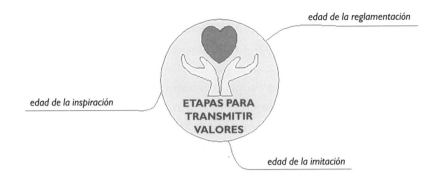

edad de la reglamentación

edad de la inspiración

ETAPAS PARA TRANSMITIR VALORES

edad de la imitación

En su desarrollo y madurez, los niños pasan por tres etapas que indican diferencias en la educación y la forma de transmitir los valores: la edad de la reglamentación, la edad de la imitación y la edad de la inspiración.

Veamos a continuación las características de cada etapa y la manera en que es más favorable la transmisión de valores en cada una de ellas:

La edad de la reglamentación

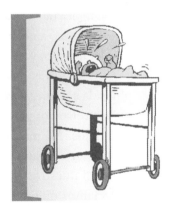

Esta etapa transcurre desde el año hasta los siete años de edad, y es la más importante porque en ella se colocan los cimientos de la vida. El niño necesita saber qué debe hacer, antes de poner en práctica aquello que quiere hacer. Este aprendizaje empieza en cuanto nace y se lo transmitirán principalmente las personas que están más cerca de él. Nunca habrá un momento más oportuno para enseñarle la obediencia, el primer elemento en el desarrollo de la conciencia y el sentido moral.

Durante estos primeros años, el niño vive más en un mundo de sentimientos y descubrimientos que en el del uso de la razón. El tacto físico, el ambiente emotivo y la atmósfera de la familia son percibidos por él desde muy temprano, pero no entiende correctamente cuando se intenta razonar con él. Depende de sus padres para que lo orienten y necesita reglas que seguir.

Es muy habitual que los padres cedan a los caprichos de sus hijos cuando estos son pequeños, precisamente en la edad en que necesitan de una mano firme. Tienden a reírse de sus travesuras y más tarde, en la adolescencia, tratan de imponer la ley, cuando los hijos necesitan más libertad a fin de adquirir su propia experiencia.

> La educación de un niño comienza desde el momento de su concepción.
>
> *Mahatma Gandhi*

Si ejerces el control adecuado durante los primeros años de vida de tu hijo, al llegar la adolescencia podrás estar tranquilo porque habrán desarrollado el control y la disciplina necesarios que se aplicarán a ellos mismos. Pero si durante esa etapa faltan los límites, el niño se encontrará perdido en años posteriores, y es probable que reaccione y se rebele contra todo tipo de disciplina.

Las sugerencias directas son mejores durante los primeros años. Es recomendable que sean pocas las prohibiciones, pero consecuentes y expresadas con cariño. En esta etapa es cuando resulta, pues, más importante la presencia de los padres para determinar la dirección de la vida del hijo, y sobre todo es especialmente significativa la figura de la madre como brújula moral, por estar más cerca de él.

Conozco a una mujer que me confesó que había tenido la peor madre del mundo, y lo argumentaba así:

—Mientras que otros niños no tenían qué desayunar, yo estaba obligada a comer cereales, huevos y pan tostado. Cuando los demás tomaban refrescos gaseosos y dulces para el almuerzo, yo tenía que comer bocadillos. Mi madre insistía todo el tiempo en saber dónde nos encontrábamos; parecía que estábamos encarcelados. Quería saber quiénes eran nuestros amigos y lo que estábamos haciendo. Insistía en que si decíamos que íbamos a tardar una hora, solamente tardáramos una hora. Me da vergüenza admitirlo, pero tuvo el descaro de quebrantar la ley contra el trabajo de los menores de edad, pues hacía que laváramos cacharros, hiciéramos camas, aprendiéramos a cocinar y muchas otras tareas igualmente crueles. Diría que se quedaba despierta toda la noche pensando en lo que nos obligaría a hacer. Siempre insistía en que dijéramos la verdad, toda la verdad y nada más que la verdad.

»Cuando llegamos a la adolescencia, nuestras vidas se hicieron más miserables. Y digo "nuestras" porque tuvo el desdén de no planificar la familia y nunca concibió la idea de abortar en alguna ocasión; quería muchos hijos para esclavizarnos a todos. Nadie podía tocar el claxon para que saliéramos corriendo de casa. Nos avergonzaba hasta el extremo de obligar a nuestros amigos a llegar a la puerta para preguntar por nosotros.

»Mi madre fue un completo fracaso. Ninguno de nosotros ha sido arrestado o encontrado por las calles tirado borracho o drogadicto. Mis hermanos y yo hemos servido a la patria, la empresa y la familia. ¿Y a quién debemos culpar de nuestro terrible futuro? Tiene razón, a nuestra madre.

»Vea todo lo que nos hemos perdido. Nunca hemos podido participar en un acto violento, indigno o de drogadicción, borrachera o robo. No somos la atracción en las fiestas y a mis hermanos no los buscan las mujeres porque respetan a sus esposas. En fin, no hemos hecho miles de cosas que hicieron nuestros amigos. Nos hizo convertirnos en adultos educados y honestos, y tomando esto como referencia, estoy tratando de educar a mis hijos de la misma manera.

Esta mujer se hincha ahora de orgullo cuando sus hijos le dicen que es mala. Y da gracias a Dios por haber tenido la peor madre del mundo. Espera que un día ellos digan lo mismo y no se arrepientan de ser sus hijos.

La edad de la imitación

La segunda edad de la infancia es la de la imitación, que se da entre los ocho y los catorce años de edad. Este es el periodo en que, si el padre o la madre le da al niño una buena instrucción y al mismo tiempo un mal ejemplo, podría compararse a que le diera alimento con una mano y veneno con la otra. Durante estos años son sumamente importantes los modelos, por lo que aunque las reglas siguen siendo fundamentales, el ejemplo es el gran estímulo.

En esta etapa, se establecen las bases que más adelante permitirán al niño tomar grandes decisiones, como el tipo de personas de las que se

rodeará, su forma de vida, el respeto que tendrá por los demás y la importancia que concederá a la integridad.

El niño no aprende los valores a través de la palabra ni de la amenaza, sino mediante el ejemplo, y solo aquellos con los que sus padres son consecuentes. Los niños aprenden hasta el más insignificante de los comportamientos, por lo que hay que ser muy consciente del ejemplo que se les da.

Los padres deben ser consecuentes y vivir los mismos valores que desean inculcarles a sus hijos, ya que los adquieren de forma inconsciente de quienes los rodean. Si el niño ve a sus padres profundamente enamorados, que se cuidan y se respetan mutuamente, sabrá cómo se produce el amor y podrá adquirir ese valor.

> El maestro enseña más con lo que es que con lo que dice.
>
> Sören Kieregaard

En esta etapa es muy importante poner atención en el tipo de personas que están cerca del niño, empezando por ti mismo, porque también se transmiten valores negativos, como la violencia y la falta de respeto. Por ejemplo, si el hijo varón de tres meses duerme en una habitación junto a la de sus padres, y una noche el padre golpea a la madre, en ese mismo momento el bebé aprenderá a golpear a una mujer, aunque no esté presente físicamente en el lugar de los hechos ni lo haya visto u oído, porque está conectado a sus padres de un modo inconsciente.

También existe un factor conocido como «mimetismo», postulado por el médico francés Jacques Lacan. Según su teoría, el ser humano adapta su morfología, fisiológicamente hablando, a las personas con las que tiene más convivencia, ya sea de manera consciente o inconsciente. De acuerdo con esta teoría, los hijos se parecen a los padres, aunque no sean hijos biológicos, sino adoptados. Cuando el bebé está en la cuna y su padre se le acerca y empieza a hacerle gestos y hablarle, él empieza a imitar inconscientemente su manera de parpadear, su sonrisa, su tono de voz y sus gestos. Incluso cuando el padre padece algún defecto físico, como puede ser cojear, y el hijo no tiene ningún impedimento para caminar correctamente, copia su cojera. Por esta misma razón existen parejas que tienen tal parecido físico que más que esposos parecen hermanos.

En esta etapa, los niños aprenden por mimetismo, y todas las personas que los rodean influyen definitivamente en su formación y desarrollo. Imagínate las graves consecuencias que puede tener para un pequeño el hecho de que sus padres fumen, se droguen o se emborrachen, porque aunque no estén presentes cuando lo hagan, de algún modo estarán aprendiendo a hacerlo.

> **Es más importante preparar a tu hijo para el camino que preparar el camino para tu hijo.**
> *Anónimo*

Si lo que más deseas es que tu hijo lleve una vida sana, ¿eres consecuente a la hora de enseñárselo? Lo que necesita para aprender a cuidar su cuerpo es ver cómo lo haces tú, es decir, comprobar que haces ejercicio, que cuidas tu alimentación, que evitas productos nocivos para la salud, etc.

Durante este periodo se requiere, pues, mucha coherencia por parte de los padres. Si te reprimes constantemente, vives con poca dignidad, no crees en ti mismo ni en tus capacidades o no cuidas tu cuerpo ni tu salud, difícilmente estarás en condiciones de ayudar a tu hijo. Recuerda que lo más importante a la hora de transmitir un valor es ser un ejemplo viviente. Así, si quieres que tu hijo se respete a sí mismo, es esencial mostrarte como una persona que se respeta en todo momento y ante cualquier circunstancia.

Cuando los padres se quejan de sus hijos, no se dan cuenta de lo que están haciendo. El 99% de las veces que se presenta un comportamiento negativo en los niños, el origen está en los padres; y cuanto más pequeño es el niño, mayor es su responsabilidad, ya que la convivencia se limita a los progenitores y recibe poca influencia de otras personas. Por eso, **todo lo que los padres quieran que su hijo sea, deben serlo ellos primero.** El niño solo da una respuesta imitadora a lo que ve en la gente que lo rodea.

Si alguna vez encuentras en tu hijo algo que no te gusta, mira en tu interior; seguramente estará ahí el origen. Si tiene un comportamiento negativo, en lugar de corregirlo en él, corrígelo en ti mismo y te sorprenderás, ya que él dejará de hacerlo de forma inmediata. Todo lo que quieras que sea tu hijo, selo tú primero.

Todo esto tiene una repercusión tan fuerte en la vida del niño que cuando se convierte en adulto, aunque en el transcurso de su vida haya tenido dificultades con el padre o la madre —e incluso pueda llegar a

odiarlos y no querer saber nada de ellos–, en su conducta y físico se les parecerá. Esto se debe a que adquirió en esta etapa de su vida su modelo mental inconsciente de los únicos ejemplos que tenía: sus padres.

La edad de la inspiración

La siguiente edad, que abarca de los catorce a los veintiún años, es la de la inspiración. Durante la adolescencia, el joven es inspirado por grandes ideas de distinta índole. Necesita héroes. Si tú no lo eres para él, los buscará en otro lugar, y si no lo inspiran los «buenos», lo harán los «malos».

Durante este periodo, se adquieren valores sociales y principios éticos a través de la familia y del medio en que uno se desenvuelve, y se desarrollan una gran estabilidad y carácter si se tienen presentes determinadas metas. Las reglas y los límites siguen siendo importantes, por supuesto, pero el adolescente necesita controles internos porque los padres ya no pueden estar presentes en todo momento ni participar en todas sus actividades como cuando era pequeño. El adolescente comienza a valerse de su propia escala de valores.

Es cierto que cuando el niño llega a la adolescencia ya sabe con exactitud cuáles son las creencias que gobiernan la vida de sus padres, pero no siempre comprende las razones por las que estas se rigen. De ahí que sea importante que los padres se tomen el tiempo necesario para comunicarles a los hijos por qué creen en lo que creen. Las normas y creencias se refuerzan mediante la conversación; los jóvenes necesitan escuchar a sus padres y discutir con ellos, lo mismo que con sus compañeros, acerca de los aspectos importantes de la vida. En particular, las discusiones informales pueden tener una influencia profunda en la forma de pensar de un joven.

Sin embargo, lo que más necesita durante esta etapa es sentir el amor, la confianza, la comprensión y el apoyo de sus padres. Si percibe que es aceptado y amado, estará abierto de forma natural a todo cambio beneficioso.

¿Te das cuenta de cuáles son las etapas más importantes por las que pasa tu hijo? Del nacimiento a los veintiún años de edad se da la época más trascendente de su vida, porque es cuando se lleva a cabo el proceso de edificación de sus valores, es decir, toda su existencia dependerá de sus experiencias durante estos veintiún años. Podemos hacer una analogía con los automóviles: cuando adquieres un coche nuevo, su buen funcionamiento dependerá de cómo lo conduzcas los primeros mil kilómetros. Si en estos kilómetros no cumples con las indicaciones del fabricante y lo deterioras, tendrá muchos problemas más adelante. Con los hijos sucede lo mismo: sus primeros veintiún años son básicos para determinar lo que serán el resto de su vida.

> Si quieres ver a tu hijo feliz un día, dale un regalo; pero si lo quieres ver feliz toda la vida, enséñalo a vivir.
>
> *M. Grünberger*

A partir de esta edad, el joven desarrolla conscientemente la interrelación social, y si ha llegado sin valores a ella, aunque sea inscrito en la escuela más cara y prestigiosa, si un día aparece la droga en su camino estará en grave peligro de aceptarla. No hay nada que lo defienda ante ella, pues aunque ya distinga el bien del mal, todavía se mueve instintivamente en un 90%, basándose en la información previamente grabada en su cerebro.

Condiciones necesarias para transmitir valores

Muchos padres se quejan de que no logran hacer que sus hijos se comporten con moral y ética. Sin embargo, recordemos que la conducta de los hijos es consecuencia de la situación en la que crecen. Por ello, deben darse algunas condiciones básicas para el éxito en la adquisición de valores. Revisemos algunas de ellas:

Elección de valores

Los padres deben reflexionar juntos sobre qué valores consideran más necesarios para el desarrollo de sus hijos. A modo de orientación (aunque esto depende totalmente del criterio y tipo de educación que quieran transmitirles), algunos valores fundamentales serían: amor, alegría, fe, sentido de la vida, gratitud, autoestima, salud, respeto, obediencia, responsabilidad, espíritu de superación, paciencia, sensibilidad, tolerancia, perdón, generosidad, lealtad, sinceridad, humildad, creatividad, justicia, limpieza y orden.

Coherencia

> Tus acciones hacen tanto ruido que no me dejan escuchar tus palabras.
>
> *Anónimo*

Hay que tomar profunda conciencia de que los padres son los modelos de los hijos. Nadie puede dar lo que no tiene, y al final se acaba proyectando sobre los hijos las propias carencias y exigiéndoles lo que uno mismo no es capaz de vivir. Educa más el ejemplo que las palabras, por lo que es necesario que los padres hagan un autoanálisis para descubrir cómo anda su competencia en los valores que desean transmitir a sus hijos y se escuchen mutuamente sobre la forma en que viven dichos valores para ayudarse a progresar en ellos. Para los niños, los valores son conceptos abstractos, difíciles de entender, pero que se hacen fácilmente asimilables cuando ven que sus padres los llevan a la práctica como algo natural.

Ambiente familiar favorable

La adquisición de valores por parte de los niños no se realiza de una sola vez, sino que se trata de un proceso que los acompaña en su desarrollo, por lo que resulta fundamental crear un ambiente familiar que facilite y potencie dichos valores. Tanto las conversaciones como las decisiones, costumbres, actividades y relaciones deben estar impregnadas de la misma fragancia moral. Es la única forma de que los hijos se nutran naturalmente de la vivencia de los valores.

Convencimiento

Lo que no surge de la elección libre de una persona nunca formará parte de ella. Este sería el sentido profundo de la educación: conseguir que los hijos actúen correctamente porque así es como desean hacerlo. El hijo que se porta bien por temor no está bien educado, porque actúa condicionado por una emoción negativa. El autoritarismo puede producir niños muy sumisos y sin ningún principio moral, que al primer descuido se convierten en rebeldes. La garantía es que se porten bien por convencimiento propio, y para lograrlo es importante dialogar con ellos sobre sus problemas e inquietudes, a fin de que adquieran criterios que pauten su conducta y encuentren sentido a los valores.

> Ahorrar en educación e invertir en ignorancia.
> *Eric de la Parra*

Disociar lo material de lo moral

Es importante evitar la asociación de cumplimiento de normas y principios morales con premios y castigos. La satisfacción por alcanzar logros morales debe ir más allá de lo material o del interés concreto del momento. Supone la gratificación por sí misma de la satisfacción de actuar correctamente.

Un día me llamaron de la universidad más prestigiosa de México y me pidieron consejo porque llevaban un récord de suicidios de trece estudiantes por año. Muchos padres creen que con pagarles a sus hijos una universidad con estudios costosos y exigirles sacar buenas calificaciones ya están cumpliendo con su obligación. Pero la mayoría de los jóvenes que se habían quitado la vida sufrían por la ausencia total o parcial de sus padres y padecían una terrible soledad. Todos los padres deberían saber que existen tres causas principales de suicidio en los jóvenes: falta de amor, falta de comprensión y un aumento de la hostilidad en su vida.

Los valores son los que determinan que tu hijo pueda llevar una existencia digna y que sea capaz de pasar sobre el fango sin ensuciarse.

> La esencia de una relación matrimonial en un nivel de amor consciente reside en suspender todo juicio sobre nuestra pareja, respetando la necesidad y el derecho de esa persona a encontrar su camino y seguir sus propias directrices.
> *Wayne Dyer*

De otra manera, aunque se trate de un charco pequeño, se ensuciará hasta la cabeza y se revolcará en el lodo.

No es hora de culpar a los niños o adolescentes; mejor pregúntate a ti mismo: ¿qué he hecho para que mi hijo tenga los valores que lo van a hacer digno como ser humano? ¿Qué comportamiento tengo en casa? ¿Cómo me relaciono con mi pareja? ¿Nos respetamos? ¿Somos sinceros? ¿Nos admiramos? ¿Nos amamos?

Sin duda, los niños necesitan ser amados, pero prefieren que sus padres se amen mutuamente, antes que recibir mucho amor por parte de ellos, porque sabe que mientras los padres se amen, él estará seguro. Cuando esto no sucede, su estabilidad emocional entra en juego. Un niño necesita dos columnas para sostener su templo, y esas dos columnas son su padre y su madre, que deben actuar como amigos, como verdaderos amantes, enamorados entre sí y de su hijo. Jamás deberían estar en contra el uno del otro, porque esto genera inseguridad en el niño y, por si esto fuera poco, lo aprende. Cuando un niño no percibe amor entre sus padres, siente que las columnas que sostienen su vida pueden derribarse en cualquier momento.

Y tú, ¿tienes novio?

De visita en casa de mis tíos, me divierte ver a mi prima, la mayor, prepararse cuando espera a su novio: muy feliz, se peina, perfuma y pinta los labios; se viste muy guapa y corre de un lado a otro de la casa, arreglándolo todo con detalle para que «mi amor» no encuentre defecto alguno en el entorno. Entonces, llega el novio oliendo mucho a loción y cuando se miran… ¡Uf! Parece que flotan en el aire. Se abrazan con ternura y ella le ofrece después algo de beber, junto con las galletas que preparó durante la tarde. Él elogia todo lo que ella le prepara con esmero para cenar y más tarde se sientan a charlar de mil tonterías durante horas, después de lograr que los niños desaparezcamos de la sala. Se escuchan el uno al otro sin perder detalle ni soltarse de las manos, hasta que al novio no le queda más remedio que despedirse cuando mi tío empieza a rondar con la almohada bajo el brazo.

Al día siguiente, le pregunto a mi mamá quién es su novio, y me dice muy sonriente que su novio es mi papá, pero yo no la creo. ¿Cómo va a ser mi papá su novio? En primer lugar, él nunca llega con un ramo de flores ni chocolates; sí le da un regalo a mamá en su cumpleaños y en Navidad, pero nunca he visto que el novio de mi prima se presente con una licuadora o dinero para que se compre lo que quiera. Además, mamá no pone cara de Blancanieves cuando papá llega del trabajo, ni él sonríe como un príncipe azul cuando la mira.

Mamá no corre a arreglarse el peinado ni a pintarse los labios cuando oye que papá llega a casa, y apenas se da la vuelta para decirle «hola» porque está haciendo sus tareas.

El saludo de papá, en vez de «hola, mi vida», es «hola, ¡qué día!», y de inmediato se pone en las peores fachas para estar cómodo. Y mi mamá, en vez de decir «¿qué te apetece para cenar?», le pregunta temerosa «¿quieres cenar?», y cuando creo que papá le va a decir «¡qué guapa estás hoy!», le pregunta «¿has visto el mando a distancia?». Los novios se dicen cosas románticas, como «¡cuánto te amo!» en vez de «¿fuiste al banco?».

Mi prima y su novio no pueden dejar de mirarse. Cuando mamá pasa delante de papá, él inclina la cabeza para no perder detalle de lo que está viendo en la televisión.

A veces, papá le da un abrazo sorpresa a mamá, pero ella tiene que librarse porque siempre está ocupada.

Además, mis papás solo se dan la mano cuando el sacerdote les dice en misa que se den la paz.

Yo creo que mi mamá me dice que son novios para que no me entere de que «cortaron» cuando se casaron. La verdad es que mi mamá no tiene novio y papá no tiene novia.

¡Qué aburrido!... ¡Solo son esposos!

Servir de modelo es la forma más eficaz de moldear los valores en los niños y ayudarles a entender su misión. **El comportamiento ético de los padres enseña mucho más a sus hijos que los sermones y los castigos.**

Dorothy Law Nolte escribió un pensamiento muy hermoso titulado *Los niños viven lo que aprenden*:

Si un niño vive con críticas,
aprende a censurar.
Si vive con hostilidad,
aprende violencia.
Si vive con el ridículo,
aprende a ser tímido.
Si vive con vergüenza,
aprende a sentirse culpable.
Si vive con estímulos,
aprende a tener confianza.
Si vive con elogios,
aprende a apreciar.
Si vive con equidad,
aprende justicia.
Si vive con seguridad,
aprende a tener fe.
Si vive con aprobación,
aprende a gustarse a sí mismo.
Si vive con aceptación y amistad,
aprende a amar el mundo.

Recuerda, los padres deben vivir coherentemente con los valores que desean transmitir a sus hijos. Existen dos coordenadas (horizontal y vertical) que contienen los alineamientos de vida de los seres humanos, que conforman el equilibrio y la integridad de la existencia misma, y que se basan en los factores tangibles e intangibles de todas las actividades que llevamos a cabo.

La coordenada horizontal representa las actividades productivas (tangibles) de la vida, que implican alcanzar resultados a través de determinadas técnicas o procesos. Por ejemplo, si tu hijo quiere triunfar como estudiante, necesitará métodos, técnicas y autodisciplina para alcanzar los más altos resultados. Por consiguiente, la horizontal se compondría de los siguientes elementos:

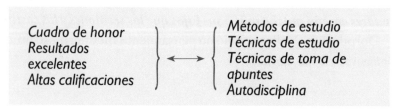

Cuadro de honor
Resultados excelentes
Altas calificaciones
⟷
Métodos de estudio
Técnicas de estudio
Técnicas de toma de apuntes
Autodisciplina

Como podemos observar, la horizontal representa la «forma» de las cosas. A través de ella buscamos cubrir todas nuestras necesidades. Las escuelas y universidades se encargan principalmente de entrenar a los individuos en esta línea, pero suelen olvidar la otra coordenada considerando que no es de su incumbencia.

La coordenada vertical representa las actividades morales (intangibles) de los seres humanos. Se basa en los principios, valores, filosofía, misión y visión del individuo. Realmente se trata del espíritu y la energía que nos mueve, y traduce la percepción de nuestra existencia.

Podemos representar la vertical de la siguiente manera:

Tal como se observa, la vertical representa el «fondo» de las cosas. A través de ella, el ser humano aporta a su vida dignidad, honradez, honestidad y crecimiento, lo que a su vez dotará de sentido a su mundo, tanto personal como social.

En gran medida, la vertical de nuestra existencia la adquirimos en el hogar, con nuestros padres y circunstancias familiares, ya que es el lugar donde se «respiran» los valores y virtudes que conforman nuestra estructura interna desde que nacemos.

Considero esencial que las escuelas y universidades también incluyan una fuerte formación en conceptos de la línea vertical (fondo), ya que sin ellos solamente instruyen a personas encaminadas a lograr objetivos, sin importar los medios que empleen. La vertical se dirige al «ser»; la horizontal, al «tener».

Cuando unimos ambas coordenadas, encontramos lo siguiente:

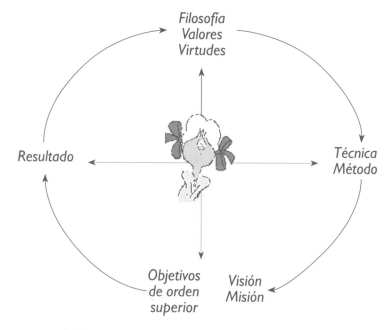

Filosofía
Valores
Virtudes

Resultado

Técnica
Método

Objetivos
de orden
superior

Visión
Misión

Si una de las coordenadas es débil, no se alcanza el equilibrio y la persona vive en constante estado de frustración e improductividad, sin alcanzar la plenitud que dé sentido a su «hacer y estar». Son individuos que se sienten como auténticos «mercenarios».

Tanto la vertical como la horizontal son importantes en la vida de los seres humanos, ya que conforman su equilibrio y proceso evolutivo, así como el de la sociedad, al propiciar cada día nuevos valores y actividades que permiten que la raza humana se desarrolle.

Los valores son los que determinan si la técnica, tanto moral como productiva, es la más adecuada a los propósitos. La técnica se encamina directamente al objetivo que nos trasciende, como una consecuencia de nuestras acciones, mientras que la visión y la misión determinan las características de los resultados que debemos lograr, y estos a su vez retroalimentan los valores que les dieron origen.

Si como padres de familia entendemos estos conceptos, nos daremos cuenta de que la integridad de nuestros hijos depende, en gran medida, de su buena administración tanto del fondo como de la forma (vertical y horizontal), pues los acompañarán durante el resto de su vida.

Las virtudes

La raíz latina de «virtud» es *vir, virtus*, que quiere decir «fuerza», «esfuerzo». Implica la voluntad, la disciplina y el esfuerzo diario para alcanzar ciertas cualidades humanas, morales o teologales.

Las virtudes morales son actitudes firmes, disposiciones estables, perfecciones habituales del entendimiento y de la voluntad que regulan nuestros actos, ordenan nuestras pasiones y guían nuestra conducta según la razón hacia el bien moral.

Las virtudes proporcionan felicidad, dominio y gozo para llevar una vida éticamente óptima. Disponen de todas las potencialidades del ser humano para armonizarse en la búsqueda del bien.

A diferencia de los valores, que se transmiten consciente o inconscientemente por medio de la actitud y el proceder de las personas con quienes se relaciona tu hijo, las virtudes se aprenden a través de su aplicación diaria, del esfuerzo, la perseverancia y la fuerza de voluntad. Sin embargo, es necesario poseer el valor para adquirir la virtud.

Las virtudes humanas se agrupan en torno a cuatro virtudes cardinales, llamadas así porque representan los cuatro puntos cardinales con los cuales se guía la vida de un ser humano, y son las siguientes:

> La virtud educa, hace crecer, desarrolla, completa, hace madurar, nutre y repara. Haz vivir a las criaturas y nútrelas. Hazlas vivir y no las retengas como tuyas. Obra y no esperes nada.
>
> *Chuang Tse*

La prudencia

Es la virtud que dispone a la razón para discernir, en toda circunstancia, nuestro bien y elegir los medios rectos para realizarlo. Debe evitarse confundir la prudencia con la timidez o el temor, con la hipocresía o la disimulación. Gracias a esta virtud, aplicamos sin error los principios éticos a los casos particulares y superamos las dudas sobre el bien que debemos hacer y el mal que debemos evitar.

La justicia

Los deseos de un joven muestran las virtudes del hombre.

Cicerón

Es la virtud moral que consiste en la constante y firme voluntad de dar a cada uno lo que le es debido. La justicia dispone a respetar los derechos de cada individuo y establecer en las relaciones la armonía que promueve la equidad respecto a las personas y el bien común.

La fortaleza

Es la virtud moral que asegura en las dificultades la firmeza y la constancia en la búsqueda del bien. Reafirma la resolución de querer superar los obstáculos.

La templanza

Es la virtud moral que modera la atracción de los placeres y procura el equilibrio en el uso de todos los bienes. Asegura el dominio de la voluntad sobre los instintos y la honestidad de los deseos. La persona moderada orienta hacia el bien sus apetitos sensibles, guarda una sana discreción y no se deja arrastrar para seguir la pasión de su corazón.

En la forma de actuar del ser humano, todo aquello que lo hace progresar, mejorar o perfeccionar es considerado una virtud; por consiguiente, existen muchas y muy diversas virtudes humanas. Revisemos en el siguiente esquema mental algunas de ellas:

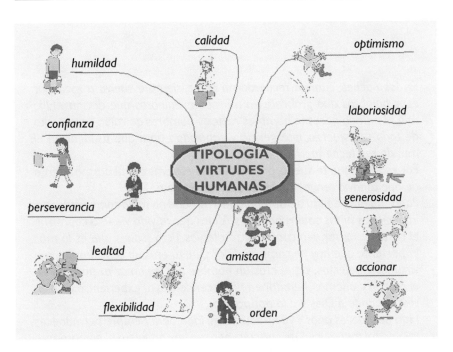

Para que las virtudes sean fuertes, es fundamental desarrollarlas armónicamente desde la más tierna infancia. Los padres podrán querer muchas cosas para su hijo, pero no basta con desearlo; se requiere voluntad, esfuerzo y disciplina.

Los valores y las virtudes no solo son fundamentales para forjar el carácter en los niños, sino que además sirven para protegerlos en situaciones perjudiciales y para estimularlos a avanzar hacia aquello que realmente les resulta de provecho en la vida. **En realidad, los valores y las virtudes son una armadura que sirve de protección a los hijos ante los muchos peligros de su existencia**.

> Ningún hombre o mujer santo ha sido santo por sus valores, sino por sus virtudes.
>
> *Eric de la Parra*

Cuando los padres siembran en sus hijos semillas cuidadosamente elegidas —con las condiciones genéticas adecuadas, que hagan crecer en los niños actitudes, creencias y valores que den como fruto seres comprometidos con la vida—, están colaborando decididamente en el proceso de dar origen a seres humanos evolucionados, que sin duda son la raíz de un mundo mejor.

Cuida la calidad de las semillas que sembrarás en tu hijo...

Para ti... padre

En las noches, cuando recuerdo mi niñez, siempre vuelvo a escuchar esas palabras que grabaste en mi mente. Palabras que decían: «Hijo mío, el mundo necesita hombres rectos y hombres de valor. Se necesita de todo tu esfuerzo, inteligencia y capacidad para que tu lugar en el mundo sea legítimo».

Por eso, hoy que te sueño, padre mío, me estremezco al darme cuenta de que todavía tengo mucho que aprender de ti.

Padre, quiero pedir tu perdón, porque a mi edad no sabía comprender tus intenciones ni tus sabias palabras. Ahora que la vida viene a cobrarme el coste de existir, veo cuánta razón tenías. Pero ¿sabes qué es lo más importante que hoy he comprendido? Que tú eras un ser humano, con virtudes y defectos, y que eras un hombre por legitimar tu posición en el mundo y, además, heredar en tu descendencia tu experiencia de bien vivir, amando a Dios y a la naturaleza.

Han pasado los años y ya no estás a mi lado, pero siempre permaneces vivo en mi mente y en mi corazón; por eso hoy adquiero el compromiso ante mí mismo, ante mi Dios, ante mis hermanos, ante la naturaleza, ante mi trabajo y, sobre todo, ante ti, que dejaste tu nombre, tu espíritu y tu esencia, para lograr lo que dice una sabia frase que siempre recuerdo: «Quiero ser lo que tú nunca fuiste para que mis hijos sean lo que yo nunca seré».

Mi compromiso es para ti, padre.

El príncipe jorobado

En un lejano reino, había un rey con un hijo que había nacido jorobado. Cada vez que era el cumpleaños del príncipe jorobado, su padre le regalaba lo que le pedía. Cuando cumplió dieciséis años, le pidió a su padre un regalo muy especial: quería que mandara realizar una estatua de él, pero sin que tuviera el defecto físico de la joroba.

El padre consintió a la petición de su hijo: mandó traer a los más reconocidos escultores del reino y les ordenó la elaboración de una estatua del más fino mármol con la figura de su hijo, pero en la cual no apareciera la joroba.

Así se hizo, y el día del decimosexto cumpleaños del príncipe, su padre le reveló la hermosa estatua, que fue colocada en los jardines centrales del palacio. En esa figura el joven lucía como el más imponente y hermoso caballero.

Todos los días, el príncipe pasaba gran parte de su tiempo contemplando la bella figura de mármol y deseando con todas sus fuerzas poder parecerse a ella.

La intensidad del deseo del príncipe era tan grande que día a día iba adquiriendo mayor parecido con la estatua, hasta que, con el paso del tiempo, llegó a perder completamente su joroba y adquirió la apariencia del imponente caballero que la estatua reflejaba.

QUINTA PARTE

Cómo ayudar a tu hijo a triunfar

La mejor herencia

Los padres que realmente buscan asegurar el porvenir de sus hijos, más que pensar en hacerlo de una manera económica, deben prepararlos para que se basten en la vida por sí solos y apoyarlos a fin de que cuenten con todas las herramientas necesarias para salir adelante en cualquier circunstancia.

> El que escribe en el alma de un niño escribe para siempre.
>
> *Anónimo*

Desde hace varios años, en Alemania se aplica exitosamente un modelo que sirve para preparar y formar a los niños desde muy pequeños en diversas especialidades, lo cual ha sido parte, sin duda, del magnífico desarrollo del país, que se ha convertido en una de las primeras potencias mundiales a pesar del deterioro económico, social y moral que le dejaron las dos guerras mundiales.

Dicho modelo tiene como fundamento inculcar en la formación de los niños cuatro tipos de virtudes básicas:

- ⇨ Oficio
- ⇨ Capacidad artística
- ⇨ Deporte
- ⇨ Profesión

Oficio

Los oficios son actividades, principalmente manuales, que requieren de una capacidad y destreza para realizarlos. Desde muy pequeños, los niños pueden aprender algún tipo de oficio, elegido de acuerdo con las aptitudes y gustos de cada uno. Si uno de los padres, o la

tradición familiar, se dedica a algún oficio, este podrá transmitirse al hijo más fácilmente, si es que tiene interés por él, ya que entonces el niño se sentirá identificado con la actividad y dispondrá de todas las herramientas necesarias. Si no es así, puede recibir clases, ya sea como actividades escolares o extraescolares, o bien aprenderlo con alguna persona que lo conozca. Los oficios pueden ser fotografía, costura, carpintería, cocina, herrería, mecánica, cerámica, agricultura, ganadería, cría de animales o jardinería, entre otros.

Capacidad artística

Se refiere a cualquier actividad que involucre el desarrollo de las facultades sensoriales, estéticas e intelectuales en cualquiera de sus diferentes manifestaciones. Al igual que los oficios, algunas veces la familia tiene como tradición practicar determinada actividad artística, la cual sería la más sencilla de transmitir a los hijos; sin embargo, es muy importante considerar las capacidades innatas del niño, ya que si la familia proviene de generaciones de músicos, pero el niño no es auditivo ni tiene un alto desarrollo de la inteligencia musical, seguramente no tendrá facilidad para ser músico y preferirá practicar otro tipo de actividad que no esté relacionada con la música. Algunas capacidades artísticas pueden ser pintura, escultura, danza, música, literatura y teatro.

Deporte

Involucra cualquier actividad que requiera ejercicio físico, ya se realice de forma individual o en equipo. La elección del deporte se hace considerando la disponibilidad para realizarlo, las condiciones físicas del niño y sus gustos. Generalmente las escuelas realizan actividades físicas como parte de su plan de

estudios, por lo que es importante que los padres evalúen si esa actividad es suficientemente alentadora y estimulante para el niño o si es necesario complementarla con actividades extraescolares. Los deportes que los niños pueden realizar desde muy pequeños y que les ayudan a lograr un buen desarrollo físico son natación, fútbol, gimnasia, béisbol, atletismo y artes marciales.

Profesión

Se refiere a estudios universitarios o técnicos sobre alguna especialidad. En muchas ocasiones, los niños saben desde muy pequeños la profesión que desean tener cuando sean mayores. Siempre hay que escucharlos y darles importancia a sus comentarios, ya que dicen mucho de los gustos, preferencias y capacidades que tienen desde su nacimiento hasta la edad adulta.
La elección de la profesión debe hacerla personalmente el adolescente, aunque el consejo y la orientación de sus padres sea muy importante. Algunos ejemplos de profesiones son médico, abogado, ingeniero, arquitecto, químico, físico, biólogo, contable, etc.

Cuando una persona logra desarrollar estas cuatro virtudes durante su vida, abarca en perfecto equilibrio todos los niveles del ser humano: el oficio se relaciona con el plano espiritual, el arte tiene su origen en el alma, el deporte abarca el plano físico y la profesión comprende el mental.

La preparación en estas cuatro áreas permitirá a tu hijo crecer y desarrollarse en todos sus planos; le brindará la oportunidad de triunfar en diversas ocupaciones y, además, podrá encontrar medios para la obtención de ingresos.

De esta manera, si al llegar a adulto tu hijo se convierte en una estrella del fútbol o tu hija en una reconocida bailarina, cuando tengan que retirarse por la edad, ya que ambas actividades tienen un tiempo limitado de práctica, estarán preparados para dedicarse a la profesión que hayan estudiado o al oficio que hayan aprendido. O, por ejemplo, si tu hijo decide dedicarse de adulto a su profesión y trabajar como ejecutivo

en una empresa, y un día lo despiden, podrá recurrir a su oficio o al arte para seguir obteniendo ingresos. Como puedes observar, este modelo de formación garantiza a los niños que siempre tendrán oportunidades para triunfar en lo que se propongan, porque contarán con la capacidad y el conocimiento para hacerlo.

Como hemos visto, la elección del tipo de actividad en cada una de las categorías debe sustentarse en las capacidades, preferencias, condiciones y objetivo de vida de cada persona, pero siempre incluyendo un oficio, una capacidad artística, un deporte y una profesión con igual entusiasmo y dedicación.

A excepción de la profesión, se recomienda que las otras tres categorías se inculquen desde la más temprana edad, ya que de esta manera se facilita tanto el aprendizaje como el desarrollo de la destreza y del talento, además de influir en que la práctica de la actividad llegue a ser un excelente hábito de vida.

Existe otro tipo de aprendizaje que hoy día resulta imprescindible para cualquier persona; me refiero al dominio de un segundo idioma. Estamos viviendo una época de globalización en la cual se requiere una comunicación constante en distintas lenguas. Por ello también es muy recomendable, no tanto como futura forma de sustento, sino como preparación complementaria, que los niños aprendan un idioma adicional a su lengua materna. Sin duda, cuanta más experiencia tenga tu hijo en el mayor número de materias, más seguro de sí mismo llegará a sentirse.

El efecto Pigmalión y el poder de las expectativas

Los padres pueden ejercer una influencia extraordinaria sobre sus hijos, lo que suele suceder de forma inconsciente. Los psicólogos han demostrado que el solo poder de la expectativa puede influir en la conducta de las personas, es decir, que llegan a convertirse en lo que los otros esperan de ellos. Este fenómeno se conoce como «efecto Pigmalión».

La idea de que las expectativas puestas en una persona pueden influir en su conducta ha sido una suposición común durante mucho tiempo. Según la mitología griega, Pigmalión fue un escultor que esculpió en mármol la estatua de la mujer ideal. Tan hermosa y perfecta fue su creación que se enamoró de la ella, y le pidió a la diosa Venus (Afrodita) que le concediera una esposa como su «virgen de mármol». Venus se conmovió ante la petición de Pigmalión y le dio vida a la estatua, que recibió el nombre de Galatea.

> Un niño siempre actuará como los demás esperan que lo haga, principalmente aquellos que tienen autoridad sobre él.
>
> *Eric de la Parra*

¿Cuál es el poder de las expectativas? Podríamos decir que son la esperanza de conseguir determinada situación. Las expectativas provienen de las creencias que tengas sobre tu hijo y sobre su realidad. Esto significa que lo que creas y esperas de él se convertirá en realidad.

Las expectativas que los padres ponen en sus hijos poseen el más poderoso efecto para determinar el tipo de personas que estos llegarán a ser. Este poder lo otorga la autoridad que los padres tienen sobre sus hijos, y... ¡tú posees esa capacidad! Tú puedes cultivar la maravillosa cualidad de creer en tu hijo y esperar que se convierta en una persona que disfrute de la vida y tenga éxito en ella.

Si esperas que sea un triunfador, tus expectativas no te decepcionarán. Pero ¡cuidado!, porque sucede lo mismo si piensas que tu hijo será un fracasado. La vida en este sentido es neutral y tiende a cumplir las expectativas que cada cual posee, tanto si son positivas como negativas. La razón es muy simple: **aquello que esperas, ya sea de ti mismo o de quienes te rodean, te predispone y los predispone a cumplirlo**. Esto significa que te sitúas en una posición de preparación hacia el éxito o el fracaso.

El doctor Robert Rosenthal, de la Universidad de Harvard, realizó un impresionante experimento que nos habla del poder de las expectativas y que se llevó a cabo en un colegio ubicado en la bahía de San Francisco, California, al inicio de un curso escolar.

> Trata a tu hijo como si ya fuera lo que tú deseas que sea.
>
> *Eric de la Parra*

Un día, las autoridades administrativas y el director hicieron llamar a tres profesores y les dijeron que, debido a sus capacidades y experiencia, habían llegado a la conclusión de que eran los mejores maestros de la escuela. Como premio especial por

su excelencia docente, la dirección le asignaría a cada uno un grupo de treinta estudiantes que habían sido identificados como los alumnos más brillantes de la escuela, a partir de su coeficiente intelectual y sus resultados en diferentes pruebas de capacidad. Estos alumnos se separarían del resto de los estudiantes para formar los tres grupos de élite de los que se encargarían los maestros.

Tan solo había una condición: nadie debería saber que trabajaban con grupos especiales, de los que la dirección esperaba unos resultados excelentes. Así, al final del curso escolar, no resultó sorprendente que los tres grupos superaran en logros académicos no solo al resto de la escuela, sino a todo el distrito escolar.

Más tarde, se mandó llamar a los docentes y se los felicitó por el espectacular año académico que habían logrado con los estudiantes. Los profesores respondieron que en realidad había sido muy fácil con unos alumnos tan brillantes, ya que aprendían muy rápido. A estos comentarios, las autoridades respondieron:

—Bueno, queremos decirles la verdad... Se ha tratado de un experimento. Los noventa alumnos fueron seleccionados al azar de entre toda la población estudiantil. No hicimos ninguna prueba de coeficiente intelectual ni de capacidades antes de incluirlos en los tres grupos especiales.

Los profesores, muy sorprendidos, pensaron entonces que el espectacular resultado se debía a que eran unos docentes extraordinarios. Las autoridades respondieron que esta era la otra parte del experimento: al inicio del curso escolar, metieron unos papeles con los nombres de todos los maestros en una urna y se sacaron tres de ellos; es decir, fueron seleccionados al azar, igual que los alumnos.

¿Te das cuenta de lo que esto significa? En este experimento, la única diferencia para la obtención de tan espectaculares resultados radicó en las expectativas que el director y las autoridades administrativas tenían en los profesores, y las que estos tenían a su vez en los estudiantes. Las expectativas que las autoridades pusieron en los profesores fueron explícitas, es decir, declaradas en voz alta, mientras que las de los profesores respecto a los alumnos fueron no verbales.

¿A qué conclusiones llegamos? Este experimento demuestra que, aunque nunca menciones a otros las expectativas que pones en ellos, estas tendrán una gran influencia en la forma en que se comporten, ya que actúan de manera inconsciente y modifican su personalidad y forma de actuar y de interactuar con otras personas. En otras palabras, las expectativas influyen en tus creencias.

Las creencias son muy poderosas. Hay una expresión que dice:

> **Ten cuidado con aquello en lo que crees,
> porque se puede hacer realidad.**

Revisemos la historia de Alejandro Magno, a quien una creencia lo convirtió en el conquistador más grande de la Antigüedad. Alejandro III era hijo de Filipo II, rey de Macedonia, y de Olimpia, princesa de Epiro. Filipo solicitó al mejor de los maestros griegos, que entonces era Aristóteles, que fuera el tutor de su hijo y le pidió que hiciera de él un gran hombre y que le transmitiera los principios de la grandeza.

Antes de iniciar su educación, Aristóteles le dijo a Alejandro que tenía que confesarle un secreto: Filipo no era su verdadero padre, sino tan solo el responsable de cuidarlo en este mundo, pues su verdadero padre era Zeus, dios de todos los dioses, por lo que él era de origen divino.

¿Y qué ocurrió con Alejandro Magno? Pues que se creyó que realmente era hijo del dios más poderoso, y esa creencia lo convirtió, a pesar de su corta edad, en conquistador del Imperio persa, que era el más poderoso de la época, y en uno de los líderes militares más importantes de la Antigüedad; por eso se le conoce como Alejandro Magno.

Ahora, yo te pregunto: ¿qué es lo que tú crees respecto a tu hijo? ¿Quién crees que es? ¿Qué expectativas tienes puestas en él?

Trata a tu hijo como a un triunfador

Desde el momento de su nacimiento, considera a tu hijo como si hubiera llegado a este mundo como un ser humano completo, y no como si estuviera en vías de desarrollo. Muchos padres creen que su hijo es una semilla que, en algún momento, se convertirá en persona. Esta actitud se caracteriza por tratar a los niños como si siempre estuvieran preparándose para llegar a ser algo, pero que siendo niños aún no logran ser «nada».

> **En todo momento y en cualquier circunstancia, trata a tu hijo como un ser humano completo, que tiene tanto que enseñarte a ti como tú a él.**

Trata a tu hijo como un triunfador, pero no solo por lo que llegará a ser de adulto, sino por cada uno de sus logros durante la infancia. No esperes a que obtenga grandes victorias escolares o deportivas, trátalo como un ganador desde que dé sus primeros pasos, cuando diga sus primeras palabras, cuando lea sus primeras líneas, cuando haga sus primeras operaciones matemáticas, y así con cada una de sus victorias, por muy insignificantes que puedan parecerte. Hazlo sentir como un triunfador en todo momento y trátalo como tal.

Evita emplear frases que hagan sentir a tu hijo como un perdedor y acostúmbralo a que tampoco se diga a sí mismo palabras autodestructivas. Si esto sucede, corrígelo inmediatamente. Enséñale a no temer el fracaso y a que, cuando cometa un error, no significará que sea un perdedor, sino que podrá obtener de ello una enseñanza. Ayúdale a que siempre encuentre el lado positivo en todo lo que le suceda.

Los niños nacen con un rasgo sobresaliente: a excepción del temor a caerse y a los ruidos fuertes, no presentan ansiedad, tensión o angustia de ningún tipo. Todos los miedos que llegan a desarrollar son aprendidos, y generalmente son los padres quienes los empujan a tener miedo. Todos sabemos que, al criar a un niño, tenemos que pasar los primeros tres o cinco años de su vida deteniéndolo para que no tenga ningún accidente. Corren hacia la calle sin mirar si hay tráfico, se tiran por las escaleras, ponen las manos en la estufa... Carecen por completo de temor hacia cualquier cosa y, por supuesto, los padres eliminan ese rasgo tan pronto como pueden. Es correcto prevenir a los niños de los riesgos que pueden correr y enseñarles a que se cuiden ellos mismos, pero para lograrlo no es necesario volverlos unos miedosos. Nadie nace con miedo al fracaso, por ejemplo; este miedo es aprendido y, por tanto, puede ser evitado.

Lo que necesitas para tratar a tu hijo como un triunfador es entender que todo lo que hace es importante «ahora», reconocer sus logros y esfuerzos, que sepa que confías en que siempre tendrá éxito, respetarlo como ser humano íntegro, así como hacerle ver sus errores y la manera de corregirlos. Míralo y háblale como si fuera un gran campeón.

> **Si tratas a tu hijo tal como es, seguirá siendo de ese modo y, en consecuencia, tendrá una escasa confianza en sí mismo. En cambio, si lo tratas como si ya fuera lo que puede llegar a ser, estarás potenciando todas sus capacidades.**

Elogia a tu hijo por sus pequeños logros cotidianos, pues todo lo que hace es importante. Señálale lo mucho que valoras los esfuerzos que hace a diario por ser mejor, tanto en el hogar como en la escuela. Recuerda tú mismo, y recuérdale a él, que cada día de su vida es igual de valioso.

Lo fundamental para que tu hijo se sienta un triunfador es tratarlo como si ya hubiera alcanzado su potencial; que sepa que crees en él, elogiándolo por sus pequeños y grandes logros. No seas un padre que señala sus defectos y le hace pensar que dispone de una capacidad limitada. Al contrario, pues si quieres hacer de tu hijo un perdedor, solo tienes que criticarlo constantemente, burlarte de él, empequeñecerlo, señalar sus faltas e ignorar sus aciertos. Como puedes observar, en gran medida el éxito o fracaso de tu hijo depende de ti.

Alimenta en tu hijo la buena imagen de sí mismo y la autoestima

Los niños no nacen con ninguna imagen de sí mismos. Pueden llegar a ser, literalmente, cualquier cosa que ellos o sus padres quieran que lleguen a ser. Pueden ir en cualquier dirección desde su más tierna infancia.

La imagen que tiene un niño sobre sí mismo es el resultado directo del tipo de estímulos que recibe del ambiente que lo rodea, aunque influyen de manera determinante los que recibe de sus padres. Si quieres saber el tipo de persona que será tu hijo cuando llegue a adulto, hazte la siguiente pregunta: ¿qué piensa sobre sí mismo? Aquí no importa lo que tú pienses de él, ni la opinión que tengan sus parientes o profesores, sino solamente el concepto que tiene él de sí mismo. Esta imagen interna no se forma de un día para otro, sino que se construye a través del tiempo, al ir uniéndola pieza por pieza.

La tarea de motivar a los hijos para que tengan éxito consiste, en esencia, en trabajar con la imagen que tienen de sí mismos en todos los aspectos de su vida. Y aquí aparece algo muy importante: *la mayor influencia para que un niño tenga una imagen positiva de sí mismo es el concepto que tengan sus padres de sí mismos, así como sus actitudes y valores.* Si la autoimagen de los progenitores es sana, su manera de enseñar, querer y educar a los hijos será totalmente favorable. Con esto constatamos, una vez más, la importancia de que los padres actúen con coherencia. Si uno de los dos no tiene una buena autoimagen, esto se verá reflejado en su **lenguaje**, en su **actitud** ante la vida y en todas las **actividades** que realice, es decir, que no hay manera de ocultarlo y de aparentar otra cosa ante los hijos. Si tú no tienes una buena imagen de ti mismo, no esperes que tu hijo la tenga; primero deberás trabajar en tu propia persona para lograr una imagen positiva. Si quieres que tu hijo se respete a sí mismo, dale el ejemplo de un individuo que lo hace, y jamás reniegues de esa postura.

Otra causa principal de que los niños tengan un pobre concepto de sí mismos es la falta de amor paternal «incondicional», que consiste en amar a los hijos sin condiciones de ningún tipo, es decir, **amarlos por lo que *son* y no por lo que *hacen*.** Desafortunadamente, muchos padres condicionan el amor a sus hijos a que obtengan buenas notas en la escuela, a que arreglen su cuarto, o a que se porten bien y obedezcan.

Esto significa que el hijo, muchas veces, no se siente merecedor de amor, ni siquiera del de sus padres. Vincula el amor a la conducta; por tanto, si esta no es buena, no hay amor, lo cual es un gran error, como también lo es amenazar a los hijos con dejarlos de querer si no hacen tal o cual cosa. La intranquilidad que surge por la amenaza de perder el amor y la aprobación de los padres es la más traumática para un niño; es realmente aterradora, pues el mayor miedo que puede sentir es que sus padres dejen de quererlo.

La falta de amor en la vida de una persona deriva de su creencia de que no merece ser amada. Si un niño cree que no merece el amor de sus padres, dará por sentado que es indigno del amor de cualquier otra persona, incluyéndose a sí mismo. Y como es de esperar, si él no logra quererse, es lógico que llegue a pensar que nadie más lo podrá querer. De esta conclusión no hay más que un paso para que se convenza de que no vale nada, y este es el golpe más demoledor para su propia imagen.

Nada da más seguridad a un niño ni estimula tanto el buen desarrollo de su autoimagen como ***tener la garantía de que es amado por sus padres en cualquier circunstancia***, incluso cuando las cosas salen mal. Demuéstrale amor a tu hijo; que sepa que lo aceptas y que lo amas pase lo que pase, de manera incondicional, que tenga la seguridad de tu afecto y de que no tiene que ganarlo con méritos.

Por tanto, es responsabilidad de los padres hacer siempre todo lo posible para evitar que los hijos se consideren seres insignificantes. Un niño que llegue a considerarse alguien sin valor vivirá de acuerdo con esas expectativas en cualquier actividad que realice.

La tarea de los padres consiste en trabajar con la imagen que los hijos tienen de sí mismos. En cualquier momento en que encuentres actitudes negativas, de pesimismo, incapacidad o indiferencia, deberás

corregirlo y enfocarlo hacia una actitud positiva. Aquí se requiere una intolerancia total hacia cualquier concepto negativo que tu hijo se quiera imponer; jamás lo permitas y, mucho menos, seas tú quien le fomente una imagen negativa.

> El único obstáculo verdadero para la propia grandeza de un niño es su temor a la grandeza. La eliminación de los temores es la senda que hay que tomar para trabajar con la imagen que de sí mismo tienen tus hijos.
>
> *Wayne Dyer*

Recuerdo claramente que mi padre era muy intolerante ante el hecho de que aceptáramos de otras personas el uso de apodos, porque decía que en su mayoría denigraban a quien los consentía. Era muy tajante respecto a que teníamos que cuidar nuestra propia imagen.

Si tratas a tu hijo como a una persona importante, atractiva y digna de atención, sin duda alguna terminará creyendo lo mismo; así quedarán plantadas las primeras semillas de su autoestima, que germinarán a medida que vaya probándose como una persona valiosa en sus actividades diarias.

Cuando un niño aprende a quererse, respetarse y tener un elevado concepto de sí mismo, no existe ningún obstáculo para su realización como ser humano. Una vez que consolide una imagen propia sólida, la opinión de los demás no tendrá ningún efecto sobre su autoestima. Y el niño que ha aprendido a amarse tendrá, a su vez, mucho amor para dar a los demás.

Todos los niños merecen escuchar de boca de sus padres qué es aquello que los hace únicos. Su autoestima es fruto de la adquisición de todas las imágenes que desarrollan sobre sí mismos. Si estas son positivas, su autoestima será más elevada, pero si, por el contrario, son negativas o no se sienten cómodos con ellas, su autoestima será más baja y su comportamiento podrá ser muy agresivo contra otros seres humanos, en quienes descargarán su odio y su frustración.

A continuación encontrarás algunas recomendaciones para que tu hijo tenga una imagen de sí mismo saludable.

Debes ser un ejemplo de respeto por ti mismo

De la misma manera que debes ser ejemplo de persona con una imagen positiva de sí misma, también has de mostrarle a tu hijo, a través de tu comportamiento diario, que te respetas y que exiges respeto hacia tu persona. Esto significa que nunca tolerarás una falta de respeto por parte de nadie, en particular si proviene de tu hijo.

> Alabar los resultados positivos siempre será mejor que criticar los negativos.
>
> *Eric de la Parra*

Enséñale a tu hijo a ser competente

La única manera que existe de que tu hijo se conciba a sí mismo como una persona competente es que tenga pruebas tangibles de que en realidad lo es. Para ello es necesario que lo animes a realizar actividades en las que pueda tener éxito, y luego insistirle en que es capaz de convertirse en un experto en ellas. Si llega a fracasar en alguna actividad, asegúrate de que realiza otras en las que sí pueda triunfar. Recuerda que el éxito genera más éxitos, por lo que intenta que tu hijo se acostumbre a alcanzarlo en cualquier actividad que emprenda y que sienta la confianza en que siempre saldrá victorioso.

Ama a tu hijo y asegúrate de que lo sepa

Sin duda sientes amor por tu hijo; de otro modo, ni siquiera te hubieras interesado en leer este libro, pero necesitas demostrárselo en todo momento. Dile constantemente cuánto lo quieres, lo importante que es para ti y lo mucho que te interesa. Cerciórate de que sepa que puedes ser su amigo, que te tiene cerca y que eres accesible. Dedícale tiempo, divertíos juntos con sus actividades favoritas, conversad y jugad. Acarícialo de forma habitual, para que se  acostumbre a que lo abraces y beses sin motivo aparente.

Te invito a que hagas una prueba que te demostrará la validez de estas palabras. Esta noche, antes de que tu hijo se vaya a dormir, busca

un lugar de la casa donde estés tranquilo, sin el rumor de la televisión, la radio u otras personas. Llámalo y, cuando llegue, míralo directamente a los ojos, tómalo con cariño de la cabeza con las dos manos y dile con amor: «Quiero que me escuches y que sepas que, pase lo que pase, seas quien seas, siempre te amaré y siempre creeré en ti». Notarás que tu hijo se estremece entre tus manos y, aunque ahora no entienda tu comportamiento, su espíritu se regocijará y en los siguientes días notarás un cambio de conducta.

O si quieres hacer otra prueba, escríbele una nota en la que le expreses tu amor incondicional y tu fe en él. Entrégasela en privado, pero léesela personalmente y déjasela. Quizá nunca sepas dónde acabará esa nota, pero podría sorprenderte que varios años más adelante la encuentres guardada como un tesoro. Así, tu hijo sabrá que tiene un padre o una madre que lo ama, y eso resulta esencial para todo ser humano.

Un niño no vale por lo que hace

> Un niño jamás debe dudar del amor de sus padres hacia él.
> *Eric de la Parra*

Un niño que fracasa no es un fracaso; sencillamente ha actuado de un modo que le ha dado la oportunidad de aprender y crecer. Puedes enseñarle a tu hijo a aprender de sus errores y no temer al fracaso, en la medida en que entienda que su valía como persona no tiene que ver con la calidad de su desempeño. Recuérdale siempre, especialmente después de que haya fallado en algo, que es valioso con independencia del resultado de sus obras.

Elogia a tu hijo en lugar de criticarlo

Asegúrate de reconocer a tu hijo ante cualquier logro que alcance, por su apariencia, por su gracia, por su inteligencia, por su creatividad, por haber realizado bien alguna labor, etc. Esto le dará mucha seguridad y confianza en sí mismo, pero además le servirá para que no necesite de la aprobación de todas las personas para sentirse valioso. Los niños a quienes se les han dado grandes dosis de elogios y se les quiere incondicionalmente tienen mayores probabilidades de no buscar la aprobación de toda la gente que los rodea. Es como si se llenaran de tantos elogios cuando son pequeños que ya no tienen que buscarlos de adultos.

Cuando tu hijo cometa un error, evita criticarlo, ya que los niños a quienes se les critica aprenden a hacerlo consigo mismos y llegan a convertirse en personas con poca dignidad. La crítica destructiva genera hábitos negativos y afecta a la autoimagen del niño. Para que la crítica sea constructiva, debe cumplir cuatro requisitos.

Crítica constructiva

1. **La crítica siempre debe empezar con la aceptación y el elogio.** Cuando se desea corregir cierto comportamiento en un niño, primero hay que elogiar lo que está bien o expresar aprobación, apoyo y amor a la persona.
2. **La crítica se debe enfocar en la ejecución, no en la persona que ejecuta la acción.** En la crítica constructiva el niño nunca debe ser atacado; tan solo se señala la parte del comportamiento o acción que no es aceptable.
3. **Acordar conjuntamente una solución.** El objetivo de la crítica constructiva es que se corrija un comportamiento o acción. Si solo nos centramos en señalar el error, la crítica no cumplirá con su finalidad; de ahí la importancia de buscar alternativas de solución. Si vas a hacer una crítica de este tipo, tienes la responsabilidad de ayudar a solucionar la situación, o de otro modo no tienes derecho a criticar.
4. **Ofrecer ayuda.** Ofreciendo ayuda para que el niño corrija su comportamiento, lo estarás apoyando para que le resulte más fácil.

Elogia a tu hijo por intentar realizar una tarea, aunque no le salga bien, y asegúrate de que sepa que estás con él en sus esfuerzos.

Encontré un interesante artículo en un periódico, en el que se denunciaba la falta de cuidado y atención en el desarrollo emocional de niños y adolescentes, y considero muy importante comentarlo dentro de este tema. El artículo se refiere a un programa realizado por John Lechman, psicólogo de la Duke University, de Estados Unidos, conocido como «Educación emocional», y que tiene como objetivo que los jóvenes aprendan de un modo muy participativo a controlar sus emociones ejercitándose en reconocer las señales de hostilidad, ponerse en el lugar de los demás y percibir cómo son vistos por otras personas en situaciones

difíciles. Este programa surge del creciente aumento de jóvenes involu-
crados en delitos, adicción a drogas y alcohol, enfermedades venéreas,
embarazos y abortos.

En este artículo se denuncia que en los hogares y las escuelas se pone
muy poca o ninguna atención en el control de las emociones de los niños
y adolescentes. Afirma que se ha comprobado que los jóvenes sin control
de sus emociones proceden casi siempre de hogares disfuncionales, lo
que los lleva a sufrir de aislamiento, sensación de no ser amados, demanda de atención, sentimiento de inferioridad, ansiedad, poco rendimiento escolar, vacío espiritual y ausencia de alternativas, todo lo cual tiene
como consecuencia un descontrol en sus emociones.

Es responsabilidad de los padres de familia cuidar y estimular el
sano desarrollo de las emociones de sus hijos, para lo que resulta básico
hacer que se sientan amados y alimentar su autoestima.

La oración de los padres

*Ayúdame, Señor, a comprender a mis hijos, a escuchar pacientemente lo
que quieren decirme y a responder todas sus preguntas con amabilidad.
Evítame que los interrumpa, que dispute con ellos o los contradiga.
Hazme cortés con ellos para que ellos se comporten conmigo de igual
manera. Dame el valor de confesar mis errores y de pedirles perdón
cuando comprenda que he cometido una falta.*

*Impídeme que lastime los sentimientos de mis hijos. Prohíbeme que me
ría de sus errores y que recurra a la afrenta y a la mofa como castigo.
No me permitas jamás que induzca a mis hijos a mentir o robar.
Guíame hora tras hora para que confirme, por lo que digo y hago, que
la honestidad es fuente de felicidad.*

*Modera, te ruego, la maldad en mí. Evítame que los incomode y cuando
esté malhumorado, ayúdame, Dios mío, a callarme. Hazme ciego ante
los pequeños errores de mis hijos y auxíliame a ver las cosas buenas
que ellos hacen.*

*Oponte a que los castigue para satisfacer mi egoísmo. Socórreme para
concederles todos los deseos que sean razonables y apóyame para
tener el valor de negarles las comodidades que yo comprendo que les
harán daño.*

*Hazme justo y ecuánime, considerado y sociable con mis hijos, de tal
manera que ellos sientan hacia mí estimación.*

Hazme digno, Señor, de que sea amado e imitado por mis hijos.

Programación mental

¿Cómo funciona la mente?

El ser humano posee dos mentes que forman una sola unidad: mente consciente y mente inconsciente. La consciente es la mente racional y objetiva, por lo que nos sirve para pensar, analizar, razonar, deducir, sacar conclusiones, seleccionar, censurar, dar órdenes, determinar e imaginar.

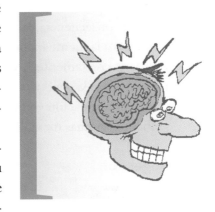

Por su parte, la inconsciente es la mente subjetiva, impersonal, no selectiva. Su función es cumplir las órdenes que recibe de la mente consciente a través del pensamiento. Todo lo que la mente consciente acepta como verdadero, la inconsciente también lo acepta y, además, lo lleva a cabo. En el inconsciente residen la sabiduría, la salud y el poder infinitos, así como todos los atributos divinos. Cuando grabamos algo en la mente inconsciente, esta hará lo imposible por convertirlo en una realidad física. El inconsciente es también el constructor del cuerpo y mantiene todas las funciones vitales.

Existen algunas características de la mente inconsciente que determinan su operación, y son las siguientes:

⇨ **Es sugestionable.** El inconsciente está sujeto siempre a control, mediante el poder de la sugestión.

⇨ **Es literal.** Lo que significa que tiende a aceptar como verdaderas las ideas y afirmaciones que la mente consciente le transfiere, sin ningún tipo de interpretación.

⇨ **Es incapaz de analizar.** Cuando recibe una instrucción o se le sugiere algo, lo acepta como verdadero y procede en consecuencia, independientemente de que se trate de algo ilógico, negativo o perjudicial.

⇨ **Carece de sentido del humor.** El inconsciente no distingue cuando una información es seria o es broma. Opera de manera inocente y no sabe jugar.

Programación mental

Un programa es un proceso de entrada, establecimiento y operación en el cerebro de una serie de datos específicos o de información, dispuestos de tal modo que evoquen una respuesta específica en la mente o el cuerpo.

En consecuencia, la programación es el conjunto de mandatos que enviamos a la mente inconsciente a través de sugestiones o imágenes dirigidas correctamente, y cuya finalidad es producir las modificaciones necesarias en la conducta.

A continuación veremos algunas técnicas que son muy útiles para grabar programas mentales positivos en tu hijo.

Sugestión

> Ten cuidado con aquello que dices... Corres el riesgo de que se te cumpla.
>
> *Eric de la Parra*

El término «sugestión» proviene del griego *suggere*, que significa «sugerir», y por la misma razón, también se refiere a las frases o palabras que se dicen con la intención de sugerir algo. **Sugestión es hacer entrar en la mente de otra persona o en la propia una idea que quede fijada y genere los resultados esperados.**

Como mencionaba, una de las características de la mente inconsciente es que es sugestionable, lo que significa que podemos programarla a través de sugestiones. Esta forma de programación resulta sumamente sencilla: tan solo tienes que repetirle a tu hijo palabras que lo induzcan a grabar un programa.

Cuando usemos la técnica de la sugestión para programar, es importante evitar frases negativas, ya que la sola palabra crea la imagen negativa. Por ejemplo, si decimos «no te vayas a golpear», la imagen que más se grabará, sin duda, es el vocablo «golpear», y esa es una imagen negativa. Dicho de otro modo, **evita usar la palabra «no» en programación.**

El adverbio «no» puede reemplazarse por frases positivas, como:

Sustituir «no»

Evita Rechaza Deja Ni

Al dar una orden que lleva la palabra «no», la frase carece de eco y se cumple de manera inversa. Por ejemplo, si los padres le dicen a su hijo: «Más te vale que *no* suspendas la asignatura», y el hijo la suspende, ¿qué ha sucedido? Sencillamente que sus padres lo ayudaron a suspender. Lo que el inconsciente del hijo entendió literalmente fue: «Más te vale que suspendas la asignatura», y muy obedientemente eso fue lo que hizo. Cuando los padres regañan al niño, el inconsciente no entiende el motivo, si en realidad lo único que hizo fue seguir sus instrucciones tal como las entendió.

La sugestión con frases positivas es muy poderosa, y principalmente cuando proviene de alguien que tiene autoridad sobre la persona a la que se desea sugestionar, así que imagínate lo fuerte que resulta cuando se dirige de un padre hacia su hijo.

El inconsciente de tu hijo hará lo que le ordenes, por eso es importante saturarlo de ideas de buena salud, éxito y agradables jornadas de estudio. Las mejores sugestiones son aquellas que se disponen según la personalidad de quien se desea programar.

Para programar con eficacia por medio de la sugestión, existe un factor muy importante: **la repetición**. La mente inconsciente acepta como válida la información que, desde el nivel consciente de la mente, se le va fijando con ideas repetitivas, ya que lo condiciona como una creencia. Cuantas más veces le repitas a tu hijo una frase sugestiva, más efectivamente se grabará.

A continuación te presento un ejemplo de frases positivas llenas de fuerza que, repitiéndoselas continuamente a tu hijo en cualquier momento, generarán un programa que se le grabará para toda la vida y actuará de acuerdo con él. La programación que hagas en tu hijo dará resultados inmediatos, pero estos serán aún más sorprendentes si, además, él adquiere el hábito de autosugestionarse, repitiéndose a sí mismo frases positivas.

Enséñale algunas frases y anímalo para que se las repita continuamente. Algunos ejemplos son los siguientes:

- ⇨ Mejoras cada día.
- ⇨ Eres fuerte y saludable.
- ⇨ Eres inteligente.
- ⇨ Eres hermoso.
- ⇨ Eres triunfador.
- ⇨ Te resulta fácil hacer las cosas.
- ⇨ Estás tranquilo, calmado y sin temor.
- ⇨ Es fácil, tú puedes y lo vas a lograr.
- ⇨ Tú siempre puedes.
- ⇨ Eres el mejor.
- ⇨ Hoy será un gran día.
- ⇨ Tendrás éxito.
- ⇨ Estoy seguro de que lo lograrás.
- ⇨ Eres importante.
- ⇨ Cree que puedes y podrás.
- ⇨ Eres capaz.
- ⇨ Eres un ganador.
- ⇨ Te va a ir muy bien... como siempre.
- ⇨ Para todo lo que intentes hacer, primero piensa que puedes, y podrás.

Cada palabra positiva actúa igual que una gota de agua: si la dejas caer de forma ininterrumpida, muy pronto saturará el inconsciente del niño con ideas positivas sobre su persona que reforzarán su carácter de triunfador.

Permíteme contarte una historia real que es una excelente muestra del impresionante poder de la programación. Hace algún tiempo, un joven de quince años que vivía en Estados Unidos cayó víctima de la poliomielitis. Después de pasar cinco meses encamado, a merced de lo que le rodeaba, un día oyó que el médico de la familia le decía a su madre que nunca podría dejar la cama.

¡Qué terrible situación para el joven, con una mente tan llena de energía y proyectos! ¡Cómo lo desmoralizaba enterarse de que nunca más podría jugar a la pelota o realizar la acción física más sencilla!

Sin embargo, se enteró del método del doctor Émile Coué, un médico francés que residía en Estados Unidos y que había logrado milagros a través de la sugestión mental. El doctor Coué le llevó una cuerda y le dijo que hiciera en ella cuarenta nudos. Aunque no podía escribir ni alimentarse por sí mismo, el joven se las arregló para hacerlos todos. Debía pasarse la cuerda por los dedos como si fuera un rosario y, al pasar cada nudo, decir: «Puedo caminar, quiero caminar, voy a caminar», mientras se imaginaba a sí mismo caminando. Transcurrieron siete meses sin ningún progreso aparente, pero un día, hacia las tres de la madrugada, toda la familia despertó por un grito terrible que provenía de un extremo lejano de la casa. Cuando corrieron a ver qué sucedía, encontraron al joven en el suelo presa del histerismo: en sueños había empezado a caminar. Cuando se había alejado lo bastante de la cama, tropezó con la esquina de una mesa y, al caer, había despertado.

La importancia de esta historia radica en que la mente inconsciente, liberada de sus grilletes, había aceptado que el joven podía caminar, y por la noche, cuando la mente consciente dormía, todas sus limitaciones, sus preocupaciones y dudas se retiraron, y la inconsciente actuó automáticamente sobre las repetidas veces que se le había dicho: «Puedo caminar, quiero caminar, voy a caminar». Después de esa experiencia, el joven adquirió una fe desbordante y una enorme creencia en el potencial mental, y a los pocos meses estaba caminando voluntariamente.

> Nos esmeramos tanto tiempo por dar a nuestros hijos lo que no tuvimos que se nos olvida darles lo que sí tenemos.
>
> *Anónimo*

Las palabras son muy poderosas: pueden deprimir o elevar, pueden enfermar o curar, pueden condenar o bendecir. Utilízalas sabiamente y le regalarás a tu hijo un verdadero tesoro para toda su vida.

Evita emplear frases negativas que sugestionan a tu hijo con pensamientos nocivos. De nada servirá hacer el esfuerzo de programar la mente con sugestiones positivas, si en mayor proporción se le emiten otras negativas; lo único que lograrás será anular las sugestiones positivas y dejar grabadas en su mente las negativas. Prescinde en todo momento de decirle al niño palabras como: «¡Qué tonto eres!», «Eres muy pequeño para lograr eso», «No puedes», «Fulanito es mejor que tú», «Eres enfermizo», «Eres del montón», «Es difícil para ti» o «Es imposible». Con este tipo de frases lo único que conseguirás será grabarle un programa perjudicial.

Las afirmaciones negativas dan lugar a resultados negativos, mientras que las positivas tienden a ayudar a alcanzar resultados sanos y positivos.

Evita también utilizar etiquetas con tu hijo que terminan convirtiéndose en decretos, como: «Tú no eres una persona atlética», «Siempre has sido tímido», «Has heredado los genes de incapacidad para las matemáticas», «En la familia no tenemos oído para la música»... Y por favor, nunca uses apodos para referirte a tu hijo, ni permitas que otras personas lo hagan. Nombrar a un hijo por un apodo, como «gordo», «enano», «flaco», «pequeño», «pelón», etc., es un gravísimo error que programa al niño hacia el significado de la palabra y daña su identidad y personalidad. Reflexiona sobre la siguiente frase:

> **Nunca abras la boca si no estás seguro de que aquello que dirás es más bello que el silencio.**

Programación en la etapa de gestación

Sabemos que el niño en su etapa intrauterina ya es un ser humano consciente, que experimenta reacciones y dispone de una vida emocional, de manera que es muy importante que le hables a tu hijo (con palabras suaves, claras y afectuosas, no con balbuceo infantil) como si ya estuviese presente. Tu hijo puede entender o no el significado de las palabras, pero ciertamente se ve afectado por el mensaje y por los sentimientos de amor que hay detrás de ellas. Hablar con él lo ayudará a sentirse bienvenido, además de a vincularse contigo.

Hablar con su hijo no solo es una actividad recomendada para la madre. En el caso particular del padre, hacerlo es una de las formas de implicarse con su hijo de forma significativa desde el principio. Aun cuando el padre se encuentra en una posición de desventaja en lo que al proceso de vinculación se refiere (por obvias razones fisiológicas), los impedimentos físicos son superables. Se ha comprobado que cuando el feto escucha a su padre desde el útero, le provoca una enorme diferencia emocional.

Se ha comprobado que hablarle al hijo desde la etapa de gestación, además de hacerlo sentir bienvenido y deseado, estimula su desarrollo cerebral. Los científicos dicen que después del cuarto mes de embarazo, aproximadamente, un elevado porcentaje de las células cerebrales del feto se mueren si no se las estimula diariamente. Cuanto más le estimulemos y le hablemos, mejor será para su desarrollo.

Como mencionaba anteriormente, el niño nonato es un ser consciente que siente y recuerda, por lo que durante los nueve meses que transcurren entre la concepción y el nacimiento moldea su personalidad de forma importante.

Hay abundantes indicios de que las conversaciones prenatales uterinas tienen mucho que ver con la programación con la que nacerá el niño. Si se le ha hablado antes de nacer, una vez que nace actúa instantáneamente de acuerdo con lo programado.

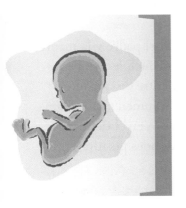

Por tanto, háblale a tu hijo durante todo el periodo de gestación de forma amorosa y transmítele sugestiones positivas. La programación debe ir dirigida a que se sienta tranquilo, deseado y amado, así como a su óptimo

desarrollo físico. Se recomienda acompañar la programación con música clásica, preferentemente de compositores como Vivaldi y Mozart, ya que se ha comprobado que genera un estado de tranquilidad y calma en los bebés.

Un momento crítico del periodo de gestación es el descubrimiento del embarazo. Idealmente, sería una ocasión de celebración. Si la alegría y la celebración son las actitudes que prevalecen en los padres cuando se descubre que viene un hijo en camino, durante el resto de su vida ese niño se sentirá querido y bienvenido en este mundo, confiado de que tiene derecho a existir, a ocupar espacio, a ser visto y tener un impacto en el mundo.

No obstante, si los padres no se sienten felices al descubrir el embarazo, el bebé difícilmente se sentirá querido y bienvenido. Dependiendo de la duración y profundidad de los sentimientos de infelicidad de los progenitores, y del grado en que su amor es condicional, el bebé puede nacer con traumas que van desde la timidez, la inseguridad y una profunda vergüenza simplemente por existir hasta la violencia o el odio hacia una sociedad que no lo quiere, comenzando por sus padres.

Entre las principales causas que afectan al adecuado desarrollo del feto durante la gestación, está el estrés de los padres, además del consumo de drogas, alcohol o tabaco. Para evitar que el estrés lo afecte, es muy importante que los padres se autosugestionen diariamente para mantener un estado tranquilo y relajado, y que lleven una vida sana física, mental y emocionalmente.

Una manera muy efectiva de programar al feto durante el periodo de gestación es la siguiente:

1. La madre se coloca en una posición cómoda para ella y para el bebé.
2. Preferentemente realizan la programación el padre y la madre juntos. Si se tienen otros hijos, se los puede incluir.
3. Se unen las manos y se colocan sobre el vientre de la madre.
4. Se pone música cerca de la madre con un volumen medio. También es posible utilizar audífonos y colocarlos en el vientre.
5. Se hace la programación a través de sugestiones positivas, utilizando un tono de voz suave y amoroso.

Algunas programaciones positivas durante el proceso de gestación pueden ser:

- ⇨ Eres un ser muy amado.
- ⇨ Eres un ser muy deseado.
- ⇨ Estás tranquilo y feliz.
- ⇨ Puedes lograr un perfecto desarrollo físico.
- ⇨ Tu padre y tu madre se alegran de que vengas en camino.
- ⇨ El mundo te está esperando.
- ⇨ Tienes una capacidad infinita para lograr lo que desees.
- ⇨ Eres hermoso y saludable.
- ⇨ Nacerás fácil, rápidamente y sin dolor.
- ⇨ Lo mejor está por venir.
- ⇨ Te espera un mundo lleno de felicidad.

Desde tiempos remotos se conoce el poder de la programación durante el periodo de gestación. En la antigua Grecia, cuando la mujer descubría su embarazo, era recluida en un templo en el que se le daba una atención muy esmerada y se vigilaba que estuviera en total armonía y paz durante todo el embarazo. Pasaba el tiempo contemplando la naturaleza y hermosas estatuas de mármol de perfectas formas humanas, al mismo tiempo que escuchaba música. Se creía que la madre transmitía a la criatura la belleza que ella contemplaba y que, por esa razón, la raza griega se caracterizaba por sus perfectas facciones y su hermosura. Otro propósito que tenía el aislamiento de las madres era separarlas de sus esposos para evitar que durante el periodo de gestación hubiera contacto sexual. Para los sabios griegos el cuerpo de la mujer embarazada era un templo sagrado y lo veneraban como tal. Para ellos las relaciones sexuales durante el embarazo representaban la profanación del templo. En gran parte se acredita la grandeza, sabiduría y belleza de los pobladores de la antigua Grecia al tipo de vida que estos daban a los niños desde el vientre de su madre.

Sobre este tema, Platón decía: «Entre las mujeres, se necesita que se cuide sobre todo a las embarazadas, de manera que la mujer preñada no tenga muchos y desordenados placeres, no sufra dolores ni penas y que, en cambio, viva todo ese tiempo tomando en cuenta la serenidad, la benevolencia y la apacibilidad».

Existe una tribu en África en la que la fecha del nacimiento de un niño no se cuenta a partir del momento en que nace, ni siquiera a partir de su concepción, sino desde el día en que por primera vez el niño es un pensamiento en la mente de sus padres. De manera que cuando los padres deciden tener un hijo, la madre abandona la aldea y se va sola a sentarse bajo un árbol. Así permanece hasta que es capaz de escuchar la canción propia del hijo que espera concebir. Después de que ha logrado escuchar la canción, regresa a la aldea y se la enseña al futuro padre, de modo que parte del tiempo que dedican a hacer el amor para concebir a ese hijo, la cantan juntos a fin de invitar al niño a que se una a ellos. Después, cuando la madre está por dar a luz, enseña la canción de su hijo a las parteras y a las ancianas de la aldea para que, a lo largo del parto y del alumbramiento, el niño sea bienvenido con su canción. Después del nacimiento, todos los aldeanos aprenden la canción y, conforme el niño crece, se la cantan siempre que se cae o se lastima. También se le canta en momentos de triunfo, rituales o iniciaciones. Cuando el niño se convierte en adulto, la canta durante su matrimonio y, por último, al final de su vida, sus seres queridos se reúnen en torno a su lecho de muerte y se la cantan conforme su alma abandona apaciblemente su cuerpo.

Programas que se graban desde el parto

Cuando el niño sale del vientre de su madre, experimenta la mayor conmoción de su vida. Ni siquiera la muerte será una conmoción tan grande como el nacimiento, porque la muerte llega sin avisar. En el nacimiento, po el contrario, mientras el niño está saliendo del vientre de su madre, permanece totalmente consciente. Su largo y hermoso sueño de nueve meses se ve interrumpido bruscamente.

¿Cómo influye el modo de nacer? Varios estudios han demostrado que la manera de nacer marca la vida de las personas. Revisemos algunas de ellas:

Nacimiento normal

Este tipo de nacimiento se refiere al parto natural sin complicaciones. Cuando un niño nace así, tiende a ser amable, simpático, se siente querido y no tiene problemas de relación con los demás. Aunque también se siente como si no tuviera nada especial, experimenta miedo a ser diferente y destacar.

Algunas sugestiones que se le pueden repetir a un niño nacido por parto normal son:

⇨ Eres un ser extraordinario.

⇨ Eres un ser único.

⇨ Eres un regalo.

Nacimiento por cesárea

En los nacimientos por cesárea se provoca en el niño un intenso anhelo de todo tipo de contacto físico. Esto se debe a que la cesárea lo priva de los placeres físicos y psicológicos que experimenta cuando nace por vía vaginal.

Al ser extraído de su madre a través de la cirugía, el niño no realiza ningún esfuerzo por nacer y esto ocasiona que, cuando es adulto, evite todas las actividades que impliquen realizar cualquier tipo de esfuerzo. Prefiere la vida fácil, hoy llamada vida *light*.

Al niño que nace por cesárea mientras está dormido, el mundo le aparece de repente, sin haberse dado cuenta de en qué momento dejó el vientre de su madre. Por eso, la vida es para él una sorpresa y él es impredecible.

El niño que nace de este modo estando despierto siempre necesita apoyo, compañía, ayuda y, por lo general, no le gusta esforzarse en nada.

Un niño nacido por cesárea necesita en especial el contacto físico y las caricias. Algunas afirmaciones que le resultan muy útiles son:

⇨ Eres afortunado.

⇨ Puedes encontrar tu camino con facilidad.

⇨ Eres muy amado.

Nacimiento sentado

Diversos estudios señalan que los niños que nacen sentados tienen un riesgo ligeramente mayor de presentar problemas de aprendizaje durante la infancia.

El nacimiento se dificulta en la medida en que el niño, debido probablemente al miedo que tiene a nacer, opta por darse la vuelta. Y este será el indicio de que, cuando llegue a adulto, tendrá tendencia a complicarse la vida, haciendo las cosas más difíciles de lo que son en realidad. Podría darse el caso de que llegara, incluso, a hacerlas al revés.

A un niño nacido sentado hay que transmitirle la idea de que puede sobrevivir y tener éxito en la vida fácilmente. Es necesario convencerle de que vivir es fácil y seguro.

Este tipo de parto suele ser muy doloroso para la madre, y por tal razón se crea un programa de deseo de castigarse por ello y sentirse culpable. Si es hombre, su programa consistirá en vivir haciendo daño a las mujeres, y si es mujer, consistirá en vivir siendo lastimada.

El mayor pensamiento negativo que tienen sobre sí mismos suele ser: «Soy malo». Es fácil para ellos quejarse de hacer las cosas mal y no terminarlas o completarlas nunca.

Algunas afirmaciones recomendadas para niños nacidos sentados son:

⇨ Tendrás una vida fácil y amorosa.

⇨ Puedes crear un placer duradero en tu vida.

⇨ Nos ocupamos de ti con mucho amor.

⇨ Eres un triunfador.

⇨ El mundo espera tu grandeza.

Nacimiento con el cordón umbilical alrededor del cuello

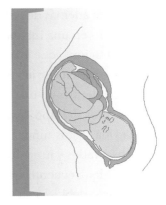

Cuando se da este tipo de nacimiento, el individuo, tanto de niño como de adulto, tenderá a sufrir un porcentaje mayor de problemas de garganta, así como dificultades para tragar o defectos del habla, como tartamudez.

Debido a la amenaza que han experimentado al nacer, es muy frecuente que se dé en estas personas una imperiosa necesidad de complicar el curso natural de la vida, provocando situaciones límite que les recuerden la amenaza sufrida con objeto de sentirse vivas. Suelen crear grandes dramas de pequeños detalles y se mueven en un entorno confuso con respecto a los sentimientos de libertad y compromiso. Su tendencia general será la de imaginarse que están en peligro, considerando la intimidad como algo que las ahoga.

Su relación con la vida es de amor y odio; en su mente se unen la idea de vida y la de muerte, con lo que consiguen sabotear sus relaciones con frecuencia.

Algunas sugestiones recomendadas son:

⇨ Respiras plena y fácilmente.
⇨ La vida es segura y fácil para ti.
⇨ Mereces vivir intensamente.

Nacimiento prematuro

Las personas cuyo nacimiento fue prematuro suelen sentirse atormentadas constantemente. Comenzaron su vida apresurándose y después siguen experimentando lo mismo.

En su difícil y confusa relación con el tiempo, los nacidos prematuramente padecen una obsesión neurótica con él, por lo que sus relaciones suelen ser difíciles, ya que los demás les parecen lentos. La sensación de vivir con el tiempo justo hace que, desde su primer momento de vida, se active en ellos la urgencia de forma muy poderosa, concibiendo la vida como una carrera.

Si además de haber nacido prematuramente, el bebé ha sido introducido en una incubadora, es probable que viva el trauma de «la doble separación», que le ocasionará grandes dificultades de relación con otras personas en su vida adulta. Si nos imaginamos cómo puede sentirse un bebé dentro de una incubadora, podremos entender que tenga pensamientos del tipo «estoy abandonado», y ese será su esquema para toda la vida. Estos niños se sienten a menudo extraños, enfrentados a todo, observados y juzgados.

Es frecuente que, en estos casos, vivan muy preocupados por el futuro, debido a su confusa relación con el tiempo. Son generalmente enfermizos, con un aspecto de no haber terminado de nacer por completo, aunque su energía vital es exagerada, lo que les permite sobrevivir a grandes dificultades.

Algunas afirmaciones útiles para los niños nacidos prematuramente son:

⇨ El tiempo está de tu lado.
⇨ La lentitud también es correcta.
⇨ Tienes lo que necesitas para conseguir lo que deseas.
⇨ Cada cosa tiene su debido tiempo.

Nacimiento no deseado

Los niños que han nacido sin ser deseados o de forma accidental pueden encontrarse con dificultades para sentirse queridos a lo largo de su crecimiento. Suelen pensar que no vale la pena vivir y la falta de organización puede ser una forma de sobrevivir. Es fácil, también, que tengan dificultades para legalizar su vida en algún sentido.

Es probable que todo en su vida se dé por accidente: relaciones, negocios, trabajos..., pareciendo que todo sucede por casualidad. Es fácil que sean propensos a los accidentes, ya que ellos también se consideran a sí mismos como un accidente.

En los nacimientos de bebés cuyo sexo no es el deseado, este ya conocía desde su estancia en el útero los pensamientos de sus padres respecto a ello. Estos niños suelen tener dificultades con su sexo y se sienten inaceptados por él. Están insatisfechos con la vida, ven el mundo como un lugar hostil y a menudo desean estar solos.

Las siguientes sugestiones ayudan a los niños cuyo nacimiento no era deseado o cuyo sexo no era el esperado:

⇨ Eres un ser deseado.
⇨ Mereces vivir.
⇨ Eres un regalo.
⇨ Eres un hijo de Dios.
⇨ Eres una sorpresa maravillosa.
⇨ Tu sexo es el correcto.

Nacimiento con anestesia

En los nacimientos en los que a la madre se le ha administrado anestesia, el bebé ha absorbido, a través de la placenta, gran parte de ella, por lo que se ha sentido «drogado» a la hora de nacer.

Son niños que elaborarán pensamientos del tipo: «No puedo obtener lo que deseo», «No puedo lograrlo», «Es imposible controlar mi cuerpo» o, simplemente, «No soy capaz».

A aquellos que nacieron bajo los efectos de los medicamentos, su vida les resulta un mar de confusiones y dudas. Se sienten despistados y apagados en su vida cotidiana, y se quejan a menudo de que les resulta difícil concentrarse.

Algunas afirmaciones para los casos de anestesia son:

⇨ Tu vitalidad es fuente de placer para ti y para los demás.
⇨ Es seguro estar en tu cuerpo.
⇨ Te sientes seguro de tu respiración.
⇨ Puedes expresarte libre y plenamente.
⇨ Tienes mucha energía.

Nacimiento posterior a un aborto

Si ha habido un aborto antes del nacimiento del niño, su madre puede estar aún afectada y arrastrar un sentimiento de culpabilidad, lo cual afectará al embarazo y, por consiguiente, a su hijo. A veces este siente

como si él fuera el sustituto del anterior, lo que aumenta la tensión psíquica.

Es frecuente que estas personas tengan pensamientos del tipo: «Antes de poder vivir tengo que morir», por lo que tienden a revivir situaciones parecidas de muerte o piensan que han de finalizar algo antes de entregarse definitivamente a vivirlo.

Las sugestiones más adecuadas para este caso son:

⇨ La vida es segura para ti.
⇨ Cuanto más vives, más seguro estás.
⇨ Tu presencia es beneficiosa para nosotros.
⇨ La gente se alegra de que estés vivo.

Nacimiento múltiple

En los nacimientos de gemelos, se ha observado que estos pueden tener facultades psíquicas o telepáticas más desarrolladas debidas a la conexión intuitiva que tuvieron en el útero.

Es frecuente que el gemelo que nace primero tenga una sensación de culpabilidad mayor, mientras que el segundo esté un tanto resentido porque tiene la idea de que lo han dejado solo. Se produce una especie de trauma de separación entre ellos.

La situación más traumática se da cuando se produce la muerte de uno de los gemelos y el otro sobrevive, sobre todo si el fallecido permanece en el útero durante algún tiempo. El que está vivo acabará pensando tarde o temprano: «Para que yo pueda sobrevivir, alguien tiene que morir».

En ocasiones, los gemelos tienen pensamientos como: «Estoy aislado», «No hay sitio para mí», «Estoy incompleto» o «Necesito a alguien para estar completo», y muchas veces necesitan tener un espacio privado de forma imperiosa. A menudo les cuesta pensar que ellos pueden ser los primeros.

Las siguientes afirmaciones son muy beneficiosas en los casos de gemelos:

⇨ Es seguro compartir tu espacio.
⇨ Mereces ser el primero.

⇨ Eres inocente.

⇨ Puedes sobrevivir.

⇨ Eres único en tu género.

⇨ Eres autosuficiente.

Nacimiento inducido

Un nacimiento inducido es aquel en el que se le han administrado a la madre sustancias de forma artificial, o bien se han efectuado presiones intensas sobre ella, con el objeto de provocar el parto.

Las personas nacidas de esta manera encuentran grandes dificultades para «empezar», provocando situaciones en las que los demás las induzcan a aquello que desean hacer. Los inducidos no han decidido en realidad estar aquí: alguien lo hizo por ellos; por tanto, solo participan a medias en su vida.

Generalmente se observa en ellos un fuerte resentimiento hacia los demás, que se debe a su malestar por el hecho de que las cosas no empiezan por decisión propia, sino que dependen de otras personas.

Es evidente que entablar una relación con alguien que sufrió un nacimiento inducido exigirá grandes dosis de paciencia. Es frecuente que rechacen el amor, el sexo y el afecto; se niegan a sí mismos y ocultan su poder y creatividad. Suelen hacer esperar a las personas y, sin embargo, luego se preguntan por qué los demás se enfadan por ello. Generalmente llegan tarde a todas partes.

Tienden a crear problemas a la hora de establecer un compromiso y tienen dificultades para empezar las cosas, quizá pensando que lo harán los demás por ellos al ser incapaces de conseguir, por sí mismos, lo que desean.

Algunas sugestiones adecuadas para los niños de nacimientos inducidos son:

⇨ Tienes derecho a elegir.

⇨ Tú controlas tu propia vida.

⇨ Tomar decisiones es beneficioso para ti.

⇨ Tienes la capacidad para ser feliz.

Nacimiento con fórceps

Los nacimientos con fórceps tienen como peculiaridad que al niño se le daña al retorcerle la cabeza, ya que este procedimiento consiste en tirar de ella hasta sacarla fuera del útero.

Lo mejor que se puede hacer con estos niños es proporcionarles grandes dosis de cariño. Como son seres obsesionados con la manipulación, estarán obsesionados, a su vez, con querer controlarlo todo.

Para los niños nacidos con fórceps la vida es un sufrimiento y, curiosamente, se golpean de forma constante en la cabeza. Cuando son adultos, padecen a menudo jaquecas o migrañas, y su propia vida puede convertirse en un gran dolor de cabeza para ellos. Muchas veces son niños y adultos muy intuitivos, creativos e independientes, que no confían en la ayuda que se les pueda prestar porque en su mentalidad equivale a manipularles la cabeza con las manos.

Evidentemente no les gusta que los controlen ni manipulen, y disfrutan más llevando ellos mismos las riendas de la situación. Sin embargo, es frecuente que tengan pensamientos de que, hagan lo que hagan, no será suficiente, temiendo continuamente no poder tener éxito por ellos mismos.

Las afirmaciones más pertinentes para los casos de nacidos con fórceps son las del tipo:

⇨ Puedes triunfar solo.
⇨ Sabes cómo hacer las cosas.
⇨ Eres bastante bueno para hacer las tareas.
⇨ Puedes hacerlo todo por ti mismo.
⇨ Aceptas el apoyo que los demás te quieren dar.
⇨ Es seguro y fácil para ti recibir apoyo.
⇨ Cuidas tu cabeza para evitar golpes.

Es importante aclarar que, aunque estas programaciones mentales según la forma de nacimiento han sido ampliamente estudiadas y se han mostrado los patrones de comportamiento mencionados, **no representan una norma**, sino que solo son una posibilidad de manifestación.

Programación de la mente mientras se duerme

La mente inconsciente nunca descansa. Cuando una persona está dormida, es su mente consciente la que duerme; en ese momento deja de funcionar como una barrera y se crea un acceso directo a la mente inconsciente. Es por esta razón por lo que programar la mente inconsciente mientras se duerme resulta sorprendentemente efectivo, y se realiza a través de sugestiones, que deben ser **mensajes positivos, alentadores y concretos.**

Con esta técnica de programación se obtienen resultados desde la primera vez que se lleva a cabo; sin embargo, para fijar un programa en la mente inconsciente se recomienda realizarlo durante dos semanas seguidas, tomar un descanso de una semana y, después, retomar la programación durante otras dos semanas, y así hasta que haya quedado perfectamente grabada.

Cuando en una misma habitación duerme más de un niño, la programación debe hacerse individualmente, para lo que es fundamental mencionar el nombre del niño al que se dirige. De otra manera, el inconsciente no captaría la dirección del mensaje y podría no sentirse aludido.

Aquí tienes algunas recomendaciones para programar a un niño mientras duerme:

⇨ La programación debe hacerse por un espacio de cinco a ocho minutos.

⇨ Es necesario realizarla con voz natural o en susurros.

⇨ Es muy importante evitar estar cruzado de brazos o de piernas mientras se realiza la programación.

⇨ Cuando ambos padres van a intervenir, tiene que empezar hablando el padre por el oído derecho del niño, y luego la madre por el oído izquierdo; después de cuatro minutos hay que alternar ambos lados.

⇨ Si la programación solo la va a realizar el padre o la madre, no importa el oído por el que se haga. También dependerá del acceso que permita el niño según su posición en la cama.

⇨ Según estudios científicos, la fase ideal para iniciar la programación es durante el sueño REM, cuando el cerebro capta y retiene mejor las sugerencias de programación. La entrada en esta fase dependerá de la edad del niño.

Programación de niños de cero a cuatro años de edad

Se pueden utilizar mensajes para que duerman bien, para quitarles miedos o pesadillas y para atraer una buena salud. La programación se realiza a los **quince minutos** de que el niño se haya dormido.

Por ejemplo, para el caso de un bebé que se despierta a lo largo de la noche o muy temprano por las mañanas, la programación podría llevarse a cabo de la siguiente manera:

«Hijo, yo te quiero mucho, te amo, y sé que tú también me quieres. Vas a dormir plácidamente durante toda la noche; tu sistema inmunológico reparará tu cuerpo; disfrutarás de tu sueño, que va a ser un sueño alegre y agradable. Mañana despertarás descansado, a las... [decir la hora a la que se quiere que despierte]. Te vas a despertar alegre y con mucha energía. Vas a escuchar nuevamente que te digo que te amo. A esa hora tendré tus alimentos preparados, que te ayudarán a crecer sano. Papá y mamá te queremos mucho».

Programación de niños de cinco a doce años de edad

Se utiliza para reforzar la identidad y autoestima del niño, mejorar en la escuela, solucionar problemas con compañeros o profesores, atraer una buena salud y cambiar malos hábitos. La programación se realiza a los **treinta minutos** de que el niño se haya dormido.

Veamos unos ejemplos de mensajes de programación a estas edades. En el primer caso, se busca que el niño tenga mayor facilidad con las matemáticas:

«Hijo, tú tienes mucha capacidad para los números y por eso mismo las matemáticas te gustan y te resultan fáciles. Entiendes perfectamente todas las operaciones numéricas, por lo que obtienes excelentes calificaciones en tus exámenes, y yo te felicito por eso».

Si el niño tuviera gripe o alguna otra infección respiratoria:

«Tu sistema respiratorio se está descongestionando y limpiando, y tú empiezas a recuperarte y sentirte mejor de salud desde este mismo momento».

Programación de jóvenes de trece a dieciocho años de edad

Se utiliza para reforzar la identidad y autoestima, mejorar en el instituto y las relaciones sociales, durante los cambios hormonales y en la superación de retos. La programación se realiza, aproximadamente, a los **cincuenta minutos** de que se duerma. Por ejemplo:

«Tú eres una persona triunfadora, que logra fácilmente todo lo que se propone. El éxito te acompaña en todas tus actividades y siempre encuentras la mejor manera de superar los retos que se te presentan. Tus padres estamos muy orgullosos de ti y te queremos mucho».

En la ciudad de Matamoros, en Tamaulipas, México, se emitió en la televisión regional una entrevista a un padre de tres hijos (dos chicos y una chica) que eran auténticos triunfadores. Aparentemente la noticia no es muy trascendente, ya que se puede entender ese triunfo, pero lo que me llamó la atención fueron ciertas circunstancias que no son muy habituales.

Los tres hijos fueron becados en toda su etapa escolar, donde obtenían las más altas calificaciones, se graduaron con honores en la profesión que eligieron, cada uno amasó una fortuna económica importante, se casaron y forjaron sólidos lazos familiares.

Hasta aquí, aunque suene interesante la historia, aún no le encontraba nada extraordinario, a

> Si consideramos a los hombres tal y como son, solo conseguiremos que sean peores; en cambio, si los consideramos tal y como debieran ser, haremos de ellos lo que pueden llegar a ser.
> *Goethe*

no ser el hecho de que el padre fuera un obrero, sin posibilidades económicas y con un nivel elemental de escolaridad.

El entrevistador puntualizó este detalle: ¿cómo era posible que un hombre con tantas limitaciones educara a tres hijos para que triunfaran desde pequeños en todo lo que intentaron? ¿Qué hizo para lograrlo? La respuesta del padre fue esta:

—Siempre supe que mis hijos habían nacido para triunfar, para ser ganadores, campeones en todo, y lo que yo hacía era tratarlos como lo que creía que eran. Así, en las noches, mientras dormían, les decía que habían nacido para ser personas de éxito, que sus padres siempre los íbamos a querer y apoyar en todos sus planes, que triunfaran y vivieran con dignidad.

¿Qué fue lo que este admirable padre hizo por sus hijos? Primero, tratarlos siempre como triunfadores; segundo, tener grandes expectativas sobre su presente y futuro; tercero, aplicar la programación mental nocturna para impregnarlos, desde su nivel inconsciente, de la actitud del ganador, y cuarto, ser un ejemplo viviente de los valores que deseaba modelar en ellos.

Fue realmente asombroso lo que este padre logró, y nos permite ver que no es preciso poseer muchos conocimientos o preparación para estar en condiciones de ayudar a los hijos a triunfar. Lo único que se necesita es **amarlos** por lo que son y por lo que pueden llegar a ser, y tratarlos de acuerdo con una expectativa personal de éxito.

Esto me recuerda la película *Mi bella dama*, en la cual Eliza Doolittle interpreta a una florista educada por el profesor Higgins para que, en una recepción real, fuera presentada como una princesa. Ella comenta que la única diferencia entre una florista y una princesa no es ni la educación ni sus posesiones, sino la forma como la tratan.

La televisión y la programación negativa

La televisión se ha convertido en un aparato indispensable y casi inevitable en la vida contemporánea. Sin embargo, es necesario detenerse a pensar si resulta beneficiosa o perjudicial. No cabe duda de que existen algunos programas excelentes, pero en general la programación es totalmente negativa.

Cuando permites que tu hijo esté frente al televisor, fomentas que sea programado por el instrumento más persuasivo de cuantos se conocen. Se ha comprobado que, después de estar veinte minutos frente a este aparato, la persona entra en estado de hipnosis, un estado de la mente en que el individuo es altamente sugestionable. ¿Qué significa esto? Muy simple: que estás poniendo la salud mental de tu hijo en manos de gente cuyo único interés es el consumismo, la perversión y la vida fácil.

Según algunos estudios, un joven de dieciséis años ha visto en televisión unos 18.000 asesinatos a lo largo de su vida y, cada semana, alrededor de 670 homicidios, 15 secuestros, 420 tiroteos y un sinnúmero de situaciones violentas. La violencia que aparece en televisión no solo hace que los niños la acepten como algo natural, sino que hace de ellos mismos seres violentos.

Emisiones aparentemente inofensivas, como algunos dibujos animados, programan a los niños, a través de mensajes inconscientes, para que desarrollen conductas violentas, de inseguridad, groseras, de inconformismo, miedosas y hasta ciertas tendencias sexuales. Aun así, todavía hay padres que piensan que sus hijos están seguros viendo la televisión.

Todos aprendemos por observación e imitación, y esto es especialmente real en lo que respecta a los niños, que tienen tendencia a imitar a aquellos individuos que utilizan como modelos en su vida, y que muchas veces son personajes de sus programas favoritos. Lo grave de esto es que si, por ejemplo, el modelo de tu hijo es una estrella del *rock*, aunque en la televisión no se diga que este personaje es adicto a las drogas o que lleva una vida sexual promiscua, tu hijo lo sabe inconscientemente e incorpora estas características. De igual forma, los valores se inculcan en los niños a través de la televisión y, por desgracia, la mayor parte de ellos son negativos.

La adicción a la televisión es, en parte, el origen de que los niños y jóvenes se vuelvan irritables, violentos, caprichosos, vagos e insatisfechos,

por lo que buscan mitigar su insatisfacción con el consumo compulsivo de comida basura.

Algunos pediatras han establecido una relación causa-efecto entre el llamado «síndrome del niño cansado» (que incluye ansiedad, fatiga crónica, dolor de cabeza, falta de apetito y vómitos) y una excesiva exposición de los niños a la televisión –de tres a seis horas diarias–. Se ha comprobado que este síndrome desaparece tres semanas después de que el niño deja de ver la tele.

Desgraciadamente, muchos padres emplean este aparato como «niñera electrónica», ya que para ellos es la mejor manera de mantener a los niños «tranquilos». Y en efecto, así es. La televisión se encarga de entretener a tu hijo, mientras le llena el cerebro de basura.

Sin duda, de vez en cuando se presentan programas notables, algunos de los cuales contienen mensajes positivos para toda la familia y nos enseñan geografía, historia, otras culturas y civilizaciones, y demás cuestiones interesantes. Otros ofrecen distracción y descanso, que son muy adecuados, e incluso los hay humorísticos que hacer reír al mismo tiempo que transmiten valores morales. Sin embargo, todo programa televisivo lleva implícitos anuncios comerciales, llenos de propaganda subliminal que convierten a las personas en consumistas compulsivos.

Reconozco que es difícil quitarles del todo la televisión a los niños, pero entonces, ¿de qué manera se puede administrar el tiempo que pasan frente al televisor? El autor Zig Ziglar, en su libro *Cómo criar hijos con actitudes positivas en un mundo de actitudes negativas*, nos ofrece la siguiente sugerencia para llevar un control sano de su uso:

Semanalmente los padres deben sentarse con sus hijos, estudiar la guía de televisión y examinar los programas que sean aptos para su edad. Enseguida, se escribe la lista de esos programas, con las fechas y horarios correspondientes, a fin de poder consultarlos todos los días. Los padres le darán a cada hijo una libreta de cupones o una tarjeta con diez números, y el niño asume la responsabilidad de su cumplimiento. Los padres perforan un agujero en la hoja o tarjeta, y cuando se hayan visto los diez programas, el chico habrá disfrutado de suficiente tiempo de televisión. Este proceso le enseña a seleccionar lo que *ve, al mismo tiempo que le inculca el sentido de la responsabilidad y moderación, porque indudablemente habrá algunos programas que le gustaría ver, pero no tanto como otros. Esto contribuye a que el niño aprenda a juzgar y valorar las cosas.*

Lo importante es revisar cuidadosamente el contenido de cada programa para verificar el tipo de mensajes que transmiten y graduar el tiempo que se pasa frente al televisor. Este tiempo no debería exceder una hora diaria.

Ray Bradbury, en su libro *Fahrenheit 451*, ofrece la historia de un extraño y horrible futuro. El siguiente extracto de la novela habla de la frivolidad de los seres humanos y del nulo aprecio por los hijos... Y en esa falta de amor, lo que los padres hacen es ponerlos frente al televisor:

—He tenido dos hijos mediante cesárea –dijo la señora Bowles–. No tiene objeto pasar tantas molestias por un bebé. El mundo ha de reproducirse, la raza ha de seguir adelante. Además, hay veces en que salen igualitos a ti, y eso resulta agradable. Con dos cesáreas, estuve lista. Sí, señor. ¡Oh! Mi doctor dijo que las cesáreas no son imprescindibles, que tenía buenas caderas, que todo iría normalmente, pero yo insistí.

—Con cesárea o sin ella, los niños resultan ruinosos. Estás completamente loca –dijo la señora Phelps.

—Tengo a los niños en la escuela nueve días de cada diez. Me entiendo con ellos cuando vienen a casa, tres días al mes. No es completamente insoportable. Los pongo en el salón y conecto el televisor. Es como lavar ropa: meto la colada en la máquina y cierro la tapadera. –La señora Bowles rió entre dientes–. Son tan capaces de besarme como de pegarme una patada. ¡Gracias a Dios, yo también sé pegarlas!

> El mejor regalo que le puedes dar a tu hijo es tu presencia. Tú eres el mejor juguete que pueda tener.
>
> *Eric de la Parra*

Ahora, la pregunta más importante: ¿cuánta televisión y qué tipo de programas ves tú? Recuerda que solo se puede enseñar a través del ejemplo. Limpia tu mente de toda esa programación. Puedes hacer la prueba de pasar veintiún días sin ver televisión y notarás la diferencia. Te sentirás más tranquilo, feliz y consciente

de las cosas, y seguramente habrás destinado ese tiempo a hacer algo más provechoso, como pasar el tiempo con tu hijo, conversar con tu pareja, leer un buen libro, hacer ejercicio o tantas otras actividades que son mucho más productivas que mirar la televisión. Te lo garantizo, notarás un cambio en tu calidad de vida.

¿Sabes cuál es la manera en que los niños prefieren pasar su tiempo? No es viendo televisión, jugando con la consola o con el ordenador; muchas veces el uso excesivo de estos aparatos se debe a que no tienen nada mejor que hacer. Lo que los niños más desean y valoran es pasar el tiempo en compañía de sus padres, realizando aquellas actividades que disfrutan juntos.

> La mejor inversión de tiempo y energía es la que dediques a tu hijo, porque esta inversión te dará dividendos durante toda la vida.

Sembrar una actitud mental positiva

Los niños que viven en un ambiente positivo aprenden a ser positivos. Con tu propio ejemplo, muéstrale a tu hijo que este es un mundo hermoso para vivir, que la vida es maravillosa y que estás agradecido por estar vivo. Ayúdale a que aprenda a disfrutar de cada momento de su existencia y a que adopte actitudes positivas que le proporcionen alegría y capacidad para vivir con plenitud en todo momento.

Todo tiene un lado positivo y otro negativo; busca siempre el lado positivo de las situaciones. Que se te pinche un neumático del automóvil, por ejemplo, más que un contratiempo puede ser algo que te haya protegido de sufrir un accidente más adelante. Cualquier problema nos da nuevas fuerzas y nos ayuda a encontrar herramientas para solucionarlo. Esta manera de pensar y reaccionar ante las circunstancias ayuda a los niños a adoptar actitudes similares hacia ellos mismos y hacia la realidad que tengan que afrontar.

Enseña a tu hijo que se sentirá mucho mejor cuando preste atención al lado bueno de las situaciones, algo que, además, tiene un fundamento bioquímico, ya que mediante la acción del cerebro se liberan unas sustancias químicas llamadas «endorfinas» que producen efectos positivos en el organismo, beneficiando la salud física y mental.

Los pensamientos son tremendamente poderosos, ya que **el inconsciente no puede distinguir entre una imagen mental y la realidad.** Así, por ejemplo, si tu hijo tiene pensamientos de éxito y capacidad, una vez lograda la imagen de ese pensamiento, esta se grabará en la mente como si fuera realidad, y al cabo de un tiempo, esa imagen de éxito, de ser capaz, llegará a hacerse realidad. Ayuda a tu hijo a desarrollar una imagen positiva de sí mismo. Los niños que aprenden a imaginarse como personas de éxito, a tener fantasías constructivas en las que se ven superando di-

ficultades, tienen más probabilidades de confiar en sus capacidades. Tú puedes estimular la creación de imágenes positivas en tu hijo si constantemente lo animas a hacerlo, formulándole frases que además combinen el lenguaje visual, auditivo y cinético.

Por ejemplo, pídele que imagine algo viéndolo, oyéndolo y sintiéndolo, de la siguiente manera: «Imagínate que empiezas a leer el examen y *ves* que las preguntas son muy fáciles. *Sientes* mucha emoción porque sabes todas las respuestas, y cuando empiezas a contestarlas pasa por tu lado la profesora y te *dice* que vas muy bien».

La imaginación positiva puede hacer, literalmente, que las cosas funcionen; primero en la mente, donde quedarán registradas como datos, y luego en la realidad, porque el niño ya lo ha practicado mentalmente.

Enseña también a tu hijo a reducir el número de comentarios negativos sobre su personalidad, ayudándolo a sustituirlos por otros positivos. Otra forma de contrarrestar el comentario negativo es haciendo que elija una frase positiva y la repita veintiuna veces, hasta que se le quede grabada y la asuma como verdadera. Algunos ejemplos de frases que hablan de capacidad serían: «Sé que puedo, es muy fácil y lo voy a lograr», «Confío en mí», «Soy un triunfador» o «Daré lo mejor de mí mismo».

Otra manera de sembrar una actitud mental positiva en los niños es recordándoles constantemente que se digan mensajes positivos y se alaben a sí mismos. Por ejemplo, si tu hijo te dice que obtuvo una nota muy buena en un examen, puedes decirle: «¿Te has acordado de felicitarte a ti mismo por el magnífico trabajo que has hecho? Espero que lo hayas recordado, porque te lo mereces».

Nuestro pensamiento determina nuestra propia imagen, que a su vez determina nuestros sentimientos y forma de comportarnos. Desde la Antigüedad hasta nuestros días, los filósofos nos han hablado de esta verdad, que produce un profundo impacto en la imagen que los niños tienen de sí mismos. Marco Aurelio, el emperador romano, lo expresaba así: «La vida de una persona es lo que sus pensamientos hacen de ella». Ten presente que, desde el primer momento de su existencia, tu hijo tiene pensamientos que se forman mediante tu intervención y la del medio que le rodea. Por tanto, que piense de manera positiva sobre sí mismo es algo de lo que tú, como la persona más importante de su vida, puedes y debes encargarte.

Los pensamientos de tu hijo determinan cómo será su existencia.

Por ello es muy importante estimular comportamientos y actitudes que le ayuden a considerarse a sí mismo de la manera más positiva y satisfactoria posible. Si logras fomentar en tu hijo la capacidad de ver lo positivo que hay en todas las cosas, lo divertido de todas las situaciones y la alegría que ofrece la vida, estarás brindándole el mayor de los regalos, ya que le estarás ofreciendo un mundo maravilloso que presenta retos, en lugar de un mundo cruel lleno de problemas y dificultades, lo cual es una enorme diferencia.

La importancia de las caricias

Los niños nacen con una necesidad extremadamente alta de amor y cariño. Un niño es cien por cien sensaciones en los años formativos de su vida, especialmente durante el primero, cuando su necesidad básica es la de saber si es amado. El pequeño siente a través de la piel y no solo la calidez física, sino también la calidez emocional. Un niño que no siente un alto número de caricias durante los primeros años de vida puede llegar a morir, ya que la estimulación táctil es tan importante como el alimento durante el desarrollo del comportamiento.

Hace algunos años se realizó un experimento en el que se privaba a algunos monos recién nacidos de cualquier tipo de contacto físico. Cuando uno de ellos era criado de forma solitaria, presentaba un cuadro muy grave: evitaba todo contacto social, permanecía siempre tembloroso, presentaba una postura encogida y se abrazaba a sí mismo. Si este cuadro duraba más de un año, los pequeños monos morían. Cuando les realizaron la autopsia para descubrir la causa física de la muerte, descubrieron que tenían la médula espinal seca.

También se realizó otro experimento con monos recién nacidos. Se colocó a cada cría frente a madres sustitutas, una de alambre y otra de trapo. Los monos se encariñaron con la madre de trapo y, aunque el biberón estuviera en el pecho de la madre de alambre, solo saciaban con ella su hambre y luego regresaban a la madre de trapo. Cuando se colocaba en la jaula un estímulo que producía miedo, los monos corrían hacia la madre de trapo. Al lado de esta, el animal se sentía más seguro para arriesgarse y explorar el medio, incluso con la presencia de un estímulo de miedo.

Se han denunciado casos de huérfanos, nacidos de madres que fallecieron o que los tuvieron fuera del matrimonio, que habían sido entregados a hospitales donde no recibían caricias ni ningún tipo de bienestar físico. Estos niños se secaban literalmente hasta morir, como las hojas que han caído del árbol.

Hoy día, los psicólogos están de acuerdo en que, durante los primeros seis o siete años de vida de un niño, es cuando se determina el desarrollo de su personalidad. Por esta razón los niños necesitan sentirse amados, tanto como necesitan alimento y protección física.

Además de significar algo agradable, afectuoso, y de propiciar una sensación de protección y seguridad, el estímulo táctil suministra material para que el niño cree una identidad.

El amor que le des a tu hijo nunca será excesivo. Es imposible malcriar a un pequeño con demasiado amor y atenciones. Cuanto más lo tengas en brazos, lo arrulles y satisfagas sus necesidades, más seguro y amado se sentirá desde el primer momento de su vida.

Cuando un niño no recibe caricias suficientes o adecuadas, puede formar los siguientes tipos de personalidades:

⇨ Insaciable
⇨ Indiferente
⇨ Intocable

El insaciable

Se le suele llamar «pozo sin fondo», porque es un tipo de persona que nunca está satisfecha; siempre quiere más y corre tras los demás para obtener protección, cariño y atención.

Se trata de individuos que, de niños, recibían muchas caricias cuando se descalificaban a sí mismos, o cuando estaban enfermos, confusos o rabiosos, pero no por ser ellos mismos ni por actuar de forma saludable. Por ello, a pesar de recibir caricias continuaban con hambre y pedían más.

El indiferente

Es el tipo de persona para quien los sentimientos de los demás tienen muy poca importancia. Cuando era niño, después de luchar mucho por recibir las caricias que necesitaba, acabó perdiendo la esperanza de conseguirlas y decidió «desenvolverse solo». A partir de este momento, trató de cortar cualquier manifestación de emoción y necesidad. Por tanto, estructura su vida para mantener a los demás lo más alejados posible, no trata de llamar la atención hacia él y hasta prefiere pasar inadvertido.

Un ejemplo típico de indiferente es la persona que ama su trabajo, pero que en el campo afectivo no sabe desenvolverse.

El intocable

Se trata del tipo de persona para quien es una situación de extremo peligro que otros descubran su mundo interior.

En su infancia, a pesar de haber decidido salir adelante solo, no logró mantener esa decisión, pues el ambiente en su casa era amenazador. Por tanto, ese niño que se sentía amenazado aprendió a vivir a la defensiva. Las personas son importantes para él, pero les tiene miedo y abriga un gran temor a que ese miedo sea descubierto.

Conozco un matrimonio que siempre se ha dedicado a hacer obras de beneficencia. Sus hijos ya eran adultos cuando los llamaron de una institución para preguntarles si podrían ayudar a un bebé que habían encontrado abandonado en un basurero. Presentaba golpes en todo su cuerpo, quemaduras de cigarrillo y estaba infectada de sarna. Cuando

conocieron a la pequeña, les causó tanta tristeza y la vieron tan desprotegida, que decidieron adoptarla. Un día me comentaron:

—Daba pena verla. Estaba tan escuálida que parecía que no había comido durante días; tenía los ojos hundidos y tristes, y la piel llena de llagas causadas por las quemaduras y de contusiones por los golpes. Apenas tenía ocho meses de edad y ya había vivido un infierno. Su aspecto era terrible, además de que físicamente no era nada agraciada. Sentimos que la amamos desde ese primer instante.

A partir de ese momento, esta pareja se dedicó a llenar de amor, caricias, atenciones y palabras cariñosas a la pequeña, lo que hizo que su vida cambiara radicalmente. Todo el tiempo le repetían que, poco a poco, se convertiría en una mujer hermosa e inteligente.

Actualmente, ese bebé es una adolescente y nadie creería que vivió una historia de terror en sus primeros meses de vida. Es una brillante estudiante, se distingue por su carácter alegre y risueño, es muy popular entre sus compañeros y, además, es muy atractiva.

Les pregunté a sus padres adoptivos cuál había sido el secreto de su transformación, y ellos me respondieron:

—Para compensar el sufrimiento de sus primeros meses, desde el día que la llevamos a casa, no hubo un momento en que no le demostráramos el amor sincero que le tenemos. Para ello le repetimos constantemente lo mucho que la queremos, lo especial que es para nosotros y lo afortunados que nos sentimos de que llegara a nuestras vidas. Además, pensábamos que la única manera de borrar las agresiones físicas de las que fue víctima, era siendo muy cariñosos con ella, por lo que la llenamos de caricias, besos y abrazos. Creemos que todo eso fue fundamental para que se transformara en una linda mariposa.

> El verdadero amor de los padres hacia sus hijos hace milagros.
>
> *Eric de la Parra*

Los niños aprenden a valorarse si sienten que sus padres los quieren, y para ello necesitan demostraciones y palabras. Demuéstrale a tu hijo lo mucho que lo quieres a través del contacto físico afectuoso y de que se lo digas todos los días. Cuanto más lo hagas, más le harás sentir un ser especial digno de amor y con valor propio. Verás que pronto se querrá a sí mismo tanto como tú lo quieres a él.

A medida que los niños dejan la infancia, la necesidad de caricias y palabras amorosas no disminuye. De hecho, esa necesidad nunca lo hace; tan solo cambia la forma de manifestarlo. Todos necesitamos sentirnos amados por nuestros padres, aun cuando seamos adultos, ¿no es así? Me sorprende ver a padres que dejan de tocar y acariciar a sus hijos adolescentes o adultos, o que incluso no saludan con un beso a los varones cuando ya son mayores.

Recuerda darle siempre a tu hijo mucho amor y decirle: «Te quiero», «Eres importante para mí», «Te adoro», «Eres fantástico», etc., un tipo de afirmaciones muy significativas que le puedes repetir durante todo el tiempo que la vida te permita estar con él.

Cuanto más amor puedas darle a tu hijo, más aprecio hacia sí mismo podrá sentir. Y cuanto más amor tenga dentro de sí, más capaz será de amar.

Educar hijos responsables

Educar a un hijo no significa culparlo, regañarle, gruñirle, sermonearlo y atemorizarlo constantemente. Formar no es imponer, ni horrorizar, ni mucho menos controlar. Como ya he mencionado, para formar a un hijo es necesario respetarlo, comprenderlo, tener el deseo sincero de ayudarlo y, desde luego, ser un ejemplo favorecedor en su vida.

Una de las mejores herramientas para formar a un hijo es orientarlo a convertirse en una persona responsable. ¿Qué significa esto? Para formar a una persona responsable es necesario lograr que reconozca sus errores como algo natural y que también descubra como un hecho natural su causa, con el propósito sincero de corregirlos y evitar repetirlos.

Cuando un niño suspende un examen, generalmente llega a su casa diciendo: «La profesora me suspendió». O sea, que el niño no ha tenido la culpa de nada y la profesora es un ser malvado que solo busca la forma de perjudicarlo. En cambio, cuando lo aprueba, afirma: «He aprobado el examen». En este caso, sí asume la responsabilidad de sus actos, porque es un resultado positivo. ¿No es ilógico? Si le va bien, es porque es muy inteligente, pero si le va mal, él no tuvo la culpa y busca un culpable. El niño debe

> Seas quien seas o hagas lo que hagas, si deseas algo con firmeza, es porque ese deseo nació antes en el alma del universo. Y es tu misión en la Tierra.
>
> *Paolo Coelho*

asumir su responsabilidad y reconocer sus errores. Debe reconocer que él suspendió el examen y que, probablemente, fue porque no estudió lo suficiente. Mientras no asuman sus errores, muy difícilmente podrán corregirlos. Cuando los padres identifiquen una actitud como esta en sus hijos, deben hacerle ver que él es el único responsable de sus actos y nadie más.

Otra actitud muy común para evadir la responsabilidad son los comentarios del tipo: «Se cayó el vaso» o «Se rompió el jarrón». ¿Acaso existen vasos suicidas que se caen solos? ¿O jarrones que se auto-destruyen? Con este tipo de comentarios el niño no está aceptando su participación en la acción.

Cuando tu hijo cometa un error y lo reconozca, debes evitar enfadarte con él, y simplemente darle algún consejo para que no vuelva a suceder y corrija su falta. Una de las formas más sencillas de arruinar la vida de un hijo es reaccionar siempre con agresividad cuando comete un error, hasta crearle terror a equivocarse. Si lo que deseas es convertir a tu hijo en una persona segura, es necesario permitirle que se equivoque y hacer que aprenda de sus propias equivocaciones.

Una vida de temor a la propia responsabilidad da como resultado niños que culpan a todos los demás de cuanto les sucede, y que acaban convirtiéndose en adultos que culpan a la economía por su falta de pros-peridad, al mercado de valores por su falta de seguridad financiera; a la situación política del país por su carencia de empleo, a sus jefes por su incapacidad de mantenerse en un trabajo, a su pareja por la ruptura de la relación amorosa, a la mala suerte por su enfermedad, y así una lista interminable de excusas que hacen del autoengaño una forma de vida. Evita reprochar, y esfuérzate por enseñarles a tus hijos a ser responsables de sus actos.

Hay padres que piensan que, para formar a un niño, es necesario dominarlo con condicionantes y amenazas veladas, como por ejemplo: «¡Si no te portas bien, se lo voy a decir a tu padre!»; «¡Si no te callas, no te compro el juguete que quieres!»; «¡Come bien o no vas a ningún lado!»; «¡Si me vuelves a repetir lo mismo, te doy un cachete!»... La lista puede ser interminable, y lo único que consiguen estos padres es perjudicar a sus hijos, ya que cuando alguien rectifica sus errores exclusivamente por miedo a la amenaza o por quedar bien con otras personas, en realidad no está reconociendo su falta y, muy probablemente, volverá a repetirla o se desquitará de alguna manera.

Un niño debe aprender desde pequeño a reconocer de forma amable y racional que es a él a quien le afectan sus propios errores, que es él quien se perjudica por no hacer las cosas bien –no solo los demás–, y que es él quien deja de quererse y respetarse a sí mismo cuando no corrige sus errores para mejorar y experimentar un cambio de conducta positiva.

¿Te gusta la idea de que tu hijo sea una persona responsable que reconozca sus errores y aprenda de ellos? Estoy seguro de que sí. Entonces, te recuerdo que la coherencia en tus actitudes es un elemento fundamental. ¿Qué implica esto? Que es indispensable que cuando tú cometas un error, lo sepas reconocer. ¿Puedes imaginarte la admiración, el afecto y el respeto con que tu hijo te vería si tuvieras la grandeza de reconocer tus faltas ante él? ¿Te imaginas la autovaloración que esta actitud puede desarrollar en él? Supongamos que has tenido un día difícil, y una actitud de tu hijo te hace explotar de

> El precio de la grandeza es la responsabilidad.
> *Winston Churchill*

manera injustificada. Nada sería más extraordinario que pedirle una disculpa y aceptar que tu reacción fue equivocada y que él no tiene la culpa de tus problemas. Tu hijo realmente lo apreciará y será tan impactante para él que aprenderá a reaccionar de la misma manera.

Algunos comportamientos para fomentar la responsabilidad en los niños son los siguientes:

⇨ Evitar darle a tu hijo excusas que pueda adoptar como forma de eludir responsabilidades, como por ejemplo: «Eres muy pequeño para entender eso», «No habrías podido evitarlo», «Yo hubiera hecho lo mismo», «No ha sido culpa tuya», «Tu maestra no te entiende» o «Tienes que soportar demasiadas presiones».

⇨ Corregir a tu hijo cuando utilice frases como: «No es culpa mía», «No me regañes», «No pude evitarlo» y otras por el estilo.

⇨ Buscar soluciones en lugar de poner más atención en quién tiene la culpa.

⇨ Fomentar que tu hijo diga siempre la verdad. Evita castigarlo por decir la verdad y, por tanto, que en el futuro las mentiras y excusas sean una alternativa mucho más viable.

⇨ Jamás ser una persona que se vale de las excusas y que culpa a los demás.

⇨ Evitar siempre la frase «no es culpa mía» como parte habitual del vocabulario.

⇨ Disuadir a tu hijo de que les eche la culpa a otros de sus problemas, peleas y dificultades.

⇨ Evitar darle a tu hijo excusas «genéticas», como: «Eres igualito a tu abuelo» o «A tu madre también le costaban mucho las matemáticas, por eso no es extraño que te pase a ti lo mismo».

⇨ Evitar hacerle los deberes porque a él le resulten muy difíciles.

⇨ Dejar de poner énfasis en que lo más importante en la vida es tener la razón. Disuade a tu hijo de que no admita nunca que está equivocado, porque tú hagas lo mismo.

⇨ Ante cualquier problema, confrontar la situación en lugar de eludirla.

⇨ Indicarle sus errores de manera amable e inducirlo a aceptar la responsabilidad de sus actos.

⇨ Dejarle expresar sus propias opiniones y defender sus puntos de vista.

⇨ Reforzar positivamente las actitudes en las que asuma su responsabilidad.

⇨ Que tu persona sea un modelo de coherencia y responsabilidad.

Cuando los niños son lo bastante libres para asumir la responsabilidad de sus propios actos, pensamientos, sentimientos y comportamientos, en ese momento ganan el poder de dejar de sentirse víctimas. Cuando un niño no asume su responsabilidad, se convierte en víctima de la situación y entonces es habitual escuchar frases como: «Suspendí porque no le caigo bien al profesor», «Mis amigos no me dejaron hacer los deberes» o «Nadie me entiende».

Si un niño asume una situación jugando el papel de víctima, está excluyendo automáticamente toda responsabilidad y, por ello, jamás podrá aprender de su error. Sin embargo, si sabe que es responsable de su vida y, por los efectos que crea en su entorno, aprende de sus errores, la necesidad de castigarlo queda reducida prácticamente a cero. ¿Para qué hacerlo si él mismo reconoce sus faltas y las corrige?

Pon sobre los hombros de tu hijo la responsabilidad de todo lo que ocurra en su vida. Enséñale a ser alguien que toma decisiones que condicionan su forma de percibir el mundo y estarás formando a una persona responsable de sí misma.

Date cuenta a tiempo

Era una mañana como cualquier otra. Yo, como siempre, estaba de mal humor. Te regañé porque tardabas demasiado en desayunar; te grité porque no parabas de jugar con los cubiertos y te reprendí porque masticabas con la boca abierta. Comenzaste a refunfuñar y entonces te derramaste la leche sobre la ropa. Furioso, te levanté por el cabello y te empujé violentamente para que fueras a cambiarte de inmediato.

Por la tarde, cuando regresé a casa después de un día de mucho trabajo, te encontré jugando en el jardín. Llevabas puestos unos pantalones nuevos, y estabas sucio y mojado. Frente a tus amiguitos, te dije que debías cuidar la ropa y los zapatos, que parecía no interesarte mucho el sacrificio de tus padres para vestirte. Te hice entrar en casa para que te cambiaras de ropa y, mientras marchabas delante de mí, te indiqué que caminaras erguido. Más tarde continuaste haciendo ruido y corriendo por toda la casa.

A la hora de cenar arrojé la servilleta sobre la mesa y me puse de pie furioso porque no parabas de jugar. Con un golpe sobre la mesa, grité que no soportaba más ese escándalo y subí a mi cuarto. Al poco rato mi ira comenzó a apagarse. Me di cuenta de que había exagerado mi postura y tuve el deseo de bajar para acariciarte, pero no pude. ¿Cómo podía un padre, después de hacer tal escena de indignación, mostrarse sumiso y arrepentido? Luego escuché unos golpecitos en la puerta. «Adelante», dije adivinando que eras tú. Abriste muy despacio y te detuviste indeciso en el umbral de la puerta. Te miré con seriedad y pregunté: «¿Te vas a dormir? ¿Vienes a despedirte?». No contestaste. Caminaste lentamente con tus pasitos y, sin que me lo esperara, aceleraste tu andar para echarte en mis brazos cariñosamente. Te abracé y, con un nudo

en la garganta, percibí la ligereza de tu delgado cuerpecito. Tus manitas me rodearon fuertemente el cuello y me diste un beso suavemente en la mejilla. Sentí que mi alma se quebrantaba. «Hasta mañana, papi», me dijiste.

¿Qué es lo que estaba haciendo? ¿Por qué me desesperaba tan fácilmente? Me había acostumbrado a tratarte como a una persona adulta, a exigirte como si fueras igual que yo, y ciertamente no eras igual. Tú tenías unas cualidades de las que yo carecía: eras legítimo, puro, bueno y, sobre todo, sabías demostrar amor. ¿Por qué me costaba tanto esfuerzo? ¿Por qué tenía la costumbre de estar siempre enfadado? ¿Qué es lo que me estaba aburriendo? Yo también fui niño. ¿Cuándo empecé a contaminarme?

Después de un rato entré en tu habitación y encendí una lámpara con cuidado. Dormías profundamente. Tu hermoso rostro estaba ruborizado; tu boca, entreabierta; tu frente, húmeda; tu aspecto, indefenso como el de un bebé. Me incliné para rozarte con los labios la mejilla, respiré tu aroma limpio y dulce. No pude contener el sollozo y cerré los ojos. Una de mis lágrimas cayó en tu piel. No te inmutaste. Me puse de rodillas y te pedí perdón en silencio. Te cubrí cuidadosamente con las mantas y salí de la habitación. Si Dios me escucha y te permite vivir muchos años, algún día sabrás que los padres no somos perfectos, pero sobre todo, ojalá te des cuenta de que, pese a todos mis errores, te amo más que a mi vida.

El don de soñar y desear

> Cuanto más se aproxima uno al sueño, más se va convirtiendo la leyenda personal en la verdadera razón de vivir.
>
> *Paolo Coelho*

Los niños tienen una facultad maravillosa: una gran imaginación. Ayudarles a estimularla y conservarla a lo largo de los años significa cultivar la capacidad de hacer realidad el mundo con el que sueñan.

Napoleón Bonaparte dijo alguna vez: «La imaginación domina al mundo». Einstein creía que «la imaginación es más importante que el conocimiento, ya que el conocimiento está limitado a todo lo que ahora sabemos y comprendemos, mientras que la imaginación abarca el mundo entero, y todo lo que hay que saber y comprender».

Todos los niños tienen sueños: sueñan que poseen un don especial, que son diferentes, que pueden impresionar de una forma particular a otras personas, que triunfarán en tal o cual actividad o que son capaces de lograr que el mundo sea un lugar mejor para vivir.

Hay que motivar a los niños para que sueñen con su propia grandeza. No necesitan creer en héroes ni darle a otra gente más importancia de la que ellos mismos tienen. Sus padres pueden descubrirles la grandeza que llevan dentro con preguntas como: «¿En qué profesión te gustaría destacar de mayor? ¿Qué podrías inventar que fuera de gran ayuda para la humanidad? ¿Cómo harías de este mundo un lugar mejor? Estoy seguro de que puedes lograr cualquier cosa que te propongas; eres muy listo y tus ideas siempre son espectaculares». Hablarles así los hace sentir que pueden llegar a ser grandes hombres o mujeres y descubrir su grandeza en el campo que elijan.

Una forma muy valiosa de ayudar a los niños a soñar es leyéndoles o facilitándoles libros de cuentos, historias y leyendas sanas que les estimulen la imaginación. También ayuda hacerles preguntas del tipo: «¿Qué crees que pasó entonces?», «¿Qué hubieras hecho tú?» o «¿Le cambiarías algo al cuento?». Los cuentos y leyendas, además de estimular la imaginación de los niños, tienen el propósito de transmitir un mensaje que entra en la mente de forma inconsciente. Existen muchos libros para niños; elige aquellos que comuniquen mensajes de grandeza.

También es un estimulante de grandes sueños la lectura de biografías de personajes que destacaron por su calidad humana, heroísmo, perseverancia, capacidades o cualquier otra actividad admirable que los haya hecho famosos.

Cuando se enseña a los niños a soñar y desear, se les está educando en aprender a fijarse objetivos. La mente trabaja basándose en metas, por lo que cuando te propones algo, independientemente de lo grande o pequeño que sea, enfoca sus objetivos en conseguirlo. Así que cuando un niño aprende a desear y a saber lo que desea, está en un camino seguro para hacerlo realidad. Recordemos que la mente no distingue el pensamiento de la realidad, por lo que el pensamiento produce la realidad en sí mismo. Enséñale a tu hijo a pedir deseos, ya sea a su Dios, a su ángel de la guarda o a la primera estrella del firmamento; no importa en lo que crea, lo importante es que crea en el poder del deseo.

Estrella brillante, estrella fugaz,
el primer destello en el cielo estrellado
deseo tener, deseo lograr
lo que esta noche he deseado.

En la película *Pinocho* se muestra la importancia de saber soñar y de saber desear, y lo observamos cuando Gepetto, antes de irse a dormir, le pide a la estrella azul que convierta a Pinocho en un niño de verdad, haciendo la siguiente petición:

Estrellita, la primera que en el cielo divisé,
haz que se haga verdadera esta dicha que soñé.

> Cuando cesas de soñar, cesas de vivir.
>
> Malcolm S. Forbes

En este punto, es conveniente que te preguntes si eres un soñador, un ser de esperanzas, o si quizá ya te conformaste con una rutina que solo te encamina al hastío y una vida mediocre. En la Tierra existen dos clases de seres humanos: los que están vivos y sueñan y actúan por un mundo mejor, y los que creen que están vivos y llevan una existencia interior miserable que tratan de saturar con distracciones y vicios. ¿Qué ejemplo de vida le das tú a tu hijo?

Anclar la excelencia

El término «anclar» es utilizado en programación neurolingüística para referirse a la acción de grabar en una persona un estado emocional intenso utilizando un estímulo sensorial externo.

¿Qué significa esto? Por ejemplo, el abuelo de un pequeño siempre lo saluda dándole un beso y haciéndole una caricia particular en la cabeza, alborotándole el cabello. Este niño siente un afecto muy especial por su abuelo y mucha emoción cada vez que lo ve. Pasan los años y el niño se convierte en adulto. Un día, mientras juega con uno de sus hijos, este le hace en la cabeza el mismo gesto que acostumbraba a hacerle el abuelo, y el padre experimenta la misma sensación que le entraba al ver a su abuelo. ¿Qué es lo que ha sucedido? Que esta persona ha asociado neurológicamente el gesto con la emoción intensa que experimentaba cuando veía a su abuelo, y el movimiento en la cabeza, hecho siempre de la misma manera, se ha convertido en un «ancla».

Las anclas se refieren a la capacidad de nuestro sistema nervioso para almacenar un conjunto de elementos que corresponde a la activación de uno o varios canales sensoriales y asociarlos a un estado interno, el cual podrá ser reactivado cuando nuestro sistema nervioso reconozca toda la información o fragmentos de ella como parte del anclaje.

Esto quiere decir que cualquier estímulo sensorial concreto, ya sea visual, auditivo o cinético, tiene la capacidad de convertirse en un ancla para recordar una experiencia.

Un ancla es una poderosa neuroasociación entre un estado interno intenso y un estímulo externo.

En el seminario «Despierta tu excelencia», que hemos impartido en varios países del mundo, para explicar lo que es un ancla le pido a uno de los participantes que se acerque; luego me subo a una silla (y por tanto quedo a una altura mucho mayor que el participante), le digo que cierre los ojos, lo tomo de la mano, y comienzo a movérsela hacia delante y hacia atrás, como dándole unos ligeros tirones. Después de unos minutos le pregunto qué siente o qué recuerdos le vienen a la mente. La mayoría de los participantes con los que he realizado este ejercicio me contestan que sienten que regresan a su infancia y que les vienen imágenes de piernas. ¿Qué crees que ha ocurrido? Muy sencillo: le he activado un ancla que casi todos tenemos grabada de los momentos en que, siendo muy

pequeños, caminábamos agarrados de la mano de nuestra madre y, por la altura que teníamos, lo que generalmente veíamos eran las piernas de la gente con la que nos cruzábamos. Al simular el mismo movimiento del brazo (ancla) que cuando caminábamos con nuestra madre, se reviven momentos de la infancia y la emoción de estar con mamá y sentir su protección. Muchas personas han llegado hasta las lágrimas por lo intenso del recuerdo. ¿Te das cuenta de lo poderosas que son las anclas?

Lo interesante de las anclas es que podemos utilizarlas de manera consciente para grabar en los niños momentos de excelencia, de intensa felicidad o de salud, que posteriormente servirán para reactivar ese estado interno.

Metafóricamente hablando, el hecho de anclar en el niño sus estados internos positivos sería como regalarle un cofre del tesoro, que se iría llenando con los momentos más bellos de su vida y que podría abrir cada vez que lo deseara para revivirlos. Cuanto más abundantes sean los tesoros que contiene el cofre, poseerá más recursos el niño para ser feliz y tener éxito.

Las anclas pueden ser el resultado de un estímulo visual, auditivo, cinético o de su combinación. En el ejemplo que acabamos de ver sobre el ancla de ir agarrado de la mano de la madre, un estímulo visual sería la imagen de las piernas, y uno cinético sería la sensación de estar agarrado de la mano y del movimiento. En este caso, un estímulo auditivo podría ser la voz de la madre o tal vez el sonido de los pasos. Cuando un ancla se graba en los tres canales (visual, auditivo y cinético), se vuelve más poderosa.

Un ancla visual puede ser una imagen, un lugar, el rostro o la expresión facial de una persona, un color, la intensidad de la luz, etc. Por ejemplo, cuando pasas por la escuela a la que fuiste durante toda tu infancia, con tan solo ver el edificio revives la sensación de volver a ser un niño y la forma en que te sentías en ese lugar, ya hayan sido momentos muy gratos o de sufrimiento. Otro ejemplo es la persona que de pequeña tenía miedo a la oscuridad y de adulta prefiere estar con la luz encendida porque a oscuras revive ese temor infantil.

> Cada hombre tiene un tesoro que lo está esperando.
> *Paolo Coelho*

Un ancla auditiva puede ser un sonido, una palabra, una canción o una melodía. Un claro ejemplo de ancla auditiva es la canción que suena cuando nos enamoramos por primera vez: cada que escuchamos esa melodía, recordamos a la persona por la que sentimos el flechazo y la emoción del momento. Conozco a una mujer que, cuando era niña, vivía en una casa ubicada muy cerca de las vías del tren. Actualmente, siempre que escucha el sonido del paso del tren, automáticamente le vienen recuerdos del hogar de sus padres y la alegría de estar con ellos.

Un ancla cinética puede consistir en un aroma, un sabor, un movimiento, una sensación (frío, calor, dolor, etc.) o una forma especial de tocarnos físicamente. Por ejemplo, el perfume que usaba la abuela puede ser un ancla de algunos momentos vividos con ella. Un participante de un curso me comentaba que, cada vez que sentía hambre, recordaba

sus años de estudiante en el extranjero, cuando el dinero era escaso. Estas son anclas cinéticas.

¿Te das cuenta de cómo acumulamos anclas constantemente de forma inconsciente? Algunas de ellas vuelven a reactivarse en algún momento, mientras que otras tan solo quedan grabadas en el inconsciente.

Este acto de anclar que se realiza inconscientemente también lo podemos efectuar de manera consciente y utilizar esta función asociativa de la mente para guardar en tu hijo los momentos de excelencia.

Por ejemplo, llega tu hijo corriendo muy emocionado y te dice que ha sacado la nota más alta de la clase en su examen. Este sería un momento de excelencia que, además, está combinado con un estado interno intenso, por la emoción que está sintiendo. ¡Debes anclarlo!... Guardar en su «cofre» ese logro. ¿Cómo hacerlo? Revisemos un ancla en los tres canales (visual, auditivo y cinético): en cuanto tu hijo llegue corriendo hasta ti, ponte a su altura (si estás de pie, debes agacharte hasta que tus ojos queden a la altura de los suyos). Con ambas manos, rodéale la cabeza y tócale la nuca con los dedos índice (ancla cinética), míralo fijamente a los ojos sonriéndole (ancla visual) y dile que lo felicitas y que te sientes muy orgulloso de él (ancla auditiva). Este tipo de ancla es muy poderosa; por un lado porque la estás realizando en los tres canales, pero además, porque al tocar la zona de la nuca estás estimulando una región del cerebro que hace que ese momento le quede impreso. Es frecuente que con esta ancla el niño llegue a estremecerse en el momento de aplicársela.

Aprovecha para anclar todos los momentos significativos de tu hijo. Para hacerlo puedes usar cualquier tipo de imagen, palabras o contacto físico en cualquier parte del cuerpo; el único requisito es que se realice en el momento culminante de la experiencia. Es decir, si el niño gana una competición y deseas anclar ese éxito, debes hacerlo en el momento en que la emoción de haber ganado es más intensa, que puede ser el instante en que lo acaban de premiar o, si no estás presente en ese momento, en cuanto te lo diga y vuelva a revivir la emoción de haber ganado. **Un ancla solo es efectiva cuando se aplica en el momento en que la persona se encuentra en un estado emocional intenso, totalmente asociado y coherente con la experiencia que se desea anclar.** Si se anticipa o retrasa su aplicación, el ancla perderá efectividad.

Las anclas también se pueden acumular, lo que significa que se pueden ir sobreponiendo. Volviendo al ejemplo anterior, si tu hijo se está entrenando como atleta y compite con frecuencia, cada vez que gane una competición puedes aplicarle el mismo tipo de ancla y en el mismo lugar. La acumulación de anclas la hace más efectiva, pero el estímulo elegido debe ser exactamente igual al anterior, esto es, debe enviar al cerebro una señal diferenciada e inconfundible.

En un curso que impartí, una mujer me comentó que, cada vez que sus hijos hacían una tarea excelente, ella anclaba a sus pequeños tocándoles la frente a la altura del entrecejo y les decía: «¡Te salió una estrellita!», (haciendo una analogía de las estrellitas de papel que se les pegan a los niños en la frente cuando se portan bien en el jardín de infancia). Algunos lugares comunes y fáciles de identificar para acumular anclas son los dedos de las manos, los nudillos o algún lunar o marca característica del cuerpo que se encuentre en una zona accesible.

Además de los logros y momentos de excelencia, se pueden anclar todos los estados positivos del niño, como la salud, la alegría, la risa, la relajación, el gozo, la sorpresa, etc. Un ejemplo sería que, cada vez que escuches a tu hijo reír a carcajadas, le toques la barbilla y le digas: «¡Me encanta oírte reír!».

Las anclas permiten guardar en la mente los estados internos intensos y reactivarlos al repetir el mismo estímulo con el que se grabaron, lo cual es uno de los mayores beneficios de las anclas. Puedes reactivar cierto estado interno al estimularlo de la misma manera con que se grabó determinada ancla. Es decir, si tu hijo presenta un estado emocional negativo, como puede ser la tristeza, sentimientos de incapacidad o alguna enfermedad, puedes activar algún ancla que contrarreste ese estado de ánimo, tocándole el sitio donde lo habías anclado positivamente.

Revisemos una de las anclas más maravillosas que puedes ofrecerle a tu hijo. El medio intrauterino es un estado de excelencia en la salud, ya que mientras un niño está en el vientre de su madre mantiene un estado perfecto de salud y bienestar, y a través de la música es posible anclar ese estado. Elige una melodía, de preferencia música clásica, y durante todo el periodo de gestación permite que el bebé la escuche, a ser posible con unos auriculares en el vientre de la madre. Así, cuando el niño nazca y comience con las enfermedades típicas de la infancia, al ponerle la misma música activarás el estado de excelencia en la salud y, automáticamente,

su sistema inmunológico corregirá toda anomalía. El ancla lo devuelve al estado intenso que vivía cuando estaba en el útero.

Durante el embarazo, el propio vientre de la madre ofrece una cierta cantidad de diversión sonora. Los sonidos más fuertes que oye el bebé proceden del estómago y los intestinos de su madre, y alcanzan los 85 decibelios. Además, percibe otros sonidos que ascienden a 55 decibelios, entre los que se encuentran el murmullo de la sangre circulando por las principales arterias que alimentan al útero y a la placenta al fluir en sincronía con el corazón. Esto se convierte, evidentemente, en un ancla auditiva natural para el bebé. En la actualidad existen cedés y hasta ositos de peluche que recrean los sonidos que se oyen en el útero y que puedes utilizar para activar esta ancla del estado intrauterino. Como comprenderás, estos sonidos tienen una fuerza única para tu hijo.

El psicólogo Lee Salk llevó a cabo una interesante investigación con cientos de estatuas y pinturas de vírgenes, observando que en el 80% de los casos la madre sostenía al hijo en su lado izquierdo. Salk llegó a la conclusión de que esto se debe al conocimiento intuitivo que había en la época sobre el sonido que más conoce y recuerda el recién nacido. La investigación demostró que los bebés se sienten más a gusto si la madre lo sostiene en la parte izquierda de su pecho, **sobre el corazón**, lo cual también podría explicar por qué los bebés tienden a tranquilizarse al oír el pausado tictac de los relojes o a calmarse con el sonido de un metrónomo que marca de cincuenta a noventa compases por minuto.

También existen anclas negativas, por ejemplo, las fobias. Imaginemos qué ocurriría si, en el mismo ejemplo del niño que corre a decirle a sus padres que sacó la mejor nota, uno de ellos le dijera lo siguiente: «¡Es lo menos que puedes hacer; es tu obligación. Yo me mato trabajando para que tú vayas a la escuela, así que sigue estudiando y más te vale seguir sacando las mejores notas o te acordarás de mí!».

Este niño quedaría anclado de forma negativa y, cuando fuera adulto, podría encontrarse en la situación de estar haciendo una excelente presentación de ventas en su trabajo y, al ver a un directivo con cierto parecido a su padre, interpretar su mirada de forma hostil. Automáticamente, se pondría nervioso, se angustiaría y empezaría a perder el sentido de lo que estaba diciendo; olvidaría información y se le vendría abajo toda la presentación. Al terminar, su jefe le preguntaría qué había sucedido, si todo iba sensacional. Él no lo sabría porque no sería consciente de ello, pero lo que ocurrió es que el ancla que tenía grabada había hecho efecto. Existen gran cantidad de anclas que se graban de manera negativa. Evita ser la causa de la grabación de ese tipo de anclas en tu hijo.

Otra ancla negativa muy común es prestarle demasiada atención al niño cuando está enfermo. Esto crea una asociación equivocada entre su enfermedad y la atención que le brindan: la madre lo quiere más, el padre se ocupa más de él, toda la familia lo coloca en el centro y se convierte en la persona más importante. En cambio, si está sano, no recibe ninguna atención especial.

Entonces, ¿qué sucede? El 90% de las enfermedades nos las creamos nosotros mismos para obtener un beneficio de ellas. Un niño aprende a generar sus propias dolencias para conseguir cariño, y la atención especial de los padres se convierte en un ancla negativa. ¿Qué hacer? Adopta un nuevo enfoque y en lugar de premiar la enfermedad, elogia la salud. Cuando tu hijo esté enfermo, préstale a la enfermedad la menor atención posible, excepto en lo que a la administración de medicamentos se refiere, y ancla la salud. Generalmente, es mucho mayor la proporción de días en que nos encontramos sanos que los que estamos enfermos y, sin embargo, no les damos ninguna atención a estos últimos. Acostúmbrate a anclar la salud en tu hijo y aprovecha la oportunidad de elogiarlo por estar fuerte y sano.

Recuerda que no refuerzas aquello ante lo cual eres indiferente; por tanto, las actitudes y acciones de tu hijo que deseas para él, debes reconocerlas, premiarlas y reforzarlas constantemente, ya que serán la mejor garantía de su bienestar social, físico, moral y espiritual.

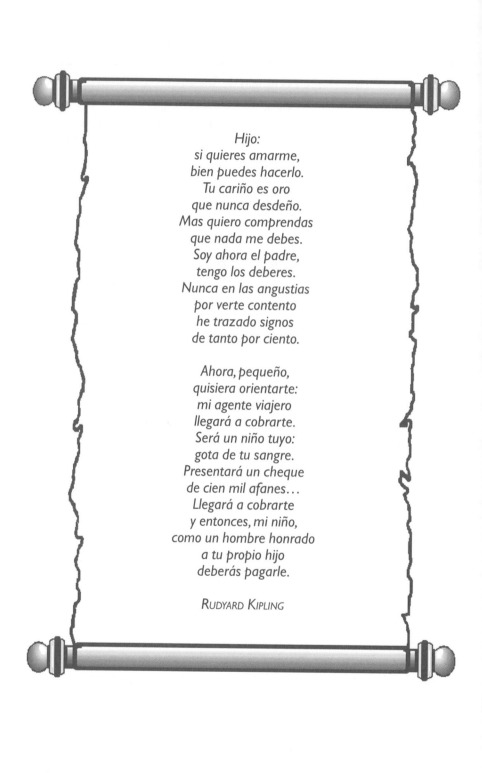

Hijo:
si quieres amarme,
bien puedes hacerlo.
Tu cariño es oro
que nunca desdeño.
Mas quiero comprendas
que nada me debes.
Soy ahora el padre,
tengo los deberes.
Nunca en las angustias
por verte contento
he trazado signos
de tanto por ciento.

Ahora, pequeño,
quisiera orientarte:
mi agente viajero
llegará a cobrarte.
Será un niño tuyo:
gota de tu sangre.
Presentará un cheque
de cien mil afanes…
Llegará a cobrarte
y entonces, mi niño,
como un hombre honrado
a tu propio hijo
deberás pagarle.

RUDYARD KIPLING

Conclusiones

PRIMERA PARTE

Ser padre son dos caras de una misma moneda; por un lado significa conocerte a ti mismo para saber si tienes o no potencial para la paternidad, y por otro consiste en conocer y aceptar a tu hijo tal y como es, para darle potencialidad, en su máximo esplendor.

Aquí sucede algo con las matemáticas, pues en lugar de duplicarse las potencias, se produce un efecto multiplicador que da como resultado la realización infinita en diferentes escalas; una regla medirá al padre y otra, al hijo. Cursarán carreras diferentes, aunque ambos se hayan titulado el mismo día y pertenezcan a un mismo conjunto: «padre-hijo».

La multiplicación resultante es una mezcla de sentimientos, tales como orgullo, satisfacción y realización. Nada más gratificante en la relación padre-hijo que saberse y sentirse, con toda la conciencia posible, buen padre y buen hijo. Y nada más lejos de la realidad que quien es buen hijo será buen padre, pues no necesariamente todo hijo querrá ser padre el día de mañana. Hay estados sociales preferentes que definen la condición, capacidad innata, deseos y capacidades personales para elegir cómo querer vivir la propia vida.

De esta forma, decidir casarse o no hacerlo, tener hijos o no tenerlos no es correcto ni incorrecto en sí mismo; de igual manera que no es tan importante por qué te casas ni por qué tienes hijos, sino el *para qué* de ambas decisiones; si es para vivir en el amor, adelante. Sin embargo, ni el matrimonio ni traer un hijo al mundo garantizan la buena paternidad: la intención de amarlo no nos hace buenos padres y buenos hijos. Esto es solo un buen principio.

Ser padre significa descubrir y desarrollar nuestras propias competencias como candidatos a serlo, y conocer muy bien a quién elegimos como pareja. No obstante, la tarea no acaba al conocerme a mí mismo,

ni a mi pareja; la tarea continúa toda la vida al darles a mis hijos la libertad de ser siempre ellos mismos, ya que **de eso se trata ser padres**. Toda nuestra vida es la que hay que poner a disposición de nuestros hijos. Nos entregamos a ellos antes de elegir pareja y procrearlos, y no digamos cuando los alimentamos por el cordón umbilical y, aún más, cuando lo cortamos.

Para ser padres, a veces hay que recurrir primero al perdón y la reconciliación, sin importar el pasado, solo apuntando hacia el futuro que incluye el presente. Tenemos que hacer las paces con nuestros padres y nuestros educadores; tenemos que hacernos amigos de nosotros mismos, si acaso llegamos a pretender ser padres y aspiramos a escuchar una voz de esperanza que algún día nos diga merecidamente «papá» o «mamá».

SEGUNDA PARTE

Tu estilo para educar a tu hijo y relacionarte con él es directamente proporcional al uso que haces de tu inteligencia para cotejar tu comportamiento, pensamientos y sentimientos actuales. ¿Qué te gusta hacer? ¿Cómo te comunicas? ¿Qué opinas de ti mismo? ¿Cuál es tu opinión de tus padres y hermanos? ¿Cómo deseas que la gente se comunique contigo? ¿Cómo te gusta aprender? ¿Cuál es tu pasatiempo favorito? ¿Y tus sueños? ¿Cómo solucionas los conflictos? ¿Cómo tomas decisiones? ¿Qué te gusta y qué te disgusta de los demás? ¿Cómo te tratas a ti mismo y cómo tratas a la gente?, etc.

Nadie da lo que no tiene, de tal forma que como te quieras a ti mismo, así querrás a tu hijo, y como te trates, del mismo modo lo tratarás a él.

Todos tenemos una historia. Además de que una vida sin historia es muy triste; la importancia de la historia de cada persona radica en que determina su presente, aunque nunca es limitante, todo lo contrario: es la respuesta y no la pregunta, el para qué y no el por qué, la solución y no el problema, lo blanco de lo negro, lo claro de lo oscuro. Si a mí no me importa mi vida, a nadie más le importará.

Mientras yo no tenga resuelta mi esencia como persona, mi misión como persona, será una utopía saber ser padre. La visión que pueda forjarme como padre será, en consecuencia, una falacia, y los hijos a los que pretenda darles vida recorrerán un camino incierto, confuso y de desamor, navegando a la deriva con la bandera de la pseudoeducación.

Hasta ahora, en el ámbito de la educación no se ha inventado nada que haga que uno aprenda por otro; se trata de un proceso interior que pertenece a cada persona. Por tanto, si quiero educar a mis hijos, me tocará a mí facilitarles el aprendizaje, consciente de que para enseñarles algo, primero tuve que haberlo aprendido yo. ¿Qué quiero enseñarles a mis hijos? ¿Qué me he enseñado yo a mí mismo?

Una aportación a la sabiduría humana y al entendimiento de por qué actuamos, pensamos y sentimos de tal o cual manera, la hacen las preferencias cerebrales, que nos revelan dos grandes verdades:

1. Por un lado, que el desarrollo de la corteza cerebral no es heredable ni único, lo cual se debe a diferentes tipos de estimulación cerebral.
2. De lo anterior se derivan las diferencias de personalidad y gustos entre padres e hijos así como entre hermanos, aunque tengan la misma genética y ambiente socio-educativo. En una misma familia pueden prevalecer simpatías y antipatías, rechazos y atracciones, porque en cada cerebro existen divisiones que sugieren diferentes tipos de comportamiento, competencias, procesos de pensamiento y acciones en los seres humanos sobre todos los aspectos de la vida.

Para relacionarte con tu hijo como un proceso consciente, primero debes diagnosticar en ti mismo tus preferencias, tendencias y características (predominancia cerebral), con un genuino deseo de conocer, entender y aceptar otras dominancias/cuadrantes diferentes a los que te caracterizan.

Por medio de la comunicación busquemos reducir las diferencias y fortalecer las semejanzas para una convivencia más cordial, sana, productiva, respetuosa, comprensiva y, sobre todo, integradora y constructiva. Somos entes sociales por naturaleza que necesitan de otros para sobrevivir, y qué mejor que lograrlo en un ambiente armónico.

En este mundo atestado, donde todos vendemos y compramos y, por consiguiente, negociamos desde que nacemos hasta que morimos,

más nos vale aprender a ser multidominantes. Un arco iris necesita de todos los colores para serlo, y qué mejor que colorear un arco iris entre un padre, una madre y sus hijos.

TERCERA PARTE

Tu hijo es él y no tú. Este es el reto. Conocer que el cerebro es el responsable del desarrollo de un ser humano durante el proceso de gestación y que la madre solo crea las condiciones propicias para su formación nos lleva a considerar el cerebro como un órgano maestro e insustituible. Y, aunque nos da la vida, poco hacemos para mantenerlo al 100% de su potencialidad desde que nazcamos.

Un sinfín de investigaciones nos revelan que venimos al mundo equipados con un infinito potencial cerebral y que, en la medida en que proveamos de experiencias estimulantes a nuestro cerebro, se fortalecerán nuestras conexiones cerebrales. Y a mayor utilización de este órgano, mayor capacidad mental y, por ende, mayor capacidad de aprendizaje.

Lo que puede marcar la diferencia entre una persona triunfadora y otra perdedora es la estimulación cerebral que haya recibido desde la gestación y hasta la edad preescolar. Ojalá la característica integradora (bloque de cognición, lingüístico, lógico-matemático, psicomotricidad fina y gruesa, sensopercepción, formación humana, expresión artística y corporal, etc.) propia de la educación infantil prevaleciera en toda la educación básica. Es increíble observar cómo los niños de hasta seis años son multidominantes (les gusta el contacto, buscan el dominio de las habilidades motoras y tienen un interés natural por explorar su mundo) y, a partir de primaria, se desvirtúa su estimulación cerebral en aras de la madurez y la formalidad educativa, universalizándose así un método de enseñanza-aprendizaje para todos los alumnos y atrofiando su centro motor, emocional e intelectual.

Saber quién es tu hijo significa aprovechar toda la información vertida en este capítulo para:

1. Observar y escuchar. Conocer cómo percibe el mundo, cómo se comunica con él y cómo se mueve en él; qué le gusta, qué disfruta y qué necesita; sus puntos fuertes y débiles.

2. Trazar un plan de actividades concretas para apoyar su desarrollo e inteligencias al máximo, y así poder potenciar sus talentos, habilidades, conocimientos y capacidades desde temprana edad.
3. Actuar en consecuencia. Enseñarle como quiere aprender él y comunicarte con él en su lenguaje; proveerle de experiencias estimulantes y reforzadoras con todas las oportunidades posibles para que emplee a fondo su potencial y enriquezca su vida.

Solo respetando la manera de ver, hablar y moverse por el mundo que tiene tu hijo, lograrás mantenerte cercano a él. No esperes que muestre ciertas conductas propias de tu personalidad; debes salir de ti mismo para entrar en él. Es un ser único e irrepetible, y mostrar una personalidad diferente a la tuya no siempre significa rebeldía, apatía o contrariedad.

La mayoría de las familias cuentan con los recursos necesarios para educar bien a sus hijos. No se requieren grandes sumas de dinero, ni una sólida educación formal o determinado nivel social para educar a un hijo de forma eficaz y satisfactoria. El amor es un buen principio, unido al respeto de su naturaleza y a la información adecuada para ayudarse a hacerlo correctamente (por ejemplo, la lectura de este libro).

¿Qué tipo de vida quieres para tu hijo? Si bien depende de ti quién llegue a ser, no es menos cierto que llegará a ser lo que él quiera ser. Eso sí, gracias a la comunicación que establezcas con él, pues solo hay dos caminos: dejarlos ser o no serán nada. Nunca es tarde para empezar, ni mucho menos temprano para actuar.

CUARTA PARTE

Las mentes de los niños son como «sacos» que no pueden estar vacíos; se llenan con aquello que sus padres creen justo, con las ideas de otras personas o, en su defecto, con lo que toman de su alrededor.

Los niños, aunque sean pequeños, no son tontos. Es peligroso subestimar la niñez como una etapa inofensiva, creyendo que más adelante aprenderán, porque entonces nos podremos dar cuenta de que dejamos pasar un tiempo valioso.

Si se nos olvida sembrar, llegado el momento de la cosecha será inútil querer recibir frutos. La niñez es el mejor momento para cultivar los valores, pues llegando la adolescencia, los jóvenes buscan aquellos que den sentido a sus vidas y, de no encontrarlos, son blanco perfecto de los intereses de otras personas, líderes de voluntades ajenas que los harán caer en el torbellino del alcohol, las drogas, la velocidad, la rebeldía ante la autoridad y los juegos peligrosos, poniendo en riesgo su vida y la de inocentes.

¡Cuidado! Ese «saco» puede llenarse de vacío, por la ausencia de valores plantados a tiempo, y de aquello que hayan tomado del ambiente, tanto bueno como malo, en que les ha tocado vivir.

Si queremos para nuestros hijos una vida equilibrada, inteligente y feliz, debemos seleccionar ciertos valores para nuestra propia existencia, antes de que lleguen a este mundo y no cuando ya estén aquí. Nuestros hijos son nuestro espejo.

Servir de modelo es la forma más eficaz de moldear los valores en los niños y ayudarles a comprender para qué existen estos. De lo que nosotros como padres pensamos, sentimos y actuamos, prevalece un valor que ellos aprenden inconscientemente.

La integridad de nuestros hijos como individuos es una gran responsabilidad, ya que depende en gran medida de saber administrar su desarrollo. Se requiere sobre todo de mucha planeación.

Los valores y las virtudes fluyen en un continuo para el desarrollo de la conciencia, con la cual tampoco nacemos, y para la cual hay que educar con amor al bien y a la verdad. Si nosotros no le damos un sentido a nuestra vida como padres, difícil será que nuestros hijos encuentren el propio.

Démosles a nuestros hijos la oportunidad de que comprendan y experimenten por ellos mismos las virtudes, con todo el apoyo y diálogo posible de nuestra parte. Se hace urgente conversar con ellos y que lleguen a sus propias conclusiones por experiencia y conocimiento propio. Tiene que «dolernos» la prudencia, la justicia, la fortaleza y la templanza para aprehenderla; de lo contrario, no intentarán ser superiores a nosotros ni comprometerse por ellos mismos.

Los padres podemos influir en la formación de nuestros hijos desde su infancia hasta su adolescencia y primera juventud, pasando por su niñez y pubertad. En este tiempo fijamos reglas y límites, y somos fuente de imitación e inspiración. Cabe decir que la adolescencia es la segunda oportunidad que tiene todo ser humano para enderezar su «camino».

Después de los veintidós años, en un momento de crisis, ya sea personal, familiar, social o mundial, los valores y virtudes serán lo único que sacará a flote a nuestros hijos; y por la misma razón, carecer de ellos los puede hundir.

Mucho mejor es que, en lugar de llenar su «saco» (mente) de lo que nosotros deseamos, nos detengamos a pensar qué tipo de hijos queremos y, en consecuencia, ser nosotros lo que deseamos ver en ellos. De este modo podremos sacar de ellos los valores y virtudes que ya viven en su interior, al ser la máxima obra de Dios y de la Creación. Esto implicará tiempo, paciencia, comunicación y, desde luego, amor. **Para resaltar los valores y virtudes en la educación** se necesita convivir en ellos, es decir, llevarlos a cabo en comunión.

Si al educar a nuestros hijos lo hacemos con una autoridad basada en el bien y la verdad, no con abuso de poder («porque yo quiero») sino como posibilidad de servicio, estaremos educando con valor y virtud. Así, nuestra conducta como padres despertará prestigio y, a su vez, inspiraremos obediencia. Llegada la adolescencia, el fruto de este prestigio será la afinidad de voluntades, en lugar de frustración y rebeldía.

En condiciones orgánicas y fisiológicas sanas, no hay niños-problema, sino padres con problemas o, mejor dicho, crisis mentales. Pregúntate: ¿qué he hecho para que mi hijo tenga los valores que lo van a hacer digno como ser humano y cómo voy a formar a un hijo fuerte en lo moral, social y emocional?

Solo la fortaleza de nuestras creencias, juicios y actitudes nos hará libres y auténticos para educar almas. El alma de tu hijo está en formación: cuida la calidad de las semillas que sembrarás en él... Tú, padre o madre, ¿en qué crees y en qué no crees? Pues precisamente de esto dependen tus acciones y lo que logres al final de tu camino.

QUINTA PARTE

Las típicas expresiones de «me ha salido muy bueno mi hijo» o «me ha salido muy malo» corresponden a creencias erróneas. Es un mito pensar que los hijos salen desde el nacimiento buenos o malos por obra del espíritu santo, que nacen marcados y con un destino predeterminado. Nada más nocivo que esta creencia para no ayudar a triunfar a tu hijo. Claro que si tú no te haces responsable como padre o madre,

seguramente te sientes una víctima carente de poder. Solo la persona que no asume su responsabilidad por lo que piensa, dice y hace se muestra débil y perdedora, y por supuesto es muy cómodo echarle a otro la culpa, incluso al mismo Creador: «Así lo quiso Dios». Lo más fácil es que los otros carguen con nuestros errores, so pretexto de que así soy, así me hicieron y así es la vida, que para el caso significa lo mismo: **no asumir la propia responsabilidad** y, claro, esta es la manera de hacer de tu hijo un perdedor.

**Tanto si cree que puede
como si cree que no puede,
usted tiene razón.**

Henry Ford

Desgraciadamente, parece que muchos padres educan para ayudar a fracasar a sus hijos, ya que hacen todo lo contrario a lo que aquí se ha indicado para programarlos al éxito.

La mayor enseñanza de esta parte radica en concienciar sobre la importancia del lenguaje verbal y no verbal al relacionarnos con nuestros hijos, y de darnos tiempo para comunicarnos y tener contacto con ellos. El poder de las palabras y caricias es inmenso desde que somos concebidos y durante toda la vida. Son auténtico alimento para el alma y el espíritu.

La mayor parte de los problemas existenciales de los seres humanos tienen su raíz en la falta de autoestima, en una autoimagen pobre y devaluada, en miedos, inseguridades, disgustos y nula capacidad de toma de decisiones por ellos mismos. Debemos amar a nuestros hijos incondicionalmente por lo que son y no por lo que hacen, para no sembrar nunca en ellos el mayor temor, que es no sentirse amado. Evítale a tu hijo, a toda costa, que tenga miedo al fracaso; esta es una lección de vida. Y, en cambio, facilítale una educación equilibrada para el espíritu (oficio), el alma (arte), el cuerpo (deporte) y la mente (profesión); así le estarás dando herramientas para que se baste por sí solo y logre su bienestar.

El mejor regalo que pueden ofrecernos nuestros hijos es su amor e imitación, y el mejor que podemos darles a ellos somos nosotros mismos. Tú eres su mejor juguete. Estar ahí con él, con todo lo que tú eres realmente, dándote todo tú en palabras y demostraciones, siendo optimista y juguetón, con disfrute y pasión. Si bien la televisión enseña a los niños a dominar el lenguaje más rápidamente, el coste por entrar en sus mentes con objetivos materialistas es muy alto. Cederle tu presencia a la televisión es restarte valía. Si tu hijo va a verla, enséñale lo positivo de ella, sé crítico y administra el tiempo.

A diferencia de cualquier otro libro sobre paternidad que puedas leer, este es de los pocos que te aconsejan no castigar, por ser innecesario. Si has educado a tu hijo en la línea de que es responsable de sus actos y su vida, él mismo reconocerá sus errores y se corregirá voluntariamente, lo cual implica romper fuertes paradigmas en ti como padre.

Si aún te sigues preguntando cómo puedes ayudar a triunfar a tu hijo y eres de las personas a quienes les gustan los consejos prácticos, te daré los siguientes:

1. Trátalo como un triunfador desde ahora mismo, diariamente, por aquello que ya está logrando y también por lo que está por llegar.
2. Ten grandes expectativas para su presente y futuro. Enséñale a imaginar, a desear, a soñar, a tener una visión para su vida desde pequeño. ¿Eres tú, padre, un ser de esperanza?
3. Hazle programación mental positiva para convertirlo en un ganador de día y de noche, trabaja con su consciente e inconsciente, regálale las joyas más preciadas al anclar el triunfo para toda su vida, al elogiarlo, reconocerlo, premiarlo y reforzarlo por actitudes y acciones que tú quieras que tenga, sin olvidar incentivar su salud.
4. Sé un ejemplo viviente de valores: sé la verdad, busca soluciones, no culpes a otros, no provoques lucha de poderes, recuerda que tener la razón no es lo más importante, expresa tus emociones y felicítate a ti mismo por tus logros. Lo que tú eres, lo es él.

Si eres de las personas a quienes les gusta leer del final al principio, me atrevería a decirte que no te pierdas este regalo de vida al leerlo como Dios manda. Sin embargo, te citaré aquí una idea que te puede servir de principio y de fin:

**La mejor prueba del cariño
es la fidelidad.
Seamos fieles a nuestras convicciones,
sueños y necesidades.
Si no queremos ser padres,
no traigamos hijos al mundo.
La paternidad, más que
una prueba de amor,
es un estado de voluntad.**

***

Este no es un libro sobre la paternidad; es el libro de la paternidad.

Y en una sociedad moderna como la nuestra, donde los abuelos desempeñan un papel importante en el crecimiento de sus nietos, este libro es también el suyo.

Bibliografía recomendada

ARMSTRONG, Thomas. *Tu hijo es un genio*. Ediciones B. España. 1992.

BARRIOS, Enrique. *Ami regresa*. Errepar. Argentina. 1991.

_____*Ami. El niño de las estrellas*. Errepar. Argentina. 1991.

BLOOM, Benjamin. *Developing talent in young people*. Ballantine. Nueva York. 1985.

DAVID BUZALI, Marina. *Valores y virtudes*. Panorama. México.1997.

DE LA PARRA, Eric y MADERO, María del Carmen. *La fascinante técnica de los esquemas mentales*. Panorama. México. 2002.

DE LA PARRA, Eric. *Despierta tu excelencia*. Panorama. México. 2002.

DE MELLO, Anthony. *El corazón humano*. Lumen. Argentina. 1997.

_____*Mamá, ámame. Papá, óyeme*. 13 Editores. México. 1999.

_____*Medicina para el alma*. Lumen. Argentina. 1998.

DYER, Wayne W. *La felicidad de nuestros hijos*. Grijalbo. México. 2001.

GARDNER, Howard. *Estructuras de la mente*. Fondo de Cultura Económica. México. 2000.

GUANEME PINILLA, Inés. *Gimnasia cerebral*. Géminis. Colombia. 2000.

KORNFIELD, Jack. *A path with heart: A guide trough the perils and promises of spiritual life*. Bantam Books. Nueva York. 1993.

LEWIS, David. *Cómo potenciar el talento de su hijo*. Ediciones Roca. México. 1991.

PIAGET, Jean. *El nacimiento de la inteligencia en el niño*. Grijalbo. México. 1994.

PROPHET, Elizabeth Clare. *Cómo nutrir el alma de tu bebé*. Promexa. 2000.

ZIGLAR, Zig. *Cómo crear hijos con actitudes positivas en un mundo negativo*. Norma. Colombia. 1990.

Acerca del autor

Eric de la Parra es fundador y presidente del Colegio de Investigación y Desarrollo Empresarial (COLINDE), empresa dedicada a la asesoría y aplicación de programas de calidad, excelencia y aprendizaje, que realiza actividades de capacitación en varios países sobre administración y desarrollo empresarial, comunicación, negociación efectiva, ventas y mercadotecnia, desarrollo humano, excelencia en el servicio al cliente, educación y cultura corporativa, liderazgo, motivación, potenciación de habilidades cerebrales, nuevas técnicas de aprendizaje acelerado, esquemas mentales, tecnología para lectura de alto desempeño *(High Performance Reading Technology)*, trabajo en equipo, programas de calidad total, máster y formación de instructores en programación neurolingüística. Es además doctor por la Universidad de Cambridge y aclamado conferenciante en Europa, Sudamérica, Estados Unidos y México.

Fue catedrático durante once años en importantes universidades, en las que impartió más de treinta materias distintas. Desarrolló el programa radiofónico *Educación creativa,* y ha participado en programas de radio y televisión de varios países.

Obtuvo el galardón a la Excelencia Académica en 1995 por los resultados obtenidos en sus seminarios y eventos. Ha dictado conferencias para audiencias de más de diez mil asistentes por todo el mundo y visitado más de cuarenta países para llevar a cabo sus investigaciones y reciclaje continuo.

Ha sido articulista sobre temas de servicio y desarrollo humano para revistas como *Excellentia,* y recibió por sus artículos la Pluma Excellentia '94. Es autor de los libros *La virtud del servicio* (ISEF, México, 1998)*; Calidad en el servicio* (ISEF, México, 1998); *¡Despierta tu excelencia!* (Panorama, México, 2002); *La fascinante técnica de los esquemas mentales* (Panorama, México, 2002); *Estrategias de ventas y negociación* (Panorama,

México, 2002), y *Risveglia la tua eccellenza* (Macro Edizioni, Italia, 2002), *La PNL avec les enfants* y *Reveillez votre excelence* (Macro Editions, 2011), todos ellos pertenecientes a la serie *La vida es una actitud*.

También tiene grabados varios audios en la colección *Vive tus talentos*, con los siguientes títulos: *La esencia fundamental del éxito*, *Mapa para triunfadores*, *El poder de las creencias*, *La esencia de ser padre*, *La virtud en las ventas* y diecinueve títulos de casetes subliminales.

Colinde Internacional

Las informaciones contenidas en este libro son parte del curso fundamental de la Escuela Colinde «Despierta tu excelencia» y han sido estructuradas con una metodología didáctica, lingüística y gráfica coherente con las enseñanzas, ofreciendo al lector una elevada comprensión y una vía rápida para ponerlas en práctica en su vida privada, familiar, social, educativa, profesional y empresarial.

Una guía turística nos puede enseñar muchas cosas de un determinado país, pero si deseas saber, conocer, aprender y experimentar más, es aconsejable realizar el viaje. Del mismo modo, si deseas saber, conocer y aprender más, así como experimentar de un modo práctico las materias de este libro y de otros, entonces es indispensable participar en los cursos «Despierta tu excelencia» o «El poder de la neuro-inteligencia».

Colinde, a través de sus escuelas en diferentes países, te ofrece también otras puertas de acceso al conocimiento, mediante otros cursos que potencian al individuo con métodos, técnicas y habilidades. Si quieres todavía más, Colinde te permite seguir un máster (nivel I y nivel II) actualizado en metodología, contenido e instrumentos que te permitirán afrontar de un modo muy eficaz los retos de nuestro tiempo y del tiempo futuro en el ámbito social, laboral, económico, educativo, evolutivo y también personal y familiar.

Si estás al frente de una empresa, te sugerimos contactar con nosotros para proyectar la formación más útil y eficaz a fin de satisfacer tus exigencias diseñando contenidos concretos.

COLINDE: ¡Libera tus talentos!

Puedes acudir a nuestra página web: www.colinde.com.mx, y a las siguientes direcciones de contacto:

EUROPA

Colinde Europa

Italia – Roma
Marco Bianchi & Luca Gaibisso
Web   www.colindeuropa.eu
Móvil   +39 335.7486506
         +347.3625997
Fax   +39   06.6227.6984
Skype   marcob777
E-mail   info@colindeuropa.eu
         marco.bianchi@colindeuropa.eu
         luca.gaibisso@colindeuropa.eu
E-book   Para información de la novela formativa-histórico-aven-
         turera de Marco Bianchi, *Transfert - Los códigos del sendero
         divino*, ver www.transfertbook.com

Para eventos o para desarrollar la escuela Colinde en España, contactanos.

Colinde Italia

Italia - Frosinone
Luca Gaibisso & Marco Bianchi
Web   www.colinde.it
Móvil   +39 347.3625997
         +39 335.7486506
Fax   +39 06.6227.6984
E-mail   info@colinde.it
         luca.gaibisso@colinde.it
         marco.bianchi@colinde.it

AMERICA LATINA

Para eventos internacionales en America Latina
E-mail   ventasinternacionales@colinde.com.mx

Colinde Internacional
Mexico - Ciudad de Mexico
Web www.colinde.com.mx
Tel.   52 (55) 5696-3665
        52 (55) 5696-8878
        52 (33) 5696-9753
E-mail   info@colinde.com.mx

Centro Gerencial META
República Dominicana - Santo Domingo
Web   www.cgmeta.com
Tel.   (809) 549-4619
E-mail   sclientes@cgmeta.com

Índice